Die positive Generalprävention im Straßenverkehr

Frankfurter kriminalwissenschaftliche Studien

Bd./Vol. 142

Zu Qualitätssicherung und Peer Review der vorliegenden Publikation

Die Qualität der in dieser Reihe erscheinenden Arbeiten wird vor der Publikation durch Herausgeber der Reihe geprüft.

Notes on the quality assurance and peer review of this publication

Prior to publication, the quality of the work published in this series is reviewed by editors of the series.

Hyun Kyong Joo

Die positive Generalprävention im Straßenverkehr

PL ACADEMIC RESEARCH

Bibliografische Information der Deutschen Nationalbibliothek
Die Deutsche Nationalbibliothek verzeichnet diese Publikation in der DeutschenNationalbibliografie; detaillierte bibliografische Daten sind im Internet über http://dnb.d-nb.de abrufbar.

Zugl.: Frankfurt (Main), Univ., Diss., 2013

D 30
ISSN 0170-6918
ISBN 978-3-631-62495-1 (Print)
E-ISBN 978-3-653-03630-5 (E-Book)
DOI 10.3726/978-3-653-03630-5

PL Academic Research ist ein Imprint der Peter Lang GmbH.

Peter Lang – Frankfurt am Main · Bern · Bruxelles · New York · Oxford · Warszawa · Wien

www.peterlang.de

Vorwort

Die vorliegende Arbeit wurde von der Juristischen Fakultät der Goethe-Universität Frankfurt am Main im Sommersemester 2012 als Dissertation angenommen. Die Abhandlung ist als Beiträge zur Begründung der Theorie der positiven Generalprävention in einem Fachgebiet – dem Straßenverkehrsrecht – sowie zur Verbesserung einer verhältnismäßigen Straßenverkehrsrechtspolitik konzipiert.

Ohne Unterstützung durch mein Doktorvater, Prof. Dr. Cornelius Prittwitz, wäre dieser wissenschaftliche Weg in Deutschland nicht beschreitet worden. Für sein Engagement bei der Betreuung dieser Arbeit sowie für die Hilfestellung möchte ich ihm an dieser Stelle ganz herzlich danken. Bedanken möchte ich mich auch bei Prof. Dr. Klaus Günther, der sich den Mühen des Zweitgutachtens unterzogen ist, sowie bei Prof. Dr. Dr. h.c. Ulfrid Neumann, der in der Prüfungskommission mitgewirkt hat.

Einer meines vorzüglichsten Danks gilt auch Prof. em. Dr. Dr. h.c. mult. Winfried Hassemer, für die Förderung, die Möglichkeit der Promotion in Deutschland zu eröffnen. Herzlich zu danken habe ich auch Prof. Dr. Sang-Don Yi, der das Thema dieser Dissertation anregte. Er ist nach wie vor der motivierende Begleiter meines wissenschaftlichen Lebens. Gedankt sei außerdem der ILJU Educational Foundation für die fünfjährige finanzielle Unterstützung mit dem Auslandspromotionsstipendium.

Nicht zuletzt danke ich meiner Familie für Unterstützung bei der Erstellung dieser Arbeit. Vor allem freue ich mich meiner Tochter Yunhee, die ihr hartes Leben in Heimat ohne ihre Mutter stark überwand, endlich meine wissenschaftliche Erzeugung zu überbringen. Bedauerlich ist, meinem Vater dieses Buch nicht vorstellen zu dürfen. Ihm ist diese Arbeit gewidmet.

Seoul, im Mai 2013 Hyun Kyong Joo

Inhaltsverzeichnis

Abkürzungsverzeichnis

Abb.	Abbildung
AE	Alternativ-Entwurf eines Strafgesetzbuches
a. F.	alte Fassung
AFP	Agence France Presse-German
AK-StGB-*Bearbeiter*	Kommentar zum Strafgesetzbuch in der „Reihe Alternativkommentare“, hrsg. von Wassermann, Rudolf, Band 1 §§ 1-21, Neuwied 1990, Band 3 §§ 80-145d, Neuwied1986
APuZ	Aus Politik und Zeitsgeschichte
AT	Allgemeiner Teil
Az	Aktenzeichen
BAK	Blutalkoholkonzentration (in ‰)
BAST	Bundesanstalt für Straßenwesen
bes.	besondere
BewHi	Bewährungshilfe
BGBl. I, II, III	Bundesgesetzblatt, Teil I, II oder III (z.B. BGBl. I S. 2901)
BGA	Bundesgesundheitsamt
BGH	Bundesgerichtshof
BGHSt	Entscheidungen des Bundesgerichtshofes in Strafsachen (Band und Seite)
BKA	Bundeskriminalamt
BKatV	Verordnung über die Erteilung einer Verwarnung, Regelsätze für Geldbußen und die Anordnung eines Fahrverbots wegen Ordnungswidrigkeiten im Straßenverkehr
BritJCrim	The British Journal of Criminology
bspw.	beispielsweise
BTDr	Drucksachen des Deutschen Bundestages (nach Wahlperiode und Nr.)
BVerfG	Bundesverfassungsgericht
BVerfGE	Entscheidungen des Bundesverfassungsgerichts
bzw.	beziehungsweise
DAR	Deutsches Autorecht
DDR	Deutsche Demokratische Republik
DM	Deutsche Mark
DVW	Die Deutsche Verkehrswacht
EGOWiG	Einführungsgesetz zum Gesetz über Ordnungswidrigkeiten
Einl.	Einleitung

et al.	Et alii (Latein: »und andere«)
EuGMR	Europäischer Gerichtshof für Menschenrechte
f.	folgende / folgender
FAZ	Frankfurter Allgemeine Zeitung
FeV	Fahrererlaubnis-Verordnung
ff.	folgende
Fn.	Fussnote
FR	Frankfurter Rundschau
GA	Goltdammers Archive für Strafrecht
GG	Grundgesetz
HRRS	Höchst Richterliche Rechtsprechung im Strafrecht
Hrsg.	Herausgeber
hrsg.	herausgegeben
HWKrim	Handwörterbuch der Kriminologie und der anderen strafrechtlichen Hilfswissenschaften
insb.	insbesondere
JBl	Justizblatt
Jhdt.	Jahrhundert
JuS	Juristische Schulung
JZ	Juristenzeitung
Kap.	Kapitel
KBA	Kraftfahrt-Bundesamt
KFN	Kriminologisches Forschungsinstitut Niedersachsen
Kfz	Kraftfahrzeug
kGG	Südkoreanisches Grundgesetz
KK-OWig-*Bearbeiter*	Karlsruher Kommentar zum Gesetz über Ordnungswidrigkeiten, hrsg. von Boujong, Karlheinz, 2., neubearbeitete Auflage, München 2000
KNPA	Korean National Police Agency
kOGH	Südkoreanischer Oberster Gerichtshof / Entscheidungen des Südkoreanischen Obersten Gerichtshofes (mit Datum und Aktenzeichen)
KrimJ	Kriminologisches Journal
KritV	Kritische Vierteljahresschrift für Gesetzgebung und Rechtswissenschaft
KRW	Südkoreanischer „Won" (Währung von Südkorea)
kSchPO	Südkoreanische Prozessordnung für „Schnellverfahren"
kStaschuG	Südkoreanisches Staatsschutzgesetz
kStGB	Südkoreanisches Strafgesetzbuch
kStVG	Südkoreanisches Straßenverkehrsgesetz

kStVO	Südkoreanische Straßenverkehrsordnung
kSVG	Das Gesetz zur Sonderbehandlung für Verkehrsunfälle
kVBG	Südkoreanisches Gesetz zur verschärften Bestrafung für besondere Verbrechen
kVerfGE	Entscheidungen des Verfassungsgerichts Südkorea
kVwPO	Südkoreanische Verwaltungsprozessordnung
LG	Landgericht
LK-StGB-*Bearbeiter*	Strafgesetzbuch. Leipziger Kommentar; Großkommentar, hrsg. von Laufhütte, Heinrich Wilhelm u.a, Berlin 2009
Lkw	Lastkraftwagen
MCST	Ministry of Culture, Sports and Tourism Südkorea
MP	Media-Perspektiven
MSchKrim	Monatschrift für Kriminologie und Strafrechtsreform
Mio.	Million[en]
Mrd.	Milliarde[n]
m. w. N	mit weiteren Nachweisen
NJW	Neue Juristische Wochenschrift
NK	Neue Kriminalpolitik
NK- StGB-*Bearbeiter*	Nomos Kommentar: Strafgesetzbuch, hrsg. von Kindhäuser, Urs / Neumann, Ulfried / Paeffgen, Hans U., 3. Aufl., Baden-Baden 2010
NStZ	Neue Zeitschrift für Strafrecht
NStZ-RR	NStZ Rechtsprechungs-Report Strafrecht
NZV	Neue Zeitschrift für Verkehrsrecht
OVG	Oberverwaltungsgericht
OWiG	Gesetz über Ordnungswidrigkeiten
PKS	Polizeiliche Kriminalstatistik
Pkw	Personenkraftwagen
Rn.	Randnummer
ROTA	Road Traffic Authority Südkorea
SozW	Soziale Welt: Zeitschrift für sozialwissenschaftliche Forschung und Praxis
StraFo	Strafverteidiger Forum
StRG	Gesetz zur Reform des Strafrechts
STUGGZ	Stuttgarter Zeitung
StV	Strafverteidiger
StVG	Straßenverkehrsgesetz
StVO	Straßenverkehrsordnung
StVZO	Straßenverkehrs-Zulassungs-Ordnung
SZ	Süddeutsche Zeitung

TS Korea	Korea Transportation Safety Authority
u. a.	und andere / und anderem
usw.	und so weiter
vgl.	vergleiche

Literaturverzeichnis

AHBE, Thomas: Die Konstruktion der Ostdeutsche. Diskursive Spannungen, Stereotype und Identitäten seit 1989, in: APuZ B 41-42/2004, 12-22

ALBRECHT, Hans-Jörg: Die generalpräventive Effizienz von strafrechtlichen Sanktionen, in: Forschungsgruppe Kriminologie (Hrsg.): Empirische Kriminologie. Ein Jahrzehnt kriminologischer Forschung am Max-Planck-Institut Freiburg im Breisgau – Bestandsaufnahme und Ausblick –, Freiburg 1980, S. 305-327 (Zit. „Albrecht, Die generalpräventive Effizienz, S.“)

ALBRECHT, Hans-Jörg: Präventive Notwendigkeit jugendkrimianlrechtlicher Interventionen jenseits von Diversion und Täter-Opfer-Ausgleich; in: Bundesministeriums der Justiz (Hrsg.), Grundfragen des Jugendkriminalrechts und seiner Neuregelung. Symposium an der Kriminologischen Forschungsstelle der Universität zu Köln, 1.-4. Oktober 1990; eine Dokumentation des Bundesministeriums der Justiz / [2. Kölner Symposium], Bonn 1992, S. 254 ff. (Zit. „Albrecht, Präventive Notwendigkeit, S.“)

ALBRECHT, Hans-Jörg / DÜNKEL, Frieder / SPIEß, Gerhard: Empirische Sanktionsforschung und die Begründbarkeit von Kriminalpolitik, in: MSchKrim 1981, 310-326

ALBRECHT, Peter-Alexis: Das Strafrecht im Zugriff populistischer Politik, in: Institut für Kriminalwissenschaften Frankfurt am Main (Hrsg.), Vom unmöglichen Zustand des Strafrecht, Frankfurt am Main 1995, S. 429-443

ALBRECHT, Peter-Alexis: Entkriminalisierung als Gebot des Rechtsstaats, in: KritV 1996, 330-339

ALBRECHT, Peter-Alexis: Kriminologie, 3. Aufl., München 2005 (Zit. „Albrecht, Kriminologie (3. Aufl.), S.“)

ALBRECHT, Peter-Alexis: Kriminologie, 4. Aufl., München 2010 (Zit. „Albrecht, Kriminologie, S.“)

ALEXY, Robert: Begriff und Geltung des Rechts, Freiburg; München; Alber 2002

AMELUNG, Knut: Rechtsgüterschutz und Schutz der Gesellschaft. Untersuchungen zum Inhalt und zum Anwendungsbereich eines Strafrechtsprinzips auf dogmengeschichtlicher Grundlage; zugleich ein Beitrag zur Lehre von der "Sozialschädlichkeit" des Verbrechens, Frankfurt am Main 1972 (Zit. „Amelung, Rechtsgüterschutz, S.“)

Arbeitskreis Junger Kriminologen: Kritische Kriminologie. Positionen, Kontroversen und Perspektiven, München 1974 (Zit. „ Arbeitskreis Junger Kriminologen: Kritische Kriminologie, S.“)

BACKES, Otto: Rechtsstaatsgefährdungsdelikte und Grundgesetz, Köln 1970 (Zit. „Backes, Rechtsstaatsgefährdungsdelikte, S.")
BAE, Jong-Dae: Reflexion und Aussicht unserer Rechtswissenschaft: mit Schwerpunkt des Strafrechtswisschenschaft, in: Hyunsanggwa Insik, Seoul 1987, S. 90-115 (Koreanisch) (Zit. „Bae, Reflexion, S.")
BAE, Jong-Dae: Die Theorie des politischen Strafrechts, in: Bubhaknonzip 26 (9/1991), 197-272 (Koreanisch) (Zit. „Bae, Die Theorie des politischen Strafrechts, S.")
BAE, Jong-Dae: Strafrecht Allgemeiner Teil, 10. Aufl., Seoul 2011 (Koreanisch) (Zit. „Bae, Strafrecht AT, §... Rn.")
Bau- und Verkehrsministerium Südkorea: Jährlicher Bericht über Straßenverkehrssicherheit 2006, Seoul 2007
BAUMANN, Jürgen / WEBER, Ulrich / MITSCH, Wolfgang: Strafrecht. Allgemeiner Teil: Lehrbuch, 11., neubearb. Aufl., Bielefeld 2003 (Zit. „Baumann/Weber/Mitsch, Strafrecht AT, §... Rn.")
BECCARIA, Cesare: Von Verbrechen und Strafen (1764). Aus dem Italienischen von Thomas Vormbaum. Mit einer Einführung von Wolfgang Naucke, Berlin 2005 (Zit. „Beccaria, Von Verbrechen und Strafen, S.")
BECK, Ulrich: Risikogesellschaft. Auf dem Weg in eine andere Moderne, Frankfurt am Main 1986 (Zit. „Beck, Risikogesellschaft, S.")
BECK, Ulrich: Was ist Globalisierung? Irrtümer des Globalismus – Antworten auf Globalisierung, Frankfurt am Main 1997 (Zit. „Beck, Was ist Globalisierung, S.")
BERLITZ, Claus / GUTH, Hans-Werner / KAULITZKI, Reiner / SCHUMANN, Karl F.: Grenzen der Generalprävention. Das Beispiel Jugendkriminalität, in: KrimJ 1987, 13-31
BERMEL, Alfons: Der Kavaliersdelinquent: Der Delinquent wider die außerhalb des Kriminalstrafrechts liegenden, jederzeit verzichtbaren Rechtsnormen, Mainz 1962 (Zit. „Bermel, Der Kavaliersdelinquent, S.")
BIRNBAUM, Johann Michael Franz: Ueber das Erforderniß einer Rechtsverletzung zum Begriffe des Verbrechens, in: Textauszug von Vormbaum, Thomas (Hrsg.): Moderne deutsche Strafrechtsdenker, Berlin; Heidelberg 2011, S. 148-154
BOCKELMANN, Paul: Der Schuldgehalt des menschlichen Versagens im Straßenverkehr, in: DAR 1964, 288-299
BÖNITZ, Dieter: Strafgesetze und Verhaltenssteuerung: zur generalpräventiven Wirksamkeit staatlicher Strafdrohung, Göttingen 1991 (Zit. „Bönitz, Strafgesetze und Verhaltenssteuerung, S.")
BOTTKE, Wilfride: Generalprävention und Jugendstrafrecht aus kriminologischer und dogmatischer Sicht, Berlin 1984

BOUJONG, Karlheinz: Karlsruher Kommentar zum Gesetz über Ordnungswidrigkeiten, 2., neubearb. Auflage, München 2000 (Zit. „KK-OWiG-*Bearbeiter*, §… Rn.“)

BRANDENSTEIN, Martin / KURY, Helmut: Die Verkehrsdelinquenz im Spannungsfeld von Recht, Medien und Verhaltensgewohnheiten, in: NZV 2005, 225-231

Bundesanstalt für Straßenwesen (BAST): Gurte, Kindersitze, Helme und Schutzkleidung: Tragequoten 1995. BAST-Info 8, Bergischer Gladbach 1996 (Zit. „BAST, Gurte, Kindersitze, Helme und Schutzkleidung: Tragequoten 1995, S.“)

Bundeskriminalamt: Polizeiliche Kriminalstatistik (PKS) 2010, Berlin 2011

CHO, Nam-Guk: The Emergence of Individualism in Korean Organizations, in: Yoon, Gene / Choi, Sang-Chin (Hrsg.), Psychology of the Korean people: Collectivism and Individualism, Seoul 1994, S. 209–232 (Zit. „Cho, Individualism, S.“)

CHOI, Jin-Sik: Das Lesen koreanischer Religionen als Kultur I, Seoul 1998 (Koreanisch) (Zit. „Choi, Koreanische Religionen, S.“)

COORS, Manfred: Die Generalprävention als Strafzumessungserwägung bei Trunkenheitsdelikten im Straßenverkehr. Untersuchungen zur Frage der Zulässigkeit und Wirkung von Abschreckungsstrafen, Hamburg 1963 (Zit. „Coors, Die Generalprävention, S.“)

COPIC, Hans: Grundgesetz und politisches Strafrecht neuer Art: Untersuchungen zur Problematik der Verfassungsmassigkeit der Tatbestande und Deliktsfolgen der 88-98 <incl. 86>, 100 d II, 100 d III i. V. m. II, 128, 129 StGB, 20 VereinsG und der Deliktsfolgen gem. 31-34, 37, 42 e, 42 m, 42 l StGB im Falle ihrer Verknupfung mit den vorgenannten politischen Straftatbestanden, Tübingen 1967 (Zit. „Copic, politisches Strafrecht, S.“)

CORDALIS-NGUYEN, Anh-Duc: Recht und Mentalität – die Straßenverkehrsrechtlichen Regime in Vietnam und Deutschland im Vergleich, Berlin 2007 (Zit. „Cordalis-Nguyen, Recht und Mentalität, S.“)

DAGMAR / REIMER: Tod auf der Überholspur, in: SZ v. 30./31.08.2003, S. 8

DIEKMANN, Andreas: Die Befolgung von Gesetzen. Empirische Untersuchungen zu einer rechtssoziologischen Theorie, Berlin 1980 (Zit. „Diekmann, Die Befolgung von Gesetzen, S.“)

DÖLLING, Dieter: Strafeinschätzungen und Delinquenz bei Jugendlichen und Heranwachsenden – Ein Beitrag zur empirischen Analyse der generalpräventiven Wirkungen der Strafe, in: Kerner, Hans-Jürgen / Kury, Helmut / Sessar, Klaus (Hrsg.): Deutsche Forschungen zur Kriminalitätsentstehung und Kriminalitätskontrolle Band 6/1 Teilband, Köln; Berlin; Bonn; München 1983, S. 51-85 (Zit. „Dölling, Strafeinschätzungen, S.“)

DREIER, Horst: Religion und Verfassungsstaat im Kampf der Kulturen, in: Dreier, Horst (Hrsg.): Kulturelle Identität als Grund und Grenze des Rechts: Akten der IVR-Tagung vom 28.-30. September 2006 in Würzburg, Stuttgart 2008, S. 11-28

DURKHEIM, Emile: Über die Teilung der sozialen Arbeit, 1. Aufl., Frankfurt am Main 1977

EBERT, Udo: Talion und Vergeltung im Strafrecht - ethische, psychologische und historische Aspekte, in: Jung, Heike u.a. (Hrsg.): Recht und Moral. Beiträge zu einer Standortbestimmung, Baden-Baden 1991, S. 249-267

EIFLER, Stefanie / BRANDT, Daniela: Videoüberwachung in Deutschland – Theorie und Praxis situationsbezogener Kriminalprävention, in: MSchKrim 2005, 157-173

EIFLER, Stefanie: Situationsbezogene Kriminalprävention in der Kritik, in: Pilgram, Arno / Prittwitz, Cornelius (Hrsg.), Kriminologie. Akteurin und Kritikerin gesellschaftlicher Entwicklung. Über das schwierige Verhältnis der Wissenschaft zu den Verwaltern der Sicherheit. Jahrbuch für Rechts- und Kriminalsoziologie, Baden-Baden 2005, S. 203-213 (Zit. „Eifler, Situationsbezogene Kriminalprävention, S.")

EISENBERG, Ulrich: Kriminologie, 6. Aufl., München 2005 (Zit. „Eisenberg, Kriminologie, §... Rn.")

EISENMENGER, Wolfgang: Wegfahrsperren in Deutschland unter strafrechtlichen Aspekten, in: Blutalkohol 2007, 159-161

EVERS, Claudia: Anwendungsbereiche und praktische Einsatzmöglichkeiten von Alkohol-Interlocks, in: Blutalkohol 2007, 154-158

EYERS, Annette: Die Entkriminalisierung des Schwarzfahrens in den sog. „Einmalfällen", Gießen 1999 (Zit. „Eyers, Entkriminalisierung, S.")

FEUERBACH, Paul Johann Anselm von: Lehrbuch des gemeinen in Deutschland gültigen peinlichen Rechts : mit vielen Anm. u. Zusatzparagraphen u. mit e. vergl. Darst. d. Fortbildung d. Strafrechts durch d. neuen Gesetzgebungen, 2. Neudr. d. 14. Aufl., Giessen 1847, Aalen 1986 (Zit. „Feuerbach, Lehrbuch, S.")

FEUERBACH, Paul Johann Anselm von: Revision der Grundsätze und Grundbegriffe des positiven peinlichen Rechts, Neudr. D. Aufg. Erfurt 1799, Aalen 1966 (Zit. „Feuerbach, Revision, S.")

FISCHER, Thomas: Strafgesetzbuch und Nebengesetze, 58. Aufl., München 2011 (Zit. „Fischer, StGB, §... Rn.")

FOGLIA, Wanda D.: Perceptual Deterrence and the mediating effect of internalized norms among inner-city teenagers, in: Journal of Research and Crime Delinquency 34 (1997), 414-442

FREHSEE, Detlev: Kritische Kriminologie und Strafrechtswissenschaft, in: KrimJ 2000, 242-255
FRENZ, Walter: Wegfahrsperre: Überflüssige Eigentums- und Freiheitsbeschränkung oder notwendiger Schutz?, in: Blutalkohol 2007, 144-153
FRIEDEL, Bernd / KRUPP, R. / LENZ, K.-H. / LÖFFELHOLZ, H.: Sicherheitsgurte in Personenkraftwagen. Neuere Erkenntnisse und Folgerungen. Unfall- und Sicherheitsforschung Straßenverkehr Heft 17, hrsg. im Auftrag der Bundesministers für Verkehr von Bundesanstalt für Straßenwesen, Köln 1978 (Zit. „Fridel u.a., Sicherheitsgurte in Personenkraftwagen, S.")
FRISTER, Helmut: Strafrecht Allgemeiner Teil. Ein Studienbuch, 4. Aufl, München 2009 (Zit. „Frister, Strafrecht AT, S.")
FROMMEL, Monika: Präventionsmodelle in der deutschen Strafzweck-Diskussion: Beziehungen zwischen Rechtsphilosophie, Dogmatik, Rechtspolitik und Erfahrungswissenschaften, Berlin 1987 (Zit. „Frommel, „Präventionsmodelle, S.")
FROMMEL, Monika: Umrisse einer liberal-rechtsstaatlichen Normverdeutlichung durch Strafrecht, in: Albrecht, Peter-Alexis u.a. (Hrsg.), Festschrift für Horst Schüler-Springorum, München 1993, S. 257-276 (Zit. „Frommel, Normverdeutlichung, S.")
FUKUYAMA, Francis: Konfuzius und Marktwirtschaft, München 1995
FUNCKE-AUFFERMANN, Niklas: Symbolische Gesetzgebung im Lichte der positiven Generalprävention – Eine Untersuchung am Beispiel des ‚Gesetzes zur Änderung der Vorschriften über die Straftaten gegen die sexuelle Selbstbestimmung und zur Änderung anderer Vorschriften' vom 27. Dezember 2003, Berlin 2007 (Zit. „Funcke-Auffermann, Symbolische Gesetzgebung, S.")
GÖHLER, Erich: Gesetz über Ordnungswidrigkeiten, 15., neu bearbeitete Aufl., München 2009 (Zit. „Göhler, OWiG, §... Rn.")
GOLDSCHMIDT, James: Das Verwaltungsstrafrecht. Eine Untersuchung der Grenzgebiete zwischen Strafrecht und Verwaltungsrecht auf rechtsgeschichtlicher und rechtsvergleichender Grundlage, Berlin 1902 (Zit. „Goldschmidt, Das Verwaltungsstrafrecht, S.")
GÖPPINGER, Hans: Zur Kriminologie der Verkehrsdelikte, in: NJW 1959, 2281-2328
GÖPPINGER, Hans: Strafe und Verbrechen, Tübingen 1965 (Zit. „Göppinger, Strafe und Verbrechen, S.")
GREWE, Günther: Straßenverkehrsdelinquenz und Marginalität: Untersuchung zur institutionellen Regelung von Verhalten, Frankfurt am Main; Bern; Las Vegas 1978 (Zit. „Grewe, Straßenverkehrsdelinquenz, S.")

GÜRTEMAKER, Manfred: Der Weg zur Einheit. Informationen 250 zur politischen Bildung/bpb Nr. 250/2009, überbearb. neu Aufl. 2009, Norden 2009
HABERMAS, Jürgen: Theorie des kommunikativen Handels, Bd. 2, Frankfurt am Main 1981
HABERMAS, Jürgen: Die Moderne – ein unvollendetes Projekt, in: ders., Kleine politische Schriften I-IV, Frankfurt am Main 1981, S. 444-464 (Zit. „Habermas, Die Moderne, S.")
HABERMAS, Jürgen: Der normative Gehalt der Moderne, in: ders., Der philosophische Diskurs der Moderne: Zwölf Vorlesungen, Frankfurt am Main 1985 (Zit. „Habermas, Der normative Gehalt der Moderne, S.")
HABERMAS, Jürgen: Faktizität und Geltung – Beiträge zur Diskurstheorie des Rechts und des demokratischen Rechtsstaats, Frankfurt am Main 1992 (Zit. „Habermas, Faktizität und Geltung, S.")
HABERMAS, Jürgen: Glauben und Wissen. Friedenspreisrede 2001, in: Zeitdiagnosen. Zwölf Essays, Frankfurt am Main 2003, S. 249–262.
HACKSTOCK, Thomas: Generalpräventive Aspekte im österreichischen und deutschen Jugendstrafrecht. Eine strafzweckorientierte Analyse jugendstrafrechtlicher Sanktionen unter besonderer Berücksichtigung der (positiven) Generalprävention, Tübingen 2002 (Zit. „Hackstock, Generalpräventive Aspekte, S.")
HAFERKAMP, Hans: Kriminelle Karrieren. Handlungstheorie, teilnehmende Beobachtung und Soziologie krimineller Prozess, Hamburg 1975 (Zit. „Haferkamp, Kriminelle Karrieren, S.")
HALL, Stuart: Popular-demokratischer oder autoritärer Populismus, in: Dubiel, Helmut (Hrsg.), Populismus und Aufklärung, Frankfurt am Main 1986, S. 84-105
HASSEMER, Winfried: Theorie und Soziologie des Verbrechens. Ansätze zu einer praxisorientierten Rechtsgutlehre, Frankfurt am Main 1980 (Zit. „Hassemer, Verbrechen, S.")
HASSEMER, Winfried: Strafziele im sozialwissenschaftliche orientierten Strafrecht, in: ders. / Lüderssen, Klaus / Naucke, Wolfgang, Fortschritte im Strafrecht durch die Sozialwissenschaften?, Heidelberg 1983 (Zit. „Hassemer, Strafziele, S.")
HASSEMER, Winfried: Grundlinien einer personalen Rechtsgutslehre, in: Philipps, Lothar / Frommel, Monika (Hrsg.), Jenseits des Funktionalismus. Festschrift für Arthur Kaufmann zum 65. Geburtstag, Heidelberg 1989, S. 85-94 (Zit. „Hassemer, Grundlinien einer personalen Rechtsgutslehre, S.")
HASSEMER, Winfried: Symbolisches Strafrecht und Rechtsgüterschutz, in: NStZ 1989, 553-559

HASSEMER, Winfried: Einführung in die Grundlagen des Strafrechts, München 1990 (Zit. „Hassemer, Einführung, S.“)
HASSEMER, Winfried: Das Schicksal der Bürgerrechte im „effizienten“ Strafrecht, in: StV 1990, 328-331
HASSEMER, Winfried: Kennzeichen und Krisen des modernen Strafrechts, in: ZRP 1992, 378-383
HASSEMER, Winfried: Produktverantwortung im modernen Strafrecht, Heidelberg 1994
HASSEMER, Winfried: Einige Bemerkungen über ‚positive Generalprävention‘, in: Cwiankalski, Z. (Hrsg.), Festschrift für Kazimierz Buchala, Krakau 1994, S. 133-149 (Zit. „Hassemer, Bemerkungen, S.“)
HASSEMER, Winfried: Aktuelle Perspektiven der Kriminalpolitik, in: StV 1994, 333-337
HASSEMER, Winfried: Perspektiven einer neuen Kriminalpolitik, in: StV 1995, 483-490
HASSEMER, Winfried: Innere Sicherheit im Rechtsstaat, in: Strafen im Rechtsstaat, Baden-Baden 2000, S. 248-267
HASSEMER, Winfried: Darf der strafende Staat Verurteilte bessern wollen? – Resozialisierung im Rahmen positiver Generalprävention –, in: Prittwitz, Cornelius (Hrsg.), Festschrift für Klaus Lüderssen zum 70. Geburtstag am 2. Mai 2002, Baden-Baden 2002, S. 221-240 (Zit. „Hassemer, Der strafende Staat, S.“)
HASSEMER, Winfried: Welche Zukunft hat das Strafrecht? in: Duttge, Gunnar (Hrsg.), Gedächtnisschrift für Ellen Schlüchter, Köln 2002, S. 133–160
HASSEMER, Winfried: Der Staat muss das Strafbedürfnis der Bevölkerung beachten. Aber eine nur symbolische Kriminalpolitik verbessert den Schutz der Rechtsgüter nicht, in: ZRP 2004, 93-94
HASSEMER, Winfried: Der Grundsatz der Verhältnismäßigkeit als Grenze strafrechtlicher Eingriffe, in: von Hirsch, Andrew (Hrsg.), Mediating principles: Begrenzungsprinzipien bei der Strafbegründung, Baden-Baden 2006, S. 121-127
HASSEMER, Winfried: Ein gefährliches, ja frivoles Spiel – Rezension zu Andreas Eicker: Die Prozeduralisierung des Strafrechts, in: FAZ am 14.01.2011 (<http://www.faz.net/ -01n3z5>, Zugriff am 4.6.2011)
HASSEMER, Winfried / HART-HÖNIG, Kai: Generalprävention im Straßenverkehr, in: Hassemer, Winfried (Hrsg.), Sozialwissenschaft im Strafrecht, Neuwied 1984, S. 230-262 (Zit. „Hassemer/Hart-Hönig, Generalprävention im Straßenverkehr, S.“)
HASSEMER, Winfried / STEINERT, Heinz / TREIBER, Hubert: Soziale Reaktion auf Abweichung und Kriminalisierung durch den Gesetzgeber, in:

Hassemer, Winfried / Lüderssen, Klaus (Hrsg.), Sozialwissenschaften im Studium des Rechts, Band III Strafrecht, München 1978, S. 1-65 (Zit. „Hassemer/Steinert/Treiber, Soziale Reaktion, S.")

HAUF, Claus-Jürgen: Schwarzfahren im modernen Massenverkehr – strafbar nach § 265a StGB?, in: DRiZ 1995, 15-23

HAUSCHILD, Jörn: Die positive Generalprävention und das Strafverfahren, Frankfurt am Main 2000 (Zit. „Hauschild, Die positive Generalprävention, S.")

HEFENDEHL, Roland: Die technische Prävention und das Strafrecht. Äpfel und Birnen oder Steine statt Steine, in: NJ 2006, 17-19

HEGEL, Georg Wilhelm Friedrich: Grundlinien der Philosophie des Rechts oder Naturrecht und Staatswissenschaft im Grundrisse: mit Hegels eigenhändigen Notizen u. d. mündlichen Zusätzen, Frankfurt am Main 1986 (Zit. „Hegel, Grundlinien, §")

HEITMANN, Steffen: Rechtsstaat West und Rechtsgefühl Ost, in: NJW 1994, 2131-2133

HELFER, Christian: Kavaliersdelikt, in: MSchKrim 1967, 175-192

HELFER, Christian: Todesstrafe, in: HWKrim 3 (1975), 326-353

HENTSCHEL, Peter / KÖNIG, Peter / DAUER, Peter: Straßenverkehrsrecht. Kommentar, 41. Aufl., München 2011 (Zit. „Hentschel/König/Dauer, Straßenverkehrsrecht, §… Rn.")

HERBERGER, Scania: Wirksamkeit von Sanktionsandrohungen gegenüber Kindern, Jugendlichen und Heranwachsenden im Hinblick auf Normbekräftigung und normkonformes Verhalten: Analyse des möglichen Beitrags des Strafrechts zur Normbekräftigung unter Berücksichtigung von Aspekten der moralischen Entwicklung, Aachen 2000 (Zit. „Herberger, Normbekräftigung, S.")

HERZOG, Felix: Prävention des Unrechts oder Manifestation des Rechts: Bausteine zur Überwindung des Heteronom-präventiven Denkens in der Strafrechtstheorie der Moderne, Frankfurt am Main; Bern; New York 1987 (Zit. „Herzog, Prävention, S.")

HERZOG, Felix: Nullum crimen sine periculo sociali oder Strafrecht als Fortsetzung der Sozialpolitik mit anderen Mitteln, in: Lüderssen, Klaus u. a. (Hrsg.), Modernes Strafrecht und ultima-ratio-Prinzip, Frankfurt am Main; Bern; New York; Paris 1990, S. 105-112 (Zit. „Herzog, Nullum crimen, S.")

HERZOG, Felix: Über die Grenzen der Wirksamkeit des Strafrechts, in: KritV 1993, 247-254

HETZER, Wolfgang: Terrorabwehr im Rechtsstaat, in: ZRP 2004, 132-135

HILGENDORF, Eric: Gibt es ein „Strafrecht der Risikogesellschaft?“, in: NStZ 1993, 10-16

HIRSCH, Hans Joachim: Zur Abgrenzung von Strafrecht und Zivilrecht, in: Bockelmann, Paul (Hrsg.), Festschrift für Karl Engisch zum 70. Geburtstag, Frankfurt am Main 1969, S. 304-327 (Zit. „Hirsch, Abgrenzung, S.“)

HOFFMANN, Peter: Vergeltung und Generalprävention im heutigen Strafrecht, Aachen 1995 (Zit. „Hoffmann, Vergeltung, S.“)

HOFREITER, Anton: Vision Zero. Mehr Verkehrssicherheit auf deutschen Straßen. Keine Toten – Keine Schwerverletzten. Referat im Auftrag von Bündnis 90 / Die Grünen am 15. Mai 2007 (<http://www.toni-hofreiter.de/material/VISION_ZERO.pdf>, Zugriff am 03. 10. 2010) (Zit. „Hofreiter, Vision Zero, S“)

HOHMANN, Olaf: Das Rechtsgut der Umweltdelikte. Grenzen des strafrechtlichen Umweltschutzes, Frankfurt am Main 1991

HOLTZ-BACHA, Christina: Das Private in der Politik. Ein neuer Medientrend, in: APuZ B 41-42/2001, 20-26

HONG, Seunghee: Eine Studie über die Lehre der positiven Generalprävention, Seoul 1997 (Koreanisch) (Zit. „Hong, Die Lehre der positiven Generalprävention, S.“)

HÖRNLE , Tatjana: Tatproportionale Strafzumessung, Berlin 1999

HÖRNLE , Tatjana / von HIRSCH, Andrew: Positive Generalprävention und Tadel, in: GA 1995, 261-282

HOUGH, Mike: Thinking about Effectiveness, in: BritJCrim 27 (1987), 70-79

JAKOBS, Günther: Schuld und Prävention, Tübingen 1976

JAKOBS, Günther: Über die Behandlung von Wollensfehlern und von Wissensfehlern, in: ZStW 101 (1989), 516-537

JAKOBS, Günther: Strafrecht, Allgemeiner Teil: Die Grundlagen und die Zurechnungslehre. Lehrbuch, 2., neubearb. und erw. Aufl., Berlin; New York 1991 (Zit. „Jakobs, Strafrecht AT, S. (§.../Rn.)“)

JAKOBS, Günther: Das Schuldprinzip. Rheinische-Westfälische Akademie der Wissenschaften Vorträge G 319, 1993 (Zit. „Jakobs, Das Schuldprinzip, S.“)

JAKOBS, Günther: Das Strafrecht zwischen Funktionalismus und „alteuropäischen“ Prinzipiendenken. Oder: Verabschiedung des „alteuropäischen“ Strafrecht? in: ZStW 107 (1995), 843-876

JANISZEWSKI, Horst: Zur Umstellung von Verkehrsstraftatbeständen auf Ordnungswidrigkeiten, in: Der Güterverkehr 1966, 390-395

JANISZEWSKI, Horst: Verkehrsordnungswidrigkeiten, in: DAR 1968, 313-319

JANISZEWSKI, Horst: Überlegungen zur Entkriminalisierung des Verkehrsstrafrechts auf der Grundlage eines Gesetzesantrages, in: DAR 1994, 1-7

JANISZEWSKI, Horst: Verkehrsstrafrecht, 5. Aufl., München 2004 (Zit. „Janiszewski, Verkehrsstrafrecht, S.“)

JANKER, Helmut: "Entkriminalisierung des Verkehrsstrafrechts" ADAC-Fachgespräch am 30. September 1992 in Wiesbaden, in: DAR 1993, 11-16

JEONG, Gung-Sik: Entwicklung des koreanischen modernen Rechts, Seoul 2002 (Koreanisch)

JESCHECK, Hans-Heinrich / WEIGEND, Thomas: Lehrbuch des Strafrechts. Allgemeiner Teil, 5. Aufl., Berlin 1996 (Zit. „Jescheck/Weigend, Strafrecht AT, §... Rn.“)

KAISER, Günther: Verkehrsdelinquenz und Generalprävention. Untersuchungen zur Kriminologie der Verkehrsdelikte und zum Verkehrsstrafrecht, Tübingen 1970 (Zit. „Kaiser, Verkehrsdelinquenz, S.“)

KAISER, Günther: Strategien und Prozesse strafrechtlicher Sozialkontrolle. Legitimation, Wirklichkeit und Alternativen, Frankfurt am Main 1972 (Zit. „Kaiser, Strategien, S.“)

KAISER, Günther: Kriminalisierung und Entkriminalisierung in Strafrecht und Kriminalpolitik, in: Kohlmann, Günter (Hrsg.): Festschrift für Ulrich Klug zum 70. Geburtstag, Band II, Köln 1983, S. 579-596 (Zit. „Kaiser, Entkriminalisierung, S.“)

KAISER, Günther: Kriminologie: eine Einführung in die Grundlagen, 8., neubearb. u. erg. Aufl., Heidelberg 1989 (Zit. „Kaiser, Kriminologie, S.“)

KAISER, Günther: Kriminologie: ein Lehrbuch, 3., völlig neubearb. und erw. Aufl., Heidelberg 1996 (Zit. „Kaiser, Lehrbuch, §... Rn.“)

KANT, Immanuel: Metaphysik der Sitten. Werkausgabe Band VIII. hrsg. von Weischedel, Wilhelm, 1. Aufl., [Nachdr.], Frankfurt am Main 2003 (Zit. „Kant, Metaphysik der Sitten, §... (S.)“)

KAPPE, Doris: Konfliktbewältigung und kulturspezifisches Konfliktverhalten, Wiesbaden 1996 (Zit. „Kappe, Konfliktbewältigung, S.“)

KARSTEDT, Susanne: Normbindung und Sanktionsdrohung. Eine Untersuchung zur Wirksamkeit von Gesetzen am Beispiel der Alkoholdelinquenz im Straßenverkehr, Frankfurt am Main 1993 (Zit. „Karstedt, Normbindung, S.“)

KAUFMANN, Arthur: Das Schuldprinzip. Eine strafrechtlich-rechtsphilosophische Untersuchung, 2. Aufl., Heidelberg 1976 (Zit. „Kaufmann, Schuldprinzip, S.“)

KIM, Sung-Don, „Gesetzübertretungsgeld“ und "Etikettenschwindel" im koreanischen Straßenverkehrsrecht, in: Studie der Strafrechtsvergleichung 09/1999, 297-316 (Koreanisch)

KIM, Young-Whan: Zur Rezeption des deutschen Strafrechts in Korea, in: Haft, Fritjof (Hrsg.), Strafgerechtigkeit: Festschrift für Arthur Kaufmann zum 70. Geburtstag, Heidelberg 1993, S. 695-707 (Zit. „Kim, Rezeption, S.“)

KINDHÄUSER, Urs: Strafgesetzbuch. Lehr- und Praxiskommentar, 3. Aufl., Baden-Baden 2006 (Zit. „Kindhäuser, LPK-StGB, § … Rn.“)

KINDHÄUSER, Urs / NEUMANN, Ulfried / PAEFFGEN, Hans U.: Nomos Kommentar: Strafgesetzbuch, 3. Aufl., Baden-Baden 2010 (Zit. „NK-StGB-*Bearbeiter,* §... Rn.“)

KLETTE, H.: Some minimum requirements for legal sanctioning systems, in: National Swedish Council for Crime Prevention (ed.): General deterrence. A conference on current research and standpoints, June 2-4, Stockholm 1975, S. 91-100 (Zit. „Klette, Legal sanctioning systems, S.“)

KLIPP, Simone: Der Einsatz atemalkoholgesteuerter Wegfahrsperren in Deutschland - politische und juristische Aspekte sowie Perspektiven der Umsetzung, in: Blutalkohol 2009, 190-197

KNEER, Georg / NASSEHI, Armin: Niklas Luhmanns Theorie sozialer Systeme: eine Einführung, 4. Aufl., München 2000 (Zit. „Kneer/Nassehi, Niklas Luhmanns Theorie, S.“)

KOCH, Arnd: Die Entkriminalisierung im Bereich der fahrlässigen Körperverletzung und Tötung, Berlin 1998 (Zit. „Koch, Die Entkriminalisierung, S.“)

KÖNIG, Peter: Zum Einsatz des Strafrechts gegen Verkehrsrowdys, in: NZV 2005, 27-31

Korean National Police Agency (KNPA): Statistik über Straßenverkehrsunfall 2008, Seoul 2009 (Koreanisch) (Zit. „KNPA, Statistik 2008, S.“)

Kraftfahrt-Bundesamt (KBA): Jahresbericht 2010, Flensburg 2011 (Zit. „KBA, Jahresbericht 2010, S.“)

KREY, Volker: Deutsches Strafrecht. Allgemeiner Teil: Studienbuch in systematisch-induktiver Darstellung, Band 1, 3., neu bearb. Aufl., Stuttgart 2008 (Zit. „Krey, Deutsches Strafrecht AT 1, Rn.“)

KROJ, Günther / PFAFFEROTT, Ingo: Ziele, Befunde und Konsequenzen psychologischer Untersuchungen zum Sicherheitsgurt – Eine zusammenfassende Darstellung, in: Bundesanstalt für Straßenwesen (Hrsg.), Psychologische Forschung zum Sicherheitsgurt und Umsetzung ihrer Ergebnisse, Köln 1974, S. 3-31 (Zit. „Kroj/Pfafferott, psychologische Untersuchungen, S.“)

KROPP, Christian: Strafverschärfung der Nötigung im Straßenverkehr, in: ZRP 2004, 4-5

KRÜGER, Hans-Peter / SCHÖCH, Heinz / VOLLRATH, Mark / LÖBMANN, Rebecca: Die Auswirkung der Erhöhung der Promillegrenze: Quantitative

Überprüfungen, in: Krüger, Hans-Peter (Hrsg.), Fahren unter Alkohol in Deutschland, Stuttgart 1998, S. 121-160 (Zit. „Krüger/Schöch/Vollrath/ Löbmann, Die Auswirkung der Erhöhung der Promillegrenze, S.")

KRÜGER, Udo Michael: Stabile Programmstrukturen trotz besonderer Fernsehereignisse. Programmanalyse 1998: ARD, ZDF, RTL, SAT.1 und ProSieben im Vergleich, in: MP 7/1999, 322-339

KRÜGER, Udo Michael: Unterschiedliches Informationsverständnis im öffentlichrechtlichen und privaten Fernsehen. Programmanalyse 1999: ARD, ZDF, RTL, SAT.1 und ProSieben im Vergleich, in: MP 7/2000, 278-296

KRÜGER, Udo Michael / ZAPF-SCHRAMM, Thomas: Die Boulevardisierungskluft im deutschen Fernsehen. Programmanalyse 2000: ARD, ZDF, RTL, SAT.1 und ProSieben im Vergleich, in: MP 7/2001, 326-344

KULEMEIER, Ralf: Fahrverbot (§ 44 StGB) und Entzug der Fahrererlaubnis (§§ 69 ff. StGB): ein Beitrag zum Verhältnis dieser Sanktionsformen und zum vikariierenden System von Strafen und Maßregeln im Verkehrsstrafrecht, Lübeck 1991 (Zit. „Kulemeier, Fahrverbot, S.")

KUNZ, Karl-Ludwig: Prävention und gerechte Zurechnung, in: ZStW 98 (1986), 823-838

KUNZ, Karl-Ludwig: Grundzüge der heutigen Kriminalpolitik, in: NK 04/2005, 151-156

LAGOIS, Johannes / SOHEGE, Jürgen: Interlock – ein Beitrag zur Erhöhung der Sicherheit im Straßenverkehr, in: Blutalkohol 2003, 199-207

LANG-HINRICHSEN, Dietrich: Verbandsunrecht. Zugleich ein Beitrag zur Lehre von Ordnungswidrigkeiten, in: Naucke, Wolfgang (Hrsg.), Beiträge zur gesamten Strafrechtswissenschaft. Festschrift für Hellmuth Mayer zum 70. Geburtstag am 1. Mai 1965, Berlin 1966, S. 49-78 (Zit. „Lang-Hinrichsen, Verbandsunrecht, S.")

LAUFHÜTTE, Heinrich Wilhelm u.a. (Hrsg.), Strafgesetzbuch. Leipziger Kommentar; Großkommentar §§ 110 – 145d (Fünfter Band), 12. Aufl., Berlin 2009 (Zit. „LK-StGB-*Bearbeiter*, §… Rn.")

LEE, Gun-Jong / PARK, Ki-Seok: Eine Studie über die verwaltungsstrafrechtliche Sanktionen, Seoul 1995 (Koreanisch) (Zit. „Lee/Park, Sanktionen, S.")

LEE, Seung-Hyun / KIM, Yong-Se: The Improvement of the Special Criminal Acts in the Environment & Traffic sector, Seoul 2008 (Koreanisch) (Zit. „Lee/Kim, The Improvement of the special criminal acts, S.")

LÜDERSSEN, Klaus: Der Freiheitsbegriff der Psychoanalyse und seine Folgen für das moderne Strafrecht, in: Hassemer, Winfried / Lüderssen, Klaus / Naucke, Wolfgang, Fortschritte im Strafrecht durch die Sozialwissenschaften?, Heidelberg 1983 (Zit. „Lüderssen, Freiheitsbegriff, S.")

LÜDERSSEN, Klaus: Abschaffen des Strafens?, Frankfurt am Main 1995

LÜDERSSEN, Klaus: Das Strafrecht zwischen Funktionalismus und „alteuropäischem“ Prinzipiendenken: Oder: Verabschiedung des „alteuropäischen“ Strafrecht?, in: ZStW 107 (1995), 877-906
LÜDERSSEN, Klaus / SACK, Fritz: Die selektiven Normen der Gesellschaft. Abweichendes Verhalten I, Frankfurt am Main 1975 (Zit. „Lüderssen/Sack, Abweichendes Verhalten I, S.“)
LUHMANN, Niklas: Soziologie als Theorie sozialer Systeme, in: ders., Soziologische Aufklärung. Aufsätze zur Theorie sozialer Systeme, Band 1, Opladen 1970, S. 113-136 (Zit. „Luhmann, Soziologie als Theorie sozialer Systeme, S.“)
LUHMANN, Niklas: Rechtssoziologie, 2. Aufl., 1983
LUHMANN, Niklas: Das Recht der Gesellschaft, 1. Aufl., 1995
MACHEMER, Ernst / RUNDE, Bernd / WOLF, Udo / BÜTTNER, Dieter / TÜCKE, Manfred: Delegierte Belohnung und intensivierte Verkehrsüberwachung im Vergleich. Eine empirische Untersuchung zur Beeinflussung des Geschwindigkeitsverhaltens. Berichte der Bundesanstalt für Straßenwesen, Bergisch Gladbach 1995 (Zit. „Machemer u.a., Delegierte Belohnung und intensivierte Verkehrsüberwachung, S.“)
MAIWALD, Manfred: Die Verteidigung der Rechtsordnung – Analyse eines Begriffs, in: GA 1983, 49-72
MARTÍN, Luis Gracia: Über die notwendige Modernisierung des Strafrechts in der deutschen und spanischen Doktrin, in: GA 2010, 324-352
MARTINSON, Robert: What works? – Questions and Answers about Prison Reform, in: Journal of Public Interest, No. 36, Spring 1974, 22-54
MAURACH, Reinhart / ZIPF, Heinz: Strafrecht. Allgemeiner Teil, Teilband 1, 6. Aufl., Heidelberg 1992 (Zit. „Maurach/Zipf, Strafrecht AT 1, §… Rn.“)
MAYER, Hellmuth: Strafrecht. Allgemeiner Teil, Stuttgart; Köln 1953 (Zit. „Mayer, Strafrecht AT, S.“)
MEYER-GOßNER, Lutz: Strafprozeßordnung mit GVG und Nebengesetze und ergänzende Bestimmungen, 44., neubearbeitete Auflage, München 1999 (Zit. „Meyer-Goßner, StPO Kommentar, §… Rn.“)
Ministry of Culture, Sports and Tourism Südkorea (MCST): Aktueller Zustand des südkoreanischen Religion, Seoul 2008 (Koreanisch)
MITSCH, Wolfgang: Recht der Ordnungswidrigkeit, 2., überarbeitete und aktualisierte Aufl., Berlin; Heidelberg; New York 2005 (Zit. „Mitsch, Ordnungswidrigkeit, S.“)
MÖLLER-OBERÜCK, Gertraude: Urteile über Verkehrsdelikte. Unterschiede zwischen Maßstäben von Gesetzgeber und Bevölkerung, in: SozW 1975, 188-211

MÜLLER-DIETZ, Heinz: Grundfragen des strafrechtlichen Sanktionensystems, Heidelberg; Hamburg 1979
MÜLLER-DIETZ, Heinz: Integrationsprävention und Strafrecht. Zum positiven Aspekt der Generalprävention, in: Vogler, Theo u.a. (Hrsg.), Festschrift für Hans-Heinrich Jescheck zum 70. Geburtstag, Bd. II, Berlin 1985, S. 813-827 (Zit. „Müller-Dietz, Integrationsprävention und Strafrecht, S.“)
MÜLLER-METZ, Reinhard: Zur Reform von Vergehenstatbeständen und Rechtsfolgen im Bereich der Verkehrsdelikte, in: NZV 1994, 89-96
MÜLLER-TUCKFELD, Jens Christian: Strafrecht und Produktion von Anerkennung, in: Bussmann, Kai-Detlef (Hrsg.), Kritische Kriminologie in der Diskussion: Theorien, Analysen, Positionen, Opladen 1996 (Zit. „Müller-Tuckfeld, Strafrecht, S.“)
MÜLLER-TUCKFELD, Jens Christian: Integrationsprävention. Studien zu einer Theorie der gesellschaftlichen Funktion des Strafrechts, Frankfurt am Main 1998 (Zit. „Müller-Tuckfeld, Integrationsprävention, S.“)
NAEGELI, Eduard: Das Böse und das Strafrecht, München 1966
National Police Agency Südkorea: Road Traffic Accidents in Korea 2010, Seoul 2011
NAUCKE, Wolfgang: Kant und die psychologische Zwangstheorie Feuerbachs, Hamburg 1962 (Zit. „Naucke, Kant, S.“)
NAUCKE, Wolfgang: Zur Lehre vom strafbaren Betrug. Ein Beitrag zum Verhältnis von Strafrechtsdogmatik und Kriminologie, Berlin 1964 (Zit. „Naucke, Betrug, S.“)
NAUCKE, Wolfgang: Über deklaratorische, scheinbare und wirkliche Entkriminalisierung, in: GA 1984, 199-217
NAUCKE, Wolfgang: Entwicklung der allgemeinen Politik und der Zusammenhang dieser Politik mit Reform des Strafrechts in der Bundesrepublik Deutschland, in: ders., Über die Zerbrechlichkeit des rechtsstaatlichen Strafrechts. Materialien zur neueren Strafrechtsgeschichte, Baden-Baden 2000, S. 393-409 (Zit. „Naucke, Entwicklung der allgemeinen Politik, S.“)
NAUCKE, Wolfgang: Über die Zerbrechlichkeit des rechtsstaatlichen Strafrechts, in: ders., Über die Zerbrechlichkeit des rechtsstaatlichen Strafrechts. Materialien zur neueren Strafrechtsgeschichte, Baden-Baden 2000, S. 411-429 (Zit. „Naucke, Zerbrechlichkeit, S.“)
NAUCKE, Wolfgang: Strafrecht. Eine Einführung, 10., neu bearb. Aufl., Neuwied; Kriftel 2002 (Zit. „Naucke, Strafrecht, §… Rn.“)
NEULING, Christian-Alexander: Strafjustiz und Medien-mediale Öffentlichkeit – „Justizielle Schweigepflicht“ im Ermittlungsverfahren, in: HRRS 2006, 94-102

NEUMANN, Ulfrid / SCHROTH, Ulrich: Neuere Theorien von Kriminalität und Strafe, Darmstadt 1980 (Zit. „Neumann/Schroth, Neuere Theorien, S.“)
NOELLE-NEUMANN, Elisabeth: Rechtsbewußtsein im wiedervereinigten Deutschland, in: Zeitschrift für Rechtssoziologie 16 (1995), 121-155
NUSS, Bernard: Das Faust-Syndrom: Ein Versuch über die Mentalität der Deutschen, Bonn; Berlin 1993 (Zit. „Nuss, Das Faust-Syndrom, S.“)
PARKER, Jerry / GRASMICK, Harold G.: Linking actual and perceived certainty of punishment. An exploratory study of an untested proposition in deterrence theory, in: Criminology 17 (1979), 366-379
PFEIFFER, Christian: Kriminalprävention im Jugendgerichtsverfahren. Jugendrichterliches Handeln vor dem Hintergrund des Brücke-Projekts, Köln 1983 (Zit. „Pfeiffer, Kriminalprävention im Jugendgerichtsverfahren, S.“)
PFEIFFER, Christian / WINDZIO, Michael / KLEIMANN, Matthias: Die Medien, das Böse und wir. Zu den Auswirkungen der Mediennutzung auf Kriminalitätswahrnehmung, Strafbedürfnisse und Kriminalpolitik, in: MSchKrim 2004, 415-435
PFEIFFER, Manfred / HAUTZINGER, Heinz: Auswirkungen der Verkehrsüberwachung auf die Befolgung von Verkehrsvorschriften. Berichte der Bundesanstalt für Straßenwesen, Bergisch Gladbach 2001 (Zit. „Pfeiffer/Hautzinger, Auswirkungen, S.“)
PRANTL, Heribert: Rasendes Unrecht, in: SZ v. 30.7.2004, S. 4
PRIESTER, Karin: Populismus – Historische und aktuelle Erscheinungsformen, Frankfurt am Main 2007
PRITTWITZ, Cornelius: Funktionalisierung des Strafrechts, in: StV 1991, 435-441.
PRITTWITZ, Cornelius: Strafrecht und Risiko, Frankfurt am Main 1993
PRITTWITZ, Cornelius: Alternativen der Kriminalpolitik in der Risikogesellschaft: Weniger Rechtsstaat im Strafrecht oder weniger Strafrecht im Rechtsstaat, in: Rechtsstaatliche Antworten auf neue Kriminalitätsformen, 17. Strafverteidigertag, München 1993, S. 19-35 (Zit. „Prittwitz, Alternativen der Kriminalpolitik in der Risikogesellschaft, S.“)
PRITTWITZ, Cornelius: Das deutsche Strafrecht: Fragmentarisch? Subsidiär? Ultima-Ratio? Gedanken zu Grund und Grenzen gängiger Strafrechtsbeschränkungspostulate, in: Institut für Kriminalwissenschaften Frankfurt am Main (Hrsg.), Vom unmöglichen Zustand des Strafrechts, Frankfurt am Main 1995, S. 387-405 (Zit. „Prittwitz, Das deutsche Strafrecht, S.“)
PRITTWITZ, Cornelius: Positive Generalprävention und "Recht des Opfers auf Bestrafung des Täters"?, in: Albrecht, Peter-Alexis u.a. (Hrsg.), KritV Sonderheft: Winfried Hassemer zum sechzigsten Geburtstag, Baden-

Baden 2000, S. 162-175 (Zit. „Prittwitz, Positive Generalprävention und "Recht des Opfers auf Bestrafung des Täters"?, S.“)

PRITTWITZ, Cornelius: „Feindstrafrecht“ – zu einem (untauglichen) Versuch gemanagter Kriminalitätsbekämpfung durch Diabolisierung des Kriminellen, in: Jahrbuch für Rechts- und Kriminalsoziologie 2004 – Kriminologie – Akteurin und Kritikerin gesellschaftlicher Entwicklung, Baden-Baden 2005 (Zit. „Prittwitz, Feindstrafrecht, S.“)

PRITTWITZ, Cornelius: Kriminalpolitik in der Mediengesellschaft. Eine Skizze, in: Michalke, Regina (Hrsg.), Festschrift für Rainer Hamm zum 65. Geburtstag, Berlin 2008, S. 575-585

PRITTWITZ, Cornelius: Begrenzung des Wirtschaftsstrafrechts durch die Rechtsgutslehre, sowie die Grundsätze der ultima ratio, der Bestimmtheit der Tatbestände, des Schuldgrundsatzes, der Akzessorietät und der Subsidiarität, in: Kempf, Eberhard / Lüderssen, Klaus / Volk, Klaus (Hrsg.), Die Handlungsfreiheit des Unternehmers – Wirtschaftliche Perspektiven, strafrechtliche und ethische Schranken, Berlin 2009, S. 53-60 (Zit. „Prittwitz, Begrenzung des Wirtschaftsstrafrechts, S.“)

PRITTWITZ, Cornelius: Perfektionierte Kontrolldichte und rechtsstaatliches Strafrecht, in: Beulke, Werner (Hrsg.), Das Dilemma des rechtsstaatlichen Strafrechts. Symposium für Bernhard Haffke zum 65. Geburtstag 28./29. März 2009, Universität Passau, Berlin 2010, S. 185–196

PUHLE, Han-Jürgen: Was ist Populismus?, in: Dubiel, Helmut (Hrsg.), Populismus und Aufklärung, Frankfurt am Main 1986, S. 12-32

RADBRUCH, Gustav: Rechtsphilosophie, hrsg. von Erik Wolf u. Hans-Peter Schneider, Stuttgart 1973

RANSIEK, Andreas: Unternehmensstrafrecht: Strafrecht, Verfassungsrecht, Regelungsalternativen, Heidelberg 1996 (Zit. „Ransiek, Unternehmensstrafrecht, S.“)

REBMANN, Kurt / ROTH, Werner / HERRMANN, Siegfried: Gesetz über Ordnungswidrigkeiten. Kommentar, 3. Aufl., Stuttgart 2007 (Zit. „Rebmann/Roth/Hermman, OWiG-Kommentar, §… Rn.“)

RENGIER, Rudolf: Zur Bestimmung und Bedeutung der Rechtsgüter im Umweltstrafrecht, in: NJW 1990, 2506-2515

REUBAND, Karl-Heinz: Kriminalität als Thema ostdeutscher Massenmedien vor und nach der Wende. Eine Analyse Dresdner Tageszeitungen 1988-1994. in: KrimJ 32 (2000), 43-55.

RILEY, David: Drinking and Driving. The Effects of Enforcement; HMSO, London 1991 (Zit. „Riley, Drinking and Driving, S.“)

Road Traffic Authority Südkorea (ROTA): Vergleich der Straßenverkehrsunfälle zwischen OECD-Länder, Seoul 2010 (Koreanisch) (Zit. „ROTA, Vergleich 2010, S.“)

ROBERT, Julian V.: Public Opinion, Crime, and Criminal Justice, in: Crime and Justice 16 (1992), 99-180

ROTTLEUTHNER, Hubert: Wie säkular ist die Bundesrepublik?, in: Mahlmann, Matthias (Hrsg.), Ein neuer Kampf der Religionen? Staat, Recht und religiöse Toleranz, Berlin 2006, S. 13-42

ROXIN, Claus: Strafrechtliche Grundlagenprobleme, Berlin 1973 (Zit. „Roxin, Grundlagenprobleme, S.“)

ROXIN, Claus: Zur jüngsten Diskussion über Schuld, Prävention und Verantwortlichkeit im Strafrecht, in: Kaufmann, Arthur (Hrsg.), Festschrift für Paul Bockelmann zum 70. Geburtstag am 7. Dezember 1978, München 1979, S. 279-309 (Zit. „Roxin, Diskussion, S.“)

ROXIN, Claus: Strafrecht Allgemeiner Teil. Band I. Grundlagen. Der Aufbau der Verbrechenslehre, 4. vollständig neu bearbeitete Aufl., München 2006 (Zit. „Roxin, Strafrecht AT I, §… Rn.“)

SÁNCHEZ, Jesús-María Silva: Herausforderungen eines expandierenden Strafrechts, in: GA 2010, 307-322

SCHADE, Edzard: Kommunikations- und Mediengeschichte. Medialisierung und Mediengesellschaft, in: Jarren, Otfried / Bonfadelli, Heinz / Siegert, Gabriele (Hrsg.), Einführung in die Publizistikwissenschaft, 2., vollst. überarb. Aufl., Bern 2005, S. 49-51 (Zit. „Schade, Kommunikations- und Mediengeschichte, S.“)

SCHELLER, Gitta: Individualisierungsprozesse in den neuen Bundesländern. Zur Freisetzung aus den Arbeiteskollektiven, in: APuZ B 37-38/2002, 23-29

SCHMIDHÄUSER, Eberhard: Strafrecht. Allgemeiner Teil: Studienbuch, 2., neu bearb. Aufl., Tübingen 1984 (Zit. „Schmidhäuser, Strafrecht AT, Rn.“)

SCHMIDT, Eberhard: Straftaten und Ordnungswidrigkeiten, in: JZ 1951, 101-104

SCHMIDT, Eberhard: Straftaten und Ordnungswidrigkeiten. Erinnerungen an die Arbeiten der Wirtschaftsstrafrechtskommission (1947-1949), in: Ehmke, Horst (Hrsg.), Festschrift für Adolf Arndt zum 65. Geburtstag, Frankfurt am Main 1969, S. 415-435

SCHMITT, Rudolf: Ordnungswidrigkeitenrecht: Dargestellt für den Bereich der Wirtschaft, Köln; Berlin; Bonn; München 1970 (Zit. „Schmitt, Ordnungswidrigkeitenrecht, S.“)

SCHÖCH, Heinz: Empirische Grundlagen der Generalprävention, in: Vogler, Theo (Hrsg.), Festschrift für Hans-Heinrich Jescheck zum 70. Geburtstag, Berlin 1985, S. 1081-1105 (Zit. „Schöch, Generalprävention, S“)

SCHÖCH, Heinz: Göttinger Generalpräventionsforschung, in: Kaiser, Günther / Kury, Helmut / Albrecht, Hans-Jörg (Hrsg.), Kriminologische Forschung in den 80er Jahren. Projektberichte aus der Bundesrepublik Deutschland, Freiburg 1988, S. 227-246

SCHÖCH, Heinz: Entkriminalisierung, Entpönalisierung, Reduktionismus, in: Albrecht, Peter-Alexis (Hrsg.), Festschrift für Horst Schüler-Springorum zum 65. Geburtstag, Köln; Berlin; Bonn; München 1993, S. 245-256

SCHÖCH, Heinz: Verdachtlose Atemalkoholkontrolle und Grenzwertdiskussion, in: DAR 1996, 44-50

SCHÖCH, Heinz: Juristische Aspekte atemalkoholsensitiver Zündsperren, in: Blutalkohol Supplement 2005 Nr. 1, 20-24

SCHÖNKE, Adolf / SCHRÖDER, Horst: Strafgesetzbuch. Kommentar, 28. Aufl., München 2010 (Zit. „Schönke/Schröder, StGB-Kommentar, §... Rn.")

SCHULTE, Werner: Handlungssteuernde Wirkungen gesetzlicher Normen und Sanktionen bei Bagatelldelikten am Beispiel der Verkehrsdelinquenz, in: Brusten, Manfred u.a. (Hrsg.): Kriminologie im Spannungsfeld von Kriminalpolitik und Kriminalpraxis, Stuttgart 1986, S. 135-148 (Zit. „Schulte, Handlungssteuernde Wirkungen, S.")

SCHULZ, Lorenz: Neues zum Bestimmtheitsgrundsatz, Zur Entscheidung des BVerfG vom 23. Juni 2010, in: Heinrich, Manfred u.a. (Hrsg.), Festschrift für Claus Roxin zum 80. Geburtstag am 15. Mai 2011, Berlin; New York 2011, S. 305–328 (Zit. „Schulz, Neues zum Bestimmtheitsgrundsatz, S.")

SCHUMANN, Karl F.: Positive Generalprävention: Ergebnisse und Chancen der Forschung, Heidelberg 1989 (Zit. „Schumann, Positive Generalprävention, S.")

SCHUMANN, Karl F.: Positiv Denken – das neue Verständnis von Generalprävention, in: NK 1990 (Heft 2), 35-36

SCHUMANN, Karl F.: Empirische Beweisbarkeit der Grundannahmen von positiver Generalprävention, in: Schünemann, Bernd / von Hirsch, Andrew / Jareborg, Nil, Positive Generalprävention. Kritische Analysen im Deutsch-englischen Dialog Uppsala-Symposium 1996, Heidelberg 1998, S. 17-28 (Zit. „Schumann, Empirische Beweisbarkeit, S.")

SCHUMANN, Karl F. / BERLITZ, Karl / GUTH, Hans-Werner / KAULITZKI, Reiner: Jugendkriminalität und die Grenzen der Generalprävention, Neuwied 1987 (Zit. „Schumann u.a., Jugendkriminalität, S.")

SCHÜNEMANN, Bernd: Alternative Kontrolle der Wirtschaftskriminalität, in: Dornseifer, Gerhard (Hrsg.), Gedächtnisschrift für Armin Kaufmann, Köln 1989, S. 629-649

SCHÜNEMANN, Bernd: Überkriminalisierung und Perfektionismus als Krebsschaden des Verkehrsstrafrechts. oder - Deutschland ein Land der kriminellen Autofahrer?, in: DAR 1998, 424-433

SCHWERD, Wolfgang: Alkohol und Fahrsicherheit. Bemerkung zur Geschichte und Begutachtung, in: Seebode, Manfred (Hrsg.), Festschrift für Günter Spendel zum 70. Geburtstag, Berlin 1992, S. 583-590 (Zit. „Schwerd, Alkohol und Fahrsicherheit, S.")

SEELMANN, Kurt: Hegels Straftheorie in seinen »Grundlinien der Philosophie des Rechts«, in: JuS 1979, 687

SEELMANN, Kurt: Risikostrafrecht, in: KritV 1992, 452-471

SENECA, L. Annaeus: De ira (Über die Wut), übersetzt und herausgegeben von Wildberger, Jula, Stuttgart 2007 (Lateinisch/Deutsch)

SEOK, Jong-Hyun: Gesetzübertretungsgeld im kStVG, Seoul 1994 (Koreanisch) (Zit. „Seok, Gesetzübertretungsgeld, S.")

SHIM, Hyunju: Die Herausforderung der koreanischen Kultur durch die hegemoniale Globalisierung. Ein Beitrag zur Bestimmung des Verhältnisses intra-, supra- und transkultureller Werte, Frankfurt am Main 2004 (Zit. „Shim, Koreanische Kultur, S.")

SHOHAM, Giora. S. / GEVA, Nehemia / MARKOWSKI, Rachel / KAPLINSKY, Nava: Internalisation of Norms, Risk-Perception and Anxiety as Related to Driving Offences, in: BritJCrim (1976) 16 (2), 142-155

SILBERMAN, Matthew: Toward a Theory of Criminal Deterrence, in: American Sociological Review, Vol. 41/1976, 442-461

SMAUS, Gerlinda: Technokratische Legitimierungen des Strafrechts – die Flucht nach vorne in die Generalprävention, in: ZRS 6 (1985), 90-103

SMETTAN, Jürgen Rüdiger: Kriminelle Bereicherung in Abhängigkeit von Gewinnen, Risiken, Strafen und Moral. eine empirische Untersuchung, Freiburg 1992 (Zit. „Smettan, Kriminelle Bereicherung, S.")

SMID, Stefan: Zur Einführung: Niklas Luhmanns systemtheoretische Konzeption des Rechts, in: JuS 1986, 513-517

SON, Gi-Shik: Verkehrsstrafrecht, 3. Aufl., Seoul 2000 (Koreanisch)

SONNEN, Bernd-Rüdeger: Kriminalität und Strafgewalt. Eine integrierte Einführung in Strafrecht und Kriminologie, Stuttgart 1978 (Zit. „Sonnen, Kriminalität und Strafgewalt, S.")

SONNEN, Bernd-Rüdeger: Zauberwort Entkriminalisierung. Die passende Antwort auf (Bagatell-)Kriminalität?, in: Reindl, Richard (Hrsg.), Prävention – Entkriminalisierung – Sozialarbeit, Alternativen zur Strafverschärfung, Freiburg 1995, S. 115-127 (Zit. „Sonne, Zauberwort Entkriminalisierung, S.")

Statistisches Bundesamt: Datenreport 2006, Wiesbaden 2007

Statistische Bundesamt: Statistisches Jahrbuch 2011. Für die Bundesrepublik Deutschland mit »Internationalen Übersichten«, Wiesbaden 2011 (Zit. „Statistisches Bundesamt, Statistische Jahrbuch 2011, S.“)

Statistisches Bundesamt: Lange Reihen zur Strafverfolgungsstatistik I.1 Lange Reihen über verurteilte Deutsche und Ausländer nach Art der Straftat, Altersklassen und Geschlecht (Früheres Bundesgebiet mit Berlin seit 1995) 2010 (Stand: 12.10.2011) Wiesbaden 2011 (Zit. „Statistisches Bundesamt, Strafverfolgungsstatistik I.1 2010, S.“)

Statistisches Bundesamt: Lange Reihen zur Strafverfolgungsstatistik. II.2 Verurteilte nach ausgewählten Straftaten, Geschlecht und Altersgruppen (Deutschland seit 2007) 2010 (Stand: 12.10.2011), Wiesbaden 2011 (Zit. „Statistisches Bundesamt, Strafverfolgungsstatistik II.2 2010, S.“)

STRATENWERTH, Günther: Strafrechtliche Unternehmenshaftung?, in: Geppert, Klaus u.a. (Hrsg.), Festschrift für Rudolf Schmitt zum 70. Geburtstag, Tübingen 1992, S. 295-307

STRATENWERTH, Günther / KUHLEN, Lothar: Strafrecht. Allgemeiner Teil I. Die Straftat, 5. Aufl., Köln; Berlin; München 2004 (Zit. „Stratenwerth/Kuhlen, Strafrecht AT I, §… Rn.“)

STRENG, Franz: Schuld, Vergeltung, Generalprävention. Eine tiefenpsychologische Rekonstruktion strafrechtlicher Zentralbegriffe, in: ZStW 92 (1980), 637-681

STRENG, Franz: Die heranwachsende Juristengeneration und die Aufgabe des Strafrechts, in: BewHi 4/2000, 422-435

STÜBINGER, Stephan: Nicht ohne meine »Schuld«! Kritik der systemtheoretischen Reformulierung des Strafrechts am Beispiel der Schuldlehre von Günther Jakobs, in: KJ 1993, 33-48

SYNOWIEC, Patrick: Wirkung und Effizienz der ambulanten Maßnahmen des Jugendstrafrechts, Hannover 1998 (Zit. „Synowiec, Wirkung und Effizienz, S.“)

THOMMEN, Lukas: Populus, Plebs und Populares in der römischen Republik, in: Faber, Richard / Unger, Frank: Populismus in Geschichte und Gegenwart, Würzburg 2008, S. 31-41

TIEDEMANN, Klaus: Wirtschaftsstrafrecht und Wirtschaftskriminalität 1. Allgemeiner Teil, Reinbek bei Hamburg 1976 (Zit. „Tiedemann, Wirtschaftsstrafrecht und Wirtschaftskriminalität 1 – AT, S.“)

TITTLE, Charles R.: Sanction Fear and the Maintenance of Social Order, in: Social Forces 55/1977, 579-596

TJONG, Zong-Uk: Beziehung zwischen dem deutschen und dem koreanischen Strafrecht, in: Stratenwerth, Günther (Hrsg.), Festschrift für Hans Welzel

zum 70. Geburtstag am 25. März 1974, Berlin 1974, S. 277-289 (Zit. „Tjong, Deutsches und koreanisches Strafrecht, S.“)
VAN BEMMELN, Jan Maarten: Strafrecht und Kriminologie, in: MSchKrim 1967, 99-108
VESTING, Thomas: Kein Anfang und kein Ende. Die Systemtheorie des Rechts als Herausforderung für Rechtswissenschaft und Rechtsdogmatik, in: Jura 2001, 299-305
VILSMEIER, Markus: Empirische Untersuchung der Abschreckungswirkung strafrechtlicher Sanktionen, in: MSchKrim 1990, 273-285
VON BIEBERSTEIN, Fritz Marschall: Vom Kampf gegen des Rechts gegen die Gesetze, Stuttgart 1927
VON LISZT, Franz: Der Zweckgedanke im Strafrecht, 2. Aufl., Frankfurt am Main 1948 (Zit. „v. Liszt, Zweckgedanke, S.“)
VON LISZT, Franz: Über den Einfluß der soziologischen und anthropolitischen Forschungen auf die Grundbegriffe des Strafrechts, in: ders., Strafrechtliche Aufsätze und Vorträge, Bd. II, 1905 Nachdruck, Berlin 1970 (Zit. „v. Liszt, Grundbegriff des Strafrechts, S.“)
VORMBAUM, Thomas: Einführung in die moderne Strafrechtsgeschichte, Berlin; Heidelberg 2009
WALTER, Michael: Strafvollzug, 2. Aufl., Stuttgart 1999
WASSERMANN, Rudolf (Hrsg.): Kommentar zum Strafgesetzbuch. Reihe Alternativkommentare, Band 1, §§ 1-21 Neuwied 1990, Band 3 §§ 80-145d, Neuwied 1986 (Zit. „AK-StGB-*Bearbeiter*, §... Rn.“)
WEBER, Klaus (Hrsg.): Creifelds Rechtswörterbuch, 20. Aufl., München 2011 (Zit. „Creifelds Rechtswörterbuch, S.“)
WEGGEL, Oskar: Die Asiaten, 2., durchges. Auf., München 1990 (Zit. „Weggel, Die Asiaten, S.“)
WELCKER, Karl Theodor: Die letzten Gründen von Recht, Staat und Strafe. Philosophisch und nach den Gesetzen der merkwürdigsten Völker rechtshistorisch entwickelt. Neudruck der Ausgabe Gießen 1813, Aalen 1964 (Zit. „Welcker, Letzte Gründe, S.“)
WELZEL, Hans: Das deutsche Strafrecht: eine systematische Darstellung, 11. Aufl., Berlin 1969 (Zit. „Welzel, Strafrecht, S.“)
WOLF, Erik: Die Stellung der Verwaltungsdelikte im Strafrechtssystem, in: Hegler, August (Hrsg.), Festgabe für Reinhard von Frank zum 70. Geburtstag: 16. August 1930, Bd. II, Tübingen 1930, S. 516-588 (Zit. „Wolf, Verwaltungsdelikte, S.“)
YI, Sangdon: Modernität des Strafrechts und Diskurstheorie, Seoul 1994 (Koreanisch) (Zit. „Yi, Modernität, S.“)

YI, Sangdon: Einführung in die Rechtswissenschaft, 1. Aufl., Seoul 1997 (Koreanisch)
YI, Sangdon: Strafrechtswissenschaft, Seoul 1999 (Koreanisch) (Zit. „Yi, Strafrechtswissenschaft, S.“)
Yi, Sangdon: Fachspezifisches Recht. Lokalisierte Aktion des Vernunft, in: Koryobubhak 39 (2002), 113-151 (Koreanisch)
ZIECHANG, Frank: Tagungsbericht. Diskussionsbeiträge der Strafrechtslehrertagung 1994 in Rostock, in: ZStW 107 (1995), 907-928
ŽIŽEK, Slavoj: Die Brisanz des christlichen Erbes, 6. März 2001, in: Katholischen Akademie München (<http://www.egs.edu/faculty/slavoj-zizek/articles/die-brisanz-des-christlichen-erbes/>, Zugriff am 21.02. 2011)

Webseite
<http://consumer.ulsan.go.kr/know/board/source/board_red.php?iRecID=178&tid=4> (Zugriff am 9.3.2011)
<http://de.wikipedia.org/wiki/Sicherheitsgurt#Geschichte> (Zugriff am 15.7. 2010)
<http://hssong.kr/html/?code=B04&mode=view&numid=6579> (Zugriff am 11.3.2011)
<http://spiegel.de/ panorama/0,1518,286903,00.html> (Zugriff am 17.3.2011)
<http://spiegel.de/panorama/0,1518,257070,00.html> (Zugriff am 11.3.2011)
<http://spiegel.de/panorama/0,1518,286903,00.html> (Zugriff am 11.3.2011)
<http://www.aktion-bob.de> (Zugriff am 8.10.2010)
<http://www.deutsche-verkehrswacht.de> (Zugriff am 8.10.2010)
<http://www.dont-drug-and-drive.de/> (Zugriff am 8.10.2010)
<http://www.ich-bin-dein-schutzengel.de> (Zugriff am 8.10.2010)
<http://www.koroad.or.kr/Work/Code/RotaInform/RotaInform02List.jsp> (Zugriff am 17.3.2011)
<http://www.index.go.kr/egams/stts/jsp/potal/stts/PO_STTS_IdxMain.jsp?idx_cd=1743&bbs=INDX _001> (Zugriff am 17.5.2011)
<http://www.law.go.kr/LSW/RvsDocNRsnP.do?lsiSeq=56029&languageType=KO> (Zugriff am 21.9.2009)
<http://www.mobilundsicher.de> (Zugriff am 8.10.2010)
<http://www.newswire.co.kr/newsRead.php?no=335915&lmv=A01> (Zugriff am 11.03.2011)
<http://www.police.go.kr/eng/index.jsp> (Zugriff am 17.5.2011).
<http://www.risiko-raus.de> (Zugriff am 8.10.2010)
<http://www.tag-der-verkehrssicherheit.de> (Zugriff am 8.10.2010)

<http://www.wdr.de/themen/kultur/stichtag/2004/ 08/01.jhtml>
(Zugriff am 15.7.2010)
<http://www.wdr.de/themen/kultur/stichtag/2004/08/01.jhtml>
(Zugriff am 15.7.2010)

Einleitung

I. Problemaufriss

A. Aktuelle Lage der Theorie der positiven Generalprävention

1. Legitimierte Straftheorie

Die jüngste Straftheorie, die Theorie der positiven Generalprävention, ist nach seiner ersten Formung der „sittenbildende Kraft des Strafrechts“ von *Mayer*[1] und nach *Welzel*s Erklärung der „sozialethischen Funktion des Strafrechts“[2] bei Begründung der Hauptaufgabe der Strafe inhaltlich unterschiedlich gewachsen: Zunächst ist die frühe Rezeption von *Naucke*[3] anzuführen. Es folgen *Hassemer*[4] und einige repräsentative Entscheidungen des BGH[5] und des BVerfG[6] zur Verteidigung der Rechtsordnung in den 70er Jahren: Hier wird sie als die „Aufrechterhaltung der Rechtsordnung“[7] und „Unverbrüchlichkeit der Rechtsordnung“[8] bezeichnet. *Roxin* folgt mit dem Konzept der „Befriedigung des verletzten Rechtsbewusstseins“,[9] *Müller-Dietz* erkennt auch die normstabilisierende und sozialintegrierende Funktion des Strafrechts an, die durch die persönliche Verantwortlichkeit beschränkt wird.[10] Zudem betont *Jakobs* die „Einübung in die Rechtstreue“.[11]

In den 90er Jahren wurde über die Theorie der positiven Generalprävention reichlich diskutiert.[12] Aus der Diskussion zwischen *Hassemer* und *Jakobs* wurde der Aspekt der Freiheitsgewährleistung[13] herausgearbeitet. Durch die Berücksichtigung des Formalisierungsanspruchs der Strafe[14] wurde eine inhaltliche Überzeugungskraft von der Theorie der positiven Generalprävention gestärkt. In

1 Mayer, Strafrecht AT, S. 23.
2 Welzel, Strafrecht, S. 1.
3 Naucke, Betrug, S. 55 ff.
4 Hassemer, Verbrechen, S. 87 ff.
5 BGHSt, 24, 38-40; BGHSt 24, 64-69 = JZ 1971, 268.
6 BVerfGE 45, 187-271 = NJW 1977, 1525-1534.
7 BGHSt 24, 40; BGHSt, 24, 64.
8 BVerfGE 45, 187 (256).
9 Roxin, Diskussion, S. 306.
10 Müller-Dietz, Grundfragen des strafrechtlichen Sanktionensystems, S. 23.
11 Jakobs, Schuld und Prävention, S. 10 ff.
12 Jakobs, Strafrecht AT, S. 6 ff.
13 Hassemer, Einführung, S. 327.
14 Hassemer, Einführung, S. 326.

der heutigen Zeit ist die Theorie der positiven Generalprävention als eine der legitimierten Straftheorie ausgeführt.[15]

2. Rechtfertigungsfrage

Trotz der überzeugenden Begründung stoßen auf alle qualifizierten Straftheorien dennoch Kritiken. Aus diesem Grund ist keine qualifizierte Straftheorie dauernd aus der Rechtfertigungsfrage entkommen. Des Weiteren ist die empirische Nachprüfbarkeit vor allem gegen relative Theorien eine unvermeidbare Streitfrage. Zur Theorie der positiven Generalprävention ist diese Situation keine Ausnahme. Wenn die Lehre der positiven Generalprävention nicht als eine „leere Reputation" stehen bleiben soll, sondern als eine aktuelle wirksame Theorie aufleben möchte, sollte sie sich sowohl theoretisch als auch empirisch bestätigen: Zunächst muss sie in der normativen Weise so erklärt werden, dass Strafe im Sinne der positiven Generalprävention dem staatlichen Strafrecht angemessen ist, gleichfalls muss auch in der empirischer Weise bestätigt werden, dass ihre präventive Rolle gegen Verbrechen tatsächlich erfolgreich ist.

Diese Aufgabe kann durch Untersuchung in dem konkreten Fachbereich effektiv gelöst werden. Trotzdem wurde die Studie dieser Variante der Generalprävention im Vergleich zu den anderen relativen Theorien selten in einem konkreten Gebiet untersucht.[16]

---

15 Etwa NK-StGB-Hassemer/Neumann, Vorbem. § 1 Rn. 288 ff.; Roxin, Strafrecht AT I, § 3 Rn. 26 f.; Kindhäuser, LPK-StGB, Vorbem. § 1 Rn. 25; Frister, Strafrecht AT, S. 22; Baumann/ Weber/Mitsch, Strafrecht AT, § 3 Rn. 25 ff.; Prittwitz, Strafrecht und Risiko, S. 213.

16 Das Buch „Verkehrsdelinquenz und Generalprävention" von *Günther Kaiser* ist die ältere, aber fast einzige Forschung, in der empirisch orientierte Möglichkeiten und Grenzen der Generalprävention im Bereich der Verkehrsdelinquenz herausgearbeitet werden. Der Autor fokussiert sich aber nicht auf die positive Generalprävention. Die positive Generalprävention ist bisher in der Strafzumessung, im Strafverfahren und im Sexualstrafrecht zu verorten. Vgl. etwa Hart-Hönig, Gerechte und zweckmäßige Strafzumessung – zugleich ein Beitrag zur Theorie positiver Generalprävention, in dem er das positive-generalpräventive Strafzumessungsmodell herleitet; Hauschild, Die positive Generalprävention und das Strafverfahren, in der er unter der positiven Generalprävention die herkömmlichen Ziele des Strafverfahrens kritisch darstellt. Funke-Auffermann, Symbolische Gesetzgebung im Lichte der positiven Generalprävention – Eine Untersuchung am Beispiel des „Gesetzes zur Änderung der Vorschriften über die Straftaten gegen die sexuelle Selbstbestimmung und zur Änderung anderer Vorschriften" vom 27. Dezember 2003, in der die Sexualstrafrechtsreform als symbolische Gesetzgebung im Lichte der Theorie der positiven Generalprävention kritisiert wird.

Diese wäre auf Grund der besonderen Eigenschaft der Theorie, dass ihre Legitimierung sich weitgehend mit der moralischen sowie psychologischen Sache lehnt, da diese nur schwer oder gar nicht nachzuweisen ist. *Jakobs* zeigt keine Aufmerksamkeit für Empirie:[17] Strafe sei mehr als „nur äußerliches Ereignis“[18]. Nach *Hassemer* verlange die Formalisierungsaspekt der positiven Generalprävention keine empirische Bestätigung wegen seines normativen Charakters.[19]

Dennoch wird sich über das Fliehen nach normativem Charakter der Theorie stets beklagt. Denn strafrechtlicher Eingriff ist unzweifelhaft eine existierende Tatsache.[20] Zur positiven Generalprävention besteht Wert fort, sowohl normative Legitimation als auch empirische Nachprüfbarkeit auf einen bestimmten Bereich zu erforschen. Die vorliegende Arbeit schlägt den Bereich des Straßenverkehrsrechts vor.

B. Straßenverkehrsdelikt

1. Straßenverkehrsdelinquenz als Massenphänomen

Tatsächlich sind der Straßenverkehr und die Straßenverkehrsdelinquenz als Massenphänomene einzuordnen.[21]

Die Zahl der Fahrzeuge (50,1 Mio. im Jahr 2010)[22] und der Führerscheinbesitzer (29,3 Mio. im Jahr 2010) nehmen jährlich zu.[23] Die Anzahl der Verkehrsunfälle nimmt zwar jährlich ab, dennoch ist sie mit ca. 300.000 Unfällen immer noch hoch.[24]

Die Straßenverkehrsdelinquenz gilt auch als ein Massenphänomen. In Deutschland steigt die Zahl der Verurteilungen von Straßenverkehrsstraftaten nach StGB und nach StVG seit längerer Zeit ab.[25] Jedoch hat man vor kurzem gesehen, dass die aktuelle Zahl immer noch ähnlich ist (204.942 im Jahr 2008 und 188.398 im Jahr 2009, 174.558 im Jahr 2010).[26] Zudem nahm die Zahl der im Verkehrszentralregister eingetragenen Personen wegen einer Ordnungswidrig-

---

17 Prittwitz, Strafrecht und Risiko, S. 230.
18 Jakobs, Strafrecht, S. 9.1/10.
19 Hassemer, Einführung, S. 328.
20 Hassemer, Einführung, S. 321 f.; Prittwitz, Strafrecht und Risiko, S. 233.
21 Kaiser, Verkehrsdelinquenz, S. 29; Albrecht, Kriminologie, S. 337 f.
22 Statistisches Bundesamt, Statistisches Jahrbuch 2011, S. 422.
23 KBA, Jahresbericht 2010, S. 6.
24 Statistisches Bundesamt, Statistisches Jahrbuch 2011, S. 435.
25 Statistisches Bundesamt, Strafverfolgungsstatistik I.1 2010, S. 5 ff.
26 Statistisches Bundesamt, Strafverfolgungsstatistik II.2 2010, S. 6.

keit oder Straftat im Straßenverkehr um 1,1 % in 2009 und um 0,3% in 2010 zu. Die Zahl der im Verkehrszentralregister eingetragenen Personen am 01.01.2011 ist 8.995.000.[27] Diese Zahl der Straßenverkehrsdelikte ist immer noch beachtlich.

Die Situation in Südkorea stimmt mit der in Deutschland überein. Die Zahl der strafrechtlichen oder ordnungswidrigkeitsrechtlichen Maßnahmen bezüglich des Straßenverkehrs überstieg in Südkorea 1. Mio. im Jahr 1979. Eine weitere Zunahme über 10 Mio. ist im Jahre 1993 zu erkennen. Nach 2000 hält sich diese Zahl immer noch jährlich über 10 Mio.[28] Darüber hinaus ist in Südkorea der Anteil der Gerichtsurteile bezüglich des Straßenverkehrs der größte von allen Gebieten.[29]

2. Vernachlässigung

In Gegensatz zu seiner alltäglichen Häufigkeit und Wichtigkeit bekommt Straßenverkehrsdelinquenz kaum Aufmerksamkeit von der Strafrechtswissenschaft und -praxis. Vielmehr wurde sie als andere Kriminalität vernachlässigt: Beispielsweise erfasst PKS keine Verstöße gegen Bestimmungen, die zur Aufrechterhaltung der Verkehrssicherheit im Straßenverkehr erlassen wurden, keine durch Verkehrsunfälle bedingten Fahrlässigkeitsdelikte, keine Verkehrsunfallflucht sowie keine Verstöße gegen das Pflichtversicherungsgesetz,[30] obwohl sie neben klassischen Straftaten die Fall- und Tatverdächtigenentwicklung mit dem Waffengesetz sowie mit dem Aufenthaltsgesetz zusammenfasst.[31]

Trotz der Vernachlässigung durch die Strafrechtswissenschaft und –praxis ist die Bedeutsamkeit der Verkehrsdelinquenz sichtbar, wenn man die mit dem sich aus Straßenverkehrsdelinquenz ergebenden immensen Schäden und Gefährdung auflistet. Daher stellen sich zwei Fragen, „ob der kriminalpolitische Stellenwert der Verkehrsdelikte im Gesamtsystem staatlicher Kontrolle richtig eingeordnet ist“[32] und „welche Rolle die Sanktionen für die Verwirklichung der Prävention im Straßenverkehr spielen“.

---

27 KBA, Jahresbericht 2010, S. 9.

28 Zur Statistik bis 2008 siehe KNPA, Statistik 2008, S. 257. Zur Statistik ab 2009 siehe auch <http://www.police.go.kr/eng/index.jsp> (Zugriff am 17.5.2011).

29 <http://www.index.go.kr/egams/stts/jsp/potal/stts/PO_STTS_IdxMain.jsp?idx_cd=1743&bbs= INDX_001> (Zugriff am 17.5.2011).

30 Bundeskriminalamt, PKS Berichtsjahr 2010, S. 21.

31 Bundeskriminalamt, PKS 2011 Zusammenfassung <http://www.bka.de/nn_193232/SharEdDocs/Downloads/DE/Publikationen/PolizeilicheKriminalstatistik/ImkKurzberichte/Pks2011Zusammenfassung,templateId=raw,property=publicationFile.pdf/pks2011Zusammenfassung.pdf> (Zugriff am 8.8.2012).

32 Brandenstein/Kury, NZV 2005, 228.

II. Ziel der Untersuchung

Das Ziel der Arbeit ist die Begründung und die Realisierung der Theorie der positiven Generalprävention als die in der heutigen Zeit angemessene Präventionstheorie im Straßenverkehr. Zu diesem Zweck werden drei Thesen aufgestellt.

Die erste These lautet: Die positive Generalprävention kann und soll als wirksame und richtige Präventionstheorie im Bereich des Straßenverkehrs gerechtfertigt werden (unten A).

Die zweite These ist: Die Theorie der positiven Generalprävention beschäftigt sich sowohl mit der Legitimation der Strafe, als auch mit Einschränkung der Strafe. In diesem kritischen Ausblick an die Strafe liegt der Wert der Theorie der positiven Generalprävention (unten B).

Die dritte These lautet: Ein stärkeres Bedrohungsgefühl im Straßenverkehr und die erhebliche Erwartung einer höheren Strafe für Straßenverkehrsdelikte in der heutigen Zeit beruhen auf ein von Medien erzeugte Gefühl im Risikogesellschaft (unten C).

A. Prävention im Straßenverkehr

Der Zweck der Strafe bei der Generalprävention ist die Vermeidung der Begehung von Straftaten bei allen Gesellschaftsmitgliedern.[33] Die Beziehung zwischen der positiven Generalprävention und dem Straßenverkehrsrecht ergibt sich aus der Tatsache der „Straßenverkehrs als Massenphänomen". Die Alltäglichkeit der Straßenverkehrsdelikte macht die Umkehrung des „Regel-Ausnahme-Verhältnisses von Normtreue und Normverletzung" deutlich:[34] „Im Straßenverkehr dürfte jeder ein potentieller Delinquent sein."[35] In diesem Zusammenhang wird einen engen Konnex zwischen Straßenverkehrskriminalpolitik und dem generalpräventiven Gedanke gestellt, weil im Fall des Verkehrsdelikt Jedermann der Gegenstand der Generalprävention, – zukünftige Verbrecher –, ist.[36]

Hier sind zwei Arten der Vorbeugung zu unterscheiden: Die negative und die positive Generalprävention. Durch die Abschreckung zielt die negative Generalprävention auf die Vermeidung von Strafverfolgung und Sanktionierung ab,

---

33 Eisenberg, Kriminologie, § 41 Rn. 1.

34 Kaiser, Verkehrsdelinquenz, S. 3; Bockelmann, DAR 1964, 288 ff.; Albrecht, Kriminologie, S. 339.

35 Göppinger, NJW 1959, 2283; ders., Strafe und Verbrechen, S. 22; Kaiser, Verkehrsdelinquenz, S. 4; Eisenberg, Kriminologie, S. 709; Kulemeier, Fahrverbot, S. 364; Albrecht, Kriminologie, S. 339.

36 Kaiser, Verkehrsdelinquenz, S. 1 ff.

während sich die positive Generalprävention auf die freiwillige Normbefolgung der Gesellschaftsmitglieder durch die Normverinnerlichung konzentriert. Es ist streitig, ob mit dem Straßenverkehrs(-straf)recht die Ziele der negativen oder der positiven Generalprävention zu verfolgen sind[37] oder ob die Abschreckungsprävention immer aus der Sicht der positiven Generalprävention hintangesetzt werden muss.

Für die Feststellung der wirksamen Präventionspolitik ist relevant, die empirische Wirksamkeit von den einzelnen Faktoren zu überprüfen, die zur negativen sowie positiven Generalprävention beeinflusst. Angenommen ist, dass neben „Abschreckung" andere Variable wie Informiertheit, Entdeckungsrisiko, Kontrolldichte, Belohnung usw. auf die Prävention im Straßenverkehr wirken.

B. Entkriminalisierung und positive Generalprävention

Die zweite These, die Beziehung der Theorie der positiven Generalprävention und der Einschränkung der Strafe, wird mit der Forderung der Entkriminalisierung konkretisiert.

Zwar wirkt es auf dem ersten Blick als würde die Verbrechensprävention und die Einschränkung der Strafe im Widerspruch stehen. Aber Strafen, die nicht als vollzugsbedürftig anzusehen sind, können nicht als nachhaltige Prävention wirken, weil Bürger die Vorschriften und die damit bestehende Strafe nicht mehr vertrauensvoll verinnerlichen können. Im Gegenteil kann ein adäquater strafrechtlicher Eingriff höheren Präventionseffekt mitbringen, obwohl sie eine geringere Abschreckungswirkung gegeben ist. Dies qualifiziert die sich von der Integrationsprävention unterschiedene Theorie der positive Generalprävention[38] als Richtige.

Die Geschichte des deutschen Straßenverkehrsrechts gibt einen Ansatz zur positiven präventiven Wirkung von der eingeschränkten Sanktion. Im Bereich des Straßenverkehrsrechts in Deutschland wurde die breite Entkriminalisierungsphase bereits in den 70er Jahren durchgeführt. Dies kann mit anderen Rechtssystemen verglichen werden, vor allem mit dem Straßenverkehrsrechtssystem in Südkorea, wo die straßenverkehrsrechtlichen Bagatelldelikte noch nicht entkriminalisiert sind. Hier ist eine Hypothese zu stellen, dass das südkoreanische Straßenverkehrsrecht das Subsidiaritätsprinzip nicht gewährleistet.

---

37 Vgl. Zur Zulässigkeit der negativen und positiven Generalprävention im allgemeinen Strafrecht Hörnle/v. Hirsch, GA 1995,261 ff. Auch zu ihrer Zulässigkeit im Bereich des Jugendstrafrechts vgl. Herberger, Normbekräftigung, S. 19 ff.

38 Zur Integrationsprävention näher unten Kap. 1, III, B.

Das Problem des südkoreanischen Verkehrsrechts zu bestimmen und eine logische Einordnung zu entwerfen bestrebt sich die vorliegende Arbeit.

C. Postmoderne Neigung des aktuellen Straßenverkehrsrechts

Das Recht des Straßenverkehrs hat zwei widersprechende Bedeutungen: die Gewährleistung der Verkehrssicherheit einerseits und des Verkehrsflusses andererseits.[39] Davon wird derzeit die Gewährsleistung der allgemeinen Verkehrssicherheit kräftig gefordert. Die stärkere Sanktion gegen Verkehrsdelikt, die den potentiellen Täter warnt, ist beansprucht.

Der Raser-Fall zeigt die Erwartung sowie die Enttäuschung der Bürger bezüglich der negativen Generalprävention im Straßenverkehr: Im Jahr 2003 starben eine Frau und ihr zweijähriges Kind auf der Autobahn und dafür war ein drängelender Raser verantwortlich. Obwohl ein außergewöhnlich großes öffentliches Aufsehen erregt wurde, war die Strafe gegen Täter nicht so hart.[40] Die Hoffnung der Bürger, dass eine härtere Strafe für alle potentiellen Verkehrsdelikten ein abschreckendes Beispiel setzen könnte, entsprach nicht. Es scheint, dass im Bereich des Straßenverkehrs das Bedrohungsgefühl und das Strafbedürfnis zunehmen. Dagegen zeigt die Statistik abnehmende Risiken im Straßenverkehr. Die Verkehrsunfälle, Getötete und Verletzte nehmen deutlich ab,[41] während die Zahl der Kraftfahrzeuge und der Führerscheinbesitzer die zunehmende Neigung offenbart.[42]

Diesbezüglich wird eine Hypothese formuliert, dass die Risikowahrnehmung ein subjektives erfundenes Gefühl sein könnte. Den Grund könnte man von der Einwirkung der dramatisierten Berichtserstattungen von Medien finden.

Erfüllt das stärkere Straßenverkehrsrecht aber sicher die Hoffnung auf die Straßenverkehrssicherheit der Bürger? Die Merkmale des postmodernen Strafrechts – Zerstörung des Subsidiaritätsprinzips sowie Veränderung des *„ultima ratio"*-Prinzips hin zum *„prima ratio"*-Prinzip – stehen im ursächlichen Zusammenhang mit der heutigen sozialen Situation, so genannte Risikogesellschaft. Dennoch zeigt die Theorie der positiven Generalprävention, dass das Formalisierungskonzept nicht ein relativierbares ist, sondern es als ein absolutes Prinzip befolgt werden muss. Auf der Grundlage der Theorie der positiven Generalprä-

---

39 Kaiser, Verkehrsdelinquenz, S. 19; Grewe, Straßenverkehrsdelinquenz, S. 37.

40 Zum näheren Sachverhalt siehe Kap. 5, Einl.

41 Statistische Bundesamt, Statistisches Jahrbuch 2011, S. 435.

42 Statistische Bundesamt, Statistisches Jahrbuch 2011, S. 422; KBA, Jahresbericht 2010, S. 6.

vention ist bei der Prävention des Verkehrsdelikts hervorzuheben, dass die Strafe seine Grenze in rechtsstaatlichen Prinzipien findet.

III. Der Aufbau der Untersuchung

Die Untersuchung von der „positiven Generalprävention im Straßenverkehr", die aus fünf Teilen besteht, ist wie folgt gegliedert:

Im ersten Kapitel soll die theoretische Grundlage der Theorie der positiven Generalprävention aufgezeigt werden. Zunächst werden alle Straftheorien dargestellt, damit die Beziehung der positiven Generalprävention mit anderen Straftheorien verglichen wird. Durch das Erblicken der inhaltlich verschiedenen Entwicklungen der positiven Generalprävention soll der Kerngedanke der Lehre der positiven Generalprävention feststellt werden.

Das 2. Kapitel überblickt positivrechtliche Quellen des Straßenverkehrsrechts in Deutschland und in Südkorea. Zudem werden das Strafrecht und das Straßenverkehrsrecht in beiden Länder auch aus der Perspektive der „Modernisierung" ausgegliedert.

Das 3. Kapitel bezieht sich mit der Wahrnehmung der wirksamen Generalpräventionsstrategie im Straßenverkehr. Dazu wird zunächst die negative- und positive Prävention verglichen, danach wird die Relevanz der verschiedenen Variablen für präventiven Effekt überprüft. Nachdem die Wirksamkeit der einzelnen Faktoren eingeordnet wird, werden die förderlichen Faktoren in den konkreten Fällen des Straßenverkehrs für Anwendung vorgeschlagen, wie in der Geschwindigkeitsüberschreitung, in Trunkenheit am Steuer, in der Anschnall- und Kindersitzpflicht.

Das 4. Kapitel versucht die Verknüpfung der Theorie der positiven Generalprävention mit der Entkriminalisierungsforderung. Nachdem die Entkriminalisierung der Straßenverkehrsbagatellen begründet wird, soll das überkriminalisierte südkoreanische Straßenverkehrsrecht im Lichte der positiven Generalprävention kritisiert werden.

Das 5. Kapitel widmet sich die Kritik an postmoderne Neigung von der heutigen Straßenverkehrskriminalpolitik. Aus der Perspektive der „Risikogesellschaft" werden postmoderne Merkmale im Straßenverkehrsrecht und deren Probleme analysiert. Zum Schluss folgen die Leitsätze für eine rationale Verkehrskriminalpolitik in der heutigen Gesellschaft.

Kapitel 1 Grundlagen der Theorie der positiven Generalprävention

I. Geschichte der Straftheorien

Angesichts der Eigenschaft der Strafe – ein „Übel“ zu sein –, stellt sich immer die Frage, wie die Existenz der Strafe und des Strafrechts gerechtfertigt wird. Es handelt sich um die Rechtfertigung des Widerspruchs im Verhalten des Staates, dass er selbst einen Eingriff - die Strafe - gegenüber den Tätern verübt, während er doch die Verletzung des menschlichen Lebens, der körperlichen Unversehrtheit, des Eigentums usw. durch Gesetze gerade verbietet.[43] Dafür werden schon lange Zeit verschiedene Rechtfertigungsmodelle angeführt, die sich nach den ändernden jeweiligen Epochen ebenfalls verändern. Die Diskussion um die Aufgabe der Strafe und des Strafrechts sieht aus „zeitlos aktuell und endlos zu sein“.[44] Denn die vom Staat geahndete Strafe verliert ihre Begründung, wenn das Bestreben nach deren Rechtfertigung misslingt.

Die Eigenschaft der Strafe zu erklären, zu rechtfertigen und deren Sinn und Zweck zu bestimmen ist die Aufgabe der Straftheorie. Die Straftheorie ist die unerlässliche Voraussetzung für eine vernünftige und zweckmäßige Entwicklung der Strafgesetze.

Hier lassen sich die Straftheorien in zwei Arten unterteilen. Die absoluten Theorien fokussieren die Vergangenheit, verstehen Strafe als Antwort auf die Rechtsverletzung auf der Basis des Grundsatzes „Punitur, quia peccatum est“, während die relativen Theorien durch den zukunftsgerichteten Grundsatz „Punitur, sed ne peccetur“ gekennzeichnet sind. Nach der relativen Theorie ist der Strafzweck die Prävention des Verbrechens.[45] Diese Theorien sind in Spezial- und Generalprävention unterteilt. Erstere betont die Verbrechensprävention von bisherigen Tätern, Letztere bezweckt die Abschreckung von potentiellen Tätern oder die Verstärkung des Normbewusstseins.

Im Folgenden werden verschiedene historisch entwickelte Straftheorien dargestellt, damit die Theorie der positiven Generalprävention besser eingeordnet und abgegrenzt werden kann und deren theoretischer Hintergrund beleuchtet wird.

---

43 NK-StGB-Hassemer/Neumann, Vorbem. § 1 Rn. 104.

44 Prittwitz, Strafrecht und Risiko, S. 200.

45 Vgl. Maurach/Zipf, Strafrecht AT 1, § 6 Rn. 3; Funcke-Auffermann, Symbolische Gesetzgebung, S. 65.

A. Absolute Straftheorien

Die absolute Straftheorie ist dadurch gekennzeichnet, dass die Strafe nicht das Mittel für einen bestimmten Zweck, sondern als solche selbst der „absolute" Zweck ist.[46] Nach einer absoluten Straftheorie hat die Strafe einen eigenen inneren Zweck und steht in keiner Beziehung zur externen erfahrungsgemäßen Notwendigkeit. Vergeltungs-, Sühne-, und Gerechtigkeitstheorie zählen zu den häufig vertretenen absoluten Straftheorien.

Nach der letzteren Gerechtigkeitstheorie hat die Strafe einen Anspruch der Gerechtigkeit, die die Idee der Gleichheit der Menschen zur Grundlage hat. Wenn der Täter nicht bestraft werden würde, wäre dies eine „Ungerechtigkeit gegenüber denjenigen, welche die Normen nicht übertreten".[47]

Die Sühnetheorie qualifiziert die Funktion der Sühne als die „Versöhnung des Schuldigen mit sich, dem Opfer, der Gemeinschaft oder einer personalen Transzendenz".[48] Das Ziel der Strafe besteht danach nicht nur in der Schaffung des gerechten Schuldausgleichs für die unrechte Tat, sondern auch darin, dass „der Täter die Strafe als Reaktion auf das von ihm begangene Unrecht anzuerkennen möge, sie als gerechten Schuldausgleich innerlich anzunehmen, sein delinquentes Verhalten geistig zu verarbeiten und letztlich durch diese Sühne seine menschliche und soziale Integrität zurückzugewinnen."[49]

An dieser Theorie wird jedoch Kritik geäußert: Der Staat kann und darf den Täter nicht zwingen, was die „innerliche sittliche Persönlichkeit"[50] angeht.

Unter der Vergeltungsstraftheorie versteht man die Strafe als Vergeltung gegen den Täter wegen der Begehung des Unrechts. Demnach wird das „Übel" der Strafe durch das vergangene „Übel" des Verbrechens gerechtfertigt. Zur Strafe soll kein anderer Zweck treten, allein die Vergeltung sei der Zweck der Strafe. Strafe wird verhängt, weil „die Zufügung von Leid gegenüber einem sittlich schuldigen Rechtsbrecher in sich von Wert" sei.[51] Aus diesem Grund ist der wesentliche Zweck der Freiheitsstrafe nach der Vergeltungstheorie die „Entziehung der Freiheit" an sich. Der Vollzug soll demnach keinen Zweck wie die

---

46 NK-StGB-Hassemer/Neumann, Vorbem. § 1 Rn. 270; Roxin, Strafrecht AT I, § 3 Rn. 2.

47 Lüderssen/Sack (Hrsg.), Abweichendes Verhalten I, S. 260; Sonnen, Kriminalität und Strafgewalt, S. 54; Neumann/Schroth, Neuere Theorien, S. 15.

48 Kaufmann, Schuldprinzip, S. 272; Naegeli, Das Böse und das Strafrecht, S. 35; Neumann/Schroth, Neuere Theorien, S. 17.

49 Hauschild, Die positive Generalprävention und das Strafverfahren, S. 34 f.; Funke-Auffermann, Symbolische Gesetzgebung, S. 66.

50 Roxin, Strafrecht AT I, § 3 Rn. 10; Hauschild, Die positive Generalprävention und das Strafverfahren, S. 34; Funke-Auffermann, Symbolische Gesetzgebung, S. 66.

51 Hart, Prolegomena, S. 65.

Prävention von Verbrechen oder die Resozialisierung haben, sondern sie sollte eine Vergeltung sein, bei der dem Verbrecher durch die Entziehung der Freiheit Gleiches wie sein Verbrechen widerfährt.

Das Vergeltungsprinzip wurde insbesondere durch die Ansätze von *Kant* und *Hegel* geprägt. Die berühmte Formulierung von *Kant*, das sogenannte „Insel-Beispiel“ ist bis heute dem deutlichen Sinn der Vergeltungstheorie tradiert: „Selbst wenn sich die bürgerliche Gesellschaft mit aller Glieder Einstimmung auflöste (z. B. dass eine Insel bewohnende Volk beschlösse, auseinander zu gehen und sich in alle Welt zu zerstreuen), müsste der letzte im Gefängnis befindliche Mörder vorher hingerichtet werden, damit jedermann das widerfahre, was seine Taten wert sind, und die Blutschuld nicht auf dem Volke hafte, das auf diese Bestrafung nicht gedrungen hat: weil es als Teilnehmer an dieser öffentlichen Verletzung der Gerechtigkeit betrachtet werden kann.“[52]

Kant deutet das Strafgesetz als Anspruch von Gerechtigkeit, die von jeglicher Zweckerwägung frei ist - also als einen kategorischen Imperativ.[53] Daher wird das „Übel“, Kriminalität, mit einem anderen „Übel“, der Strafe, vergolten, wie beim Talionsprinzip[54]: Auge um Auge, Zahn um Zahn.[55]

Hegel empfindet die Strafe auch als Vergeltung. Die Straftat ist nach *Hegel* „ein Negatives“, nämlich die Negation des Rechts, „so dass die Strafe nur die Negation der Negation ist. Das wirkliche Recht ist“[56] demnach „nun Aufhebung dieser Verletzung, das eben darin seine Gültigkeit zeigt und sich als ein notwendiges vermitteltes Dasein bewährt“[57]. Er kritisiert die negative generalpräventive Straftheorie,[58] nämlich die Abschreckung der Allgemeinheit: Es bestehe keine Rechtlichkeit der Drohung, denn das Recht und die Gerechtigkeit werden in der Freiheit und im Willen begründet und nicht in der Unfreiheit, an welche sich die Drohung richtet.[59] Die Begründung, dass die Strafe zur Vermeidung zukünftigen Verbrechens drohend angewendet wird, ist genauso, wie wenn „man gegen einen Hund den Stock erhebt, und der Mensch nicht nach seiner Ehre und Freiheit, sondern wie ein Hund behandelt wird“.[60]

---

52 Kant, Metaphysik der Sitten, § 49, E I (S. 455).

53 Kant, Metaphysik der Sitten, § 49, E I (S. 453).

54 Kant, Metaphysik der Sitten, § 49, E I (S. 454).

55 Ebert, Talion und Vergeltung im Strafrecht, S. 248; Hauschild, Die positive Generalprävention, S. 29.

56 Hegel, Grundlinien, § 97 Zusatz.

57 Hegel, Grundlinien, § 99.

58 Dazu unten C.

59 Hegel, Grundlinien, § 99 Zusatz.

60 Ebenda.

In kritischer Sicht kann die Vergeltungstheorie in der heutigen Zeit nicht mehr für die Begründung der Strafe dienen. Zuerst bedingt eine absolute Theorie einen absoluten Staat,[61] der den „absoluten" Anspruch der Vergeltung und der Gerechtigkeit verwirklichen kann. Aber kein Staat in der modernen Zeit kann solche Aufgaben verwirklichen. Denn ein moderner Staat darf den praktischen sozialen Zweck für das friedliche Zusammenleben von Bürgern nicht außer Acht lassen. Der kategorische Imperativ von *Kant* schließt alle Möglichkeiten durch Strafen den heutigen Zweck des Staates zu ermöglichen aus. Zweitens bedingt eine absolute Theorie das Konzept des absoluten Verbrechens, welches ebenfalls nicht existiert.[62] Zwar wird *Kant*s Theorie nur in Hinsicht auf schwere Kriminalitäten, nicht auf das polizeirechtliche Unrecht, angeführt,[63] aber eine Abgrenzung der schweren Kriminalität vom absoluten Verbrechen ist nicht immer einfach.[64] Bei der Ansicht des Vollzuges wird kritisiert, dass die Kriminalpolitik des modernen Staates keinen Sinn hat, wenn sie bei der Anwendung der Strafe keinen rationalen Zweck verfolgt.[65] Denn der Strafvollzug ist ein staatlicher Akt, den der Staat nur mit einem bestimmten Zweck einsetzen darf.

Daher ist die Kritik von *Hassemer* bedeutend: „Eine Zeit wie die unsere" könnte „sich für eine reine Vergeltungstheorie nicht ‚entscheiden'. Die Entscheidung für eine reine Vergeltungstheorie wäre nämlich der Sache nach der Verzicht auf Rechtfertigung der Strafe von ihren faktischen Wirkungen her (gegenüber dem einzelnen Straftäter und gegenüber der Rechtsgemeinschaft als Ganzem). Die Rechtfertigung über erwünschte Folgen ist ein Teil unserer Rationalität."[66]

Trotz der Kritik hat die Vergeltungstheorie als solche einen Wert, was besonders aus der Sicht des Resozialisierungsgedanken leicht übersehen werden

---

61 Maurach/Zipf, Strafrecht AT 1, S. 93; Neumann/Schroth, Neuere Theorien, S. 14.

62 Bae, Strafrecht AT, § 4 Rn. 22.

63 Neumann/Schroth, Neuere Theorien, S. 12.

64 Etwa bei der Tötung geborenen und ungeborenen menschlichen Lebens ist (nach Raum und Zeit) nicht einfach zu bestimmen, was das menschliche Leben ist. Über die Bestimmung des Angriffsgegenstands der Tat, nämlich der Zeitpunkt des Beginns und des Endes des menschlichen Lebens ist umstritten. Vgl. Beginn des Lebens Fischer, StGB, Vorbem. §§ 211 bis 216 Rn. 2 f.; Schönke/Schröder, StGB-Kommentar, Vorbem. § 211 ff. Rn. 13, Ende des Lebens Fischer, StGB, Vorbem. §§ 211 bis 216 Rn. 5 ff.; Schönke/Schröder, StGB-Kommentar, Vorbem. § 211 ff. Rn. 16. Nach der sprunghaften Entwicklung der Gentechnik stellen sich die Grenzfragen der Mensch-Qualität biologischen Lebens (Beginn des gesetzlich geschützten Embryos) neu. Vgl. Fischer, StGB, Vorbem. §§ 211 - 216 Rn. 4a.

65 Bae, Strafrecht AT, § 4 Rn. 23.

66 Hassemer, Einführung, S. 285.

kann. Nach der absoluten Theorie wird der Täter nie als das Mittel zur Prävention zukünftiger Verbrechen behandelt, eher wird Rücksicht auf die Menschenwürde und auf die Persönlichkeit der Verbrecher genommen.[67] Absolute Straftheorien erheben einen Anspruch auf eine der Schuld angemessene Strafe, die das Schuldprinzip voraussetzt, während der Resozialisierungsgedanke die Möglichkeit enthält, dem Verbrecher ungerechtfertigt mehr „Übel“ anzulasten, als der Schuld angemessen wäre. In diesem Sinn haben die absoluten Theorien in dieser Zeit noch einen bedeutenden Sinn.[68]

B. Theorie der Spezialprävention

Nach dem humanitären Staatsbild der Aufklärung trat die Vergeltungstheorie in den Hintergrund, die bezüglich der individuellen Person die Individualität, Idealität, den metaphysischen Charakter und den Selbstzweck der Strafe betont. Die präventive Straftheorie hingegen stellt die Gesellschaft, die Sozialität, die Realität, der physische Charakter und die instrumentelle Eigenschaft der Strafe mehr in den Vordergrund. Die relative Theorie sieht in der Strafe einen nützlichen Zweck für den Staat und die Gesellschaft. Danach darf der Staat niemals zwecklos handeln und die Strafe habe auch ihren Zweck. Deswegen wird sie auch „Zweckstraftheorie“ genannt. Der Zweck der Strafe ist die Vermeidung zukünftiger Verbrechen, also die „Prävention“. *Seneca* sagte: „Kein vernünftiger Mensch straft wegen der vergangenen Sünden, sondern zwecks Verhinderung der zukünftigen.“[69] Die relativen Straftheorien unterscheiden sich in zwei Arten: nämlich in Spezial- und in Generalprävention. Die Generalprävention unterteilt sich wiederum in die negative[70] und die positive[71] Prävention.

Die Theorie der Spezialprävention wurde in der Zeit der Aufklärung von bekannten Vertretern der Aufklärung, wie *Montesquieu, Beccaria* und *Bentham,* als eine Theorie vorgestellt. Sie versteht die Strafe als eine Einwirkung auf die Verbrecher. Sie bezweckt die Vermeidung zukünftiger Wiederholungsverbrechen der Verbrecher.

Beccaria bildete in seinem 1764 erschienenen Buch *„Dei delitti e delle pene“* (deutsch: „Von Verbrechen und Strafen“) die Grundlage für Reformen des

67 NK-StGB-Hassemer/Neumann, Vorbem. § 1 Rn. 272.

68 Zur Beziehung der absoluten Theorie mit der neuesten Straftheorie, der Theorie der positiven Generalprävention siehe unten IV, B, 1.

69 „Nemo prudens punit, quia peccatum est, sed ne peccetur“. Senaca, De ira (Über die Wut), Liber secundus (Zweites Buch), XIX-7.

70 Näher unten C.

71 Näher unten ab II.

Strafrechts. Vor dem Reformanspruch von *Beccaria* waren hauptsächlich verhängte Strafen die Todesstrafe, die Verbannung (Ausweisung) und die Körperstrafe, die ausschließlich die Vergeltung und Sühne bezweckten. Dabei stellte sich nicht die Frage der Resozialisierung. In dem Buch vertrat er die These, die damalige Anwendung des Strafgesetzes, die Folter und die Todesstrafe abzulehnen und bei der Strafbemessung den Grundsatz der Verhältnismäßigkeit zu achten.[72]

Danach erschien im 18. Jahrhundert das berühmte Marburger Programm von *Liszt*, nämlich die Spezialprävention. *Liszt* erklärt, nicht die Tat, sondern der Täter ist zu bestrafen. Er versteht das Verbrechen als Konsequenz „aus Anlage und Umwelt"[73] und behauptet, bei der Verhängung der Strafe den anti-sozialen Charakter oder die Gefährlichkeit der Täter zu berücksichtigen. Demnach wird die Strafe in drei Arten klassifiziert: „1. Besserung der besserungsfähigen und besserungsbedürftigen Verbrecher; 2. Abschreckung der nicht besserungsbedürftigen Verbrecher; 3. Unschädlichmachung der nicht besserungsfähigen Verbrecher."[74]

Das Sanktionssystem des AE 1966 und der 1975 in Kraft getretene neue Allgemeine Teil des StGB sind weitgehend spezialpräventiv orientiert.[75]

Diese Theorie hat folgende Vorteile: Wenn der anti-soziale Charakter des Straftäters durch Erziehung verbessert wird, kann den Verbrechern geholfen werden, als gesunde Personen in die Gesellschaft zurückzukehren, somit wird die Gesellschaft vor Verbrechen geschützt.[76] Das zeigt die Rationalität der Verbrechensprävention und Humanität gegenüber dem Verbrecher. In diesem Punkt hat die Strafe nicht nur die negative Bedeutung als „Böses", sondern auch die positive Bedeutung für die Integration und die Wiederaufnahme der Straftäter in die Gesellschaft.

Dennoch ist sich die Theorie der Spezialprävention unter dem Schlagwort *„nothing works"*[77] in einer Notlage.[78] *Erstens* steht sie im Widerspruch (situative Antinomie) dazu, dass der Staat den Straftäter „durch die Entziehung der Frei-

---

72 Vgl. Beccaria, Von Verbrechen und Strafen, S. 31 ff., 48 ff., 114.

73 v. Liszt, Zweckgedanke, S. 65; Neumann/Schroth, Neuere Theorien, S. 20.

74 v. Liszt, Zweckgedanke, S. 39 ff.

75 Zu Einzelheiten des AE 1966 siehe Roxin, Strafrecht AT I, § 3 Rn. 12 ff.

76 Roxin, Strafrecht AT I, § 3 Rn. 15.

77 Das Schlagwort stammt aus der Schrift von Martinson, What works? – Questions and Answers about Prison Reform, in: Journal of Public Interest, Nr. 36, Spring 1974, S. 22 ff. (25); Hassemer, Der strafende Staat, Fn. 44, 60, 73; NK-StGB-Hassemer/Neumann, Vorbem. § 1 Rn. 276; Roxin, Strafrecht AT I, § 3 Rn. 20; Albrecht, Kriminologie (3. Aufl.), S. 61 f.; Walter, Strafvollzug, Rn. 296 ff.

78 Neumann/Schroth, Neuere Theorien, S. 22.

heit“ zur Freiheit erziehe.[79] In der Tat ist es schwierig, im Gefängnis, in einer totalitären Institution, den Straftäter zur Rückkehr in die Gesellschaft, zu angemessenem gesellschaftlichen Verhalten und zur Freiheit zu erziehen.

Zweitens ist es fraglich, ob der Staat das Recht hat, den Straftäter zwangsweise zum Zweck der Besserung an einen heteronomen Verhaltensstandard anzupassen. Nach einem Urteil des BVerfGs hat der „Staat [...] aber nicht die Aufgabe, seine Bürger zu ‚bessern‘ und deshalb auch nicht das Recht, ihnen die Freiheit zu entziehen, nur um sie zu ‚bessern‘, ohne daß sie sich selbst oder andere gefährdeten, wenn sie in Freiheit blieben“.[80] Auch das deutsche und das südkoreanische Grundgesetz verdeutlichen die allgemeine Handlungsfreiheit und das Persönlichkeitsrecht.[81] Die Freiheit von Bürgern darf nur im äußersten Notfall, nämlich, wenn die Notwendigkeit besteht, die Gesellschaft bzw. die Angehörigen zu schützen, eingeschränkt werden.

Besteht die Notwendigkeit, die Gesellschaft oder dazugehörige Betroffene zu schützen, dürfen Persönlichkeitsrechte nur vorsichtig beschränkt werden. Nach der Theorie der Spezialprävention kann die Strafe unabhängig von der Schuld des Straftäters ausschließlich wegen der Gefährlichkeit des Täters verhängt werden. Dann wird die inhaltliche Begrenzung der staatlichen Strafe undeutlich, die Gefahr der willkürlichen Erweiterung der Strafgewalt wird erhöht. Die Bürger stehen dann schutzlos vor der Zweckmäßigkeit des Staates.[82] Durch die zwanghafte Resozialisierung kann sowohl die körperliche Freiheit als auch die geistige Freiheit entzogen werden. Die spezialpräventive Behandlung verletzt stärker die Privatsphäre des Verbrechers, weil sie auf die Besserung und die Therapie als psychologische Grundlage des Verbrechers abzielt. Dieser äußere und innere Zwang verletzt die Freiheit des Verbrechers, was nicht mit dem sozialen Zweck gerechtfertigt werden kann.[83] Die auf die Spezialprävention abzielende innerliche Veränderung des Straftäters könnte vielmehr durch „die Emanzipation von äußerlichem, innerlichem Zwang“[84] verwirklicht werden.[85]

---

79 Neumann/Schroth, Neuere Theorien, S. 22 f.

80 BVerfGE 22, 180, insbesondere 219 ff.

81 Art. 2 GG; Art. 10, Art. 37 Abs. 1 kGG.

82 Roxin, Grundlagenprobleme, S. 6 f.

83 Lüderssen, Freiheitsbegriff, S. 79 ff.

84 Hassemer, Einführung, S. 294; Müller-Dietz, Grundfragen des strafrechtlichen Sanktionensystems, S. 124.

85 Der Staat, der die Strafe vollzieht, vertritt die Sozialisierungsaufgabe und individuelle Personen sind abhängig von paternalistischer Intervention. Das nennt Habermas den „staatlichen Paternalismus“ (vgl. Habermas, Faktizität und Geltung, S. 468 ff., insb. S. 490). Gesetze schreiben den Zweck des Vollzugs vor, und die Bürger sind abhängig von den Gesetzen. Damit wird die Möglichkeit verhindert, dass Bürger Normen autonom

Drittens wird die Effektivität des Resozialisierungsvollzugs in Zweifel gezogen. Es ist nicht nachzuweisen, ob die Straftäter durch die Strafe resozialisiert werden und somit ein Ausschluss eines Rückfalls gewährleistet wird.[86]

Viertens findet man aus der Sicht der Spezialprävention die Ursache der Abweichung nicht in der sozial-konstruktiven Situation, sondern nur im persönlichen Beweggrund. Der Resozialisierungsgedanke konzentriert sich auf das Problem der persönlichen Gründe, wobei das Verbrechen an sich persönliche und soziale Gründe beinhaltet.[87] Ohne den sozialen Grund zu beseitigen, hat der Effekt der Vermeidung des Rückfalls im Licht der Spezialprävention seine Grenze.

C. Theorie der negativen Generalprävention

Die Generalprävention verfolgt den Zweck die zukünftige Begehung von Straftaten bei allen Gesellschaftsmitgliedern zu vermeiden.[88] Hier sind zwei Arten der Vorbeugung gegeben: die negative und die positive Generalprävention.

In der Theorie der negativen Generalprävention wird der potentielle Straftäter von strafbaren Handlungen abgeschreckt und dadurch wird die Vermeidung von Strafverfolgung und Sanktionierung möglich, während in der positiven Weise die freiwillige Normbefolgung der Gesellschaftsmitglieder durch die Normverinnerlichung erzielt wird.

Die Theorie der negativen Generalprävention wurde von *Feuerbach* entwickelt. Nach *Feuerbach* kann der Staat die Verletzung der Rechtsgüter nicht durch körperlichen Zwang, sondern nur durch psychologischen Zwang vermei-

---

lernen und verinnerlichen. Die Zerstörung der autonomen Struktur der Lebenswelt durch die rechtliche Regulation bezeichnet man als die „Kolonialisierung der Lebenswelt“ durch Recht (vgl. Habermas, Theorie des kommunikativen Handelns, Bd. 2, S. 522). Sie bedeutet den Zusammenbruch der sozialen Integration durch das Recht.

86 Zu den empirischen Forschungsergebnissen siehe näher unten Kap. 3, II, A.

87 Die herkömmliche traditionelle Kriminologie wird von der kritischen Kriminologie insoweit kritisiert, dass die traditionelle Kriminologie individuale Gründe der Kriminalität hervorhebt. Gleichzeitig werden die sozialen Reaktionen als Kriminalitätsgründe nicht überlegt, so dass „den Blick auf die selektiven Mechanismen im gesamten Prozeß der faktischen Kriminalisierung“ verstellt wird (Arbeitskreis Junger Kriminologen, Kritische Kriminologie, S. 7). Mit dieser Kritik stellt die kritische Kriminologie den Labeling Approach und die Bedeutung der Kontorollinstanzen in den Vordergrund. Zur gesellschaftstheoretischen Orientierung der kritischen Kriminologie näher Frehsee, KrimJ 2000, 242 ff.

88 Eisenberg, Kriminologie, § 41 Rn. 1.

den. Diese „psychologische Zwangstheorie“[89] begründet sich aus dem Lust-Unlust-Schema und setzt eine vernünftige Vorstellung vom Menschen voraus:[90] Der vernünftige zukünftige Straftäter könne eine Straftat vermeiden, weil er „gewiß weiß, dass auf die Übertretung ein größeres Übel folgen werde“,[91] so dass für ihn die Unlust zur Strafverbüßung größer ist als die Lust zur Straftat. Der Schwerpunkt dieser Theorie ist daher nicht der abschreckende Strafvollzug, sondern die Prävention durch die abschreckende Strafgesetzgebung oder -ankündigung.[92]

Schon seit langer Zeit wird an dem normativen Problem der negativen Generalprävention Kritik geübt. Dabei sind die Ansichten von *Kant* und *Hegel* prominent: Wenn die Strafe auf die Besserung der verurteilten Menschen oder anderer zielt, sind verurteilte Menschen wie ein Hund, gegen den man den Stock erhebt[93] oder sie werden „bloß als Mittel zu den Absichten eines anderen gehandhabt und unter die Gegenstände des Sachenrechts“[94] gemengt. Die negative Generalprävention wird als „Instrument zur Förderung [...] der Abschreckung anderer vor bösem Tun“ funktionalisiert.[95] Obwohl dies „auch für die Rechtssicherheit der anderen“ sein kann, ist der Verurteilte trotzdem das „für die Verbesserung der anderen“ benutzte „Objekt“.[96] Die empirische Nachweisbarkeit wird auch als Argument gegen die Theorie der negativen Generalprävention angeführt.[97]

---

89 Feuerbach, Lehrbuch, S. 17 f.

90 Neumann/Schroth, Neuere Theorien, S. 35.

91 Feuerbach, Revision, S. 40 ff.

92 Neumann/Schroth, Neuere Theorien, S. 39; Hauschild, Die positive Generalprävention, S. 38.

93 Hegel, Grundlinien § 99 Zusatz; NK-StGB-Hassemer/Neumann, Vorbem. zu § 1 Rn. 272; Seelmann, JuS 1979, 687.

94 Kant, Metaphysik der Sitten, § 49 E I (S. 453); Naucke, Kant, S. 30 ff.

95 NK-StGB-Hassemer/Neumann, Vorbem. § 1 Rn. 282.

96 Hassemer, ZRP 2004, 93.

97 Die empirische Nachweisbarkeit der Präventionstheorie wird unten in Kap. 3 näher ausgeführt.

II. Motive und Quellen der positiven Generalprävention

A. Sinn des „Positiv“

Die positive Generalprävention, die dem Konzept „Generalprävention“ der negativen Theorie gegenübersteht, ist „nicht nur abschreckende Generalprävention“.[98] Vielmehr legt sie Wert auf die Sittenherstellungskraft der Strafe.[99] Nach dieser Theorie wirkt sich die Strafe auf die Stärkung des Normbewusstseins aus, wodurch die Straftat vermieden wird. Bei einer Gesetzesübertretung muss man nur mit dem Vorwurf antworten.[100] Dadurch gilt die Theorie der positiven Generalprävention, deren Zweck darin liegt, „die Rechtsordnung in den Augen und in den Herzen der Menschen gewissermaßen“ wiederherzustellen.[101]

Der Zweck des staatlichen Rechts der Strafe ist nach der positiven Theorie nicht nur die Stabilisierung und die Verstärkung des Normbewusstseins der Bürger, sondern auch die Aufrechterhaltung einer stabilen Ordnung;[102] Die Sanktion gegen Abweichung funktioniert als Stabilisierung der Normen und der Gesellschaft. Am Anfang gab es Widerstände gegen die positive Generalprävention,[103] aber heute wird diese als neueste Straftheorie bestätigt.[104]

Das Konzept „positiv“ wird von Wissenschaftlern verschieden bewertet. Ein Motiv kann man in *Welzel*s Lehre finden. *Welzel* formuliert die Aufgabe des Strafrechts als „Rechtsgüterschutz durch den Schutz der elementaren sozialethischen Handlungswerte“.[105] *Jakobs* stellt die Konkretisierung des Sinns „positiv“ auf die „Stabilisierung der Norm“ ab,[106] während *Hassemer* diesbezüglich als das „Vorbild humanen Umgangs mit Abweichung“ definiert.[107] Die positive Generalprävention unterscheidet sich von der Interventionsprävention.[108]

---

98 Jakobs, Strafrecht AT, S. 14 (1/15).

99 Mayer, Strafrecht AT, S. 23.

100 Hassemer, ZRP, 2004, 93.

101 Ebenda.

102 Jakobs, Schuld und Prävention, S. 24.

103 Neumann/Schroth, Neuere Theorien, S. 33.

104 NK-StGB-Hassemer/Neumann, Vorbem. § 1 Rn. 288 ff.; Roxin, Strafrecht AT I, § 3 Rn. 26 f.; Kindhäuser, LPK-StGB, Vorbem. § 1 Rn. 25; Frister, Strafrecht AT, S. 22; Baumann/ Weber/Mitsch, Strafrecht AT, § 3 Rn. 25 ff.

105 Welzel, Strafrecht, S. 5.

106 Jakobs, Das Schuldprinzip, S. 24.

107 Hassemer, Einführung, S. 326.

108 Zur Unterscheidung siehe unten III, C.

B. Ursprünge der Theorie

Die Theorie der Generalprävention war Anfang der 1960er Jahre nicht als nennenswert betrachtet worden, weil die Theorie der Resozialisierung damals den Vorrang hatte.[109] Aber seit Anfang der 1970er Jahre ist sie wieder auferstanden in der „positiven" Art. Ansätze der Theorie der positiven Generalprävention bestehen schon seit langer Zeit. In dem im Jahr 1813 bereits von *Karl Theodor Welcker* erschienenen Buch „Die letzten Gründen von Recht, Staat und Strafe" zeigten sich sieben Grundsätze zum Strafzweck,[110] davon entsprechen zwei fast der Theorie der positiven Generalprävention:[111] „3. Wiederherstellung der Achtung und des Zutrauens seiner Mitbürger gegen ihn, 4. Wiederherstellung der rechtlichen Willensbestimmung bei den Bürgern überhaupt, ihrer sittlichen und politischen Achtung des Beleidigten."[112]

Das im Jahr 1893 von *Durkheim* erschienene Buch „*De la division du travail social*" (deutsch: „Über die Teilung der sozialen Arbeit") zeigt auch einen Ansatz der positive Generalprävention.[113] Nach *Durkheim* wird die Strafe dadurch gerechtfertigt, dass sie das gesellschaftliche „kollektive Rechtsbewusstsein" aufrechterhält, das durch die Straftat bedroht werde.[114] Da der wesentliche Auftrag der Strafe von *Durkheim* in dem Schutz der gemeinschaftlichen Solidarität besteht, wird sie als „Schutz von Symbolen" bezeichnet.[115]

In dem von *Mayer* im Jahre 1953 erschienenen Studienbuch sieht er die Strafe als eine Art „sittenbildende Kraft".[116] Dies kann als die erste Formulierung der Theorie der positiven Generalprävention als Strafziel betrachtet werden.[117] Nach *Mayer* sei die Strafe das erfolgreichste Mittel, mit welcher der Gemeinschaftswille die soziale Wertewelt formt und festigt, neue Werte einzuprä-

---

109 Kaufmann, Schuldprinzip, S. 64; Funke-Auffermann, Symbolische Gesetzgebung, S. 73.

110 Welcker, Letzte Gründe, S. 265 f.

111 Müller-Tuckfeld, Integrationsprävention, S. 24; Funcke-Auffermann, Symbolische Gesetzgebung, S. 73.

112 Welcker, Letzte Gründe, S. 265 f.

113 Funcke-Auffermann, Symbolische Gesetzgebung, S. 73.

114 Durkheim, Über die Teilung der sozialen Arbeit, S. 148 f.

115 Neumann/Schroth, Neuere Theorien, S. 101.

116 Mayer, Strafrecht AT, S. 23.

117 Hassemer, Bemerkungen, S. 136, Müller-Dietz, Integrationsprävention und Strafrecht, S. 822; Schumann, Positive Generalprävention, S. 1 ; Müller-Tuckfeld, Integrationsprävention, S. 34; Funcke-Auffermann, Symbolische Gesetzgebung, S. 74.

gen und alte im Gedächtnis zu erhalten.[118] Mit der Kraft der „Ausbildung der sozialethischen Grundhaltung" tabuisiere sie zugleich die verbotene Handlung.[119]

Als Folgerung bildet *Welzel* auch einen Ansatz zu den positiven Generalpräventiven Theorien.[120] Er deutet, dass das Strafrecht sich nicht nur auf Güterschutzgedanken richtete: Der Rechtsgüterschutz sei für die „sozialethische Funktion des Strafrechts" nicht ausreichend.[121] Vielmehr liege der Sinn des Strafrechts in dem Schutz der „unverbrüchlichen Geltung der positiven Aktwerte" und in der Intensivierung der „rechtstreuen Gesinnung" der Bürger.[122]

Die Rechtsprechung beschreibt auch das Konzept „positiv" in der Beziehung zur Theorie der positiven Generalprävention. Die konkreten Quellen der Theorie der positiven Generalprävention lassen sich in der Begrenzung der Freiheitsstrafe finden, vor allem durch die Ablehnung des Strafvollzugs. Zum Beispiel tritt im Jahre 1954 in der Rechtsprechung des BGH der Begriff „Aufrechterhaltung der Rechtsidee" auf.[123] Zudem vertreten die Entscheidungen aus dem Jahre 1970 und 1971 eine Definition der „Verteidigung der Rechtsordnung": Sie verstehen diesen Begriff aus der Sicht der Erhaltung der Rechtstreue der Bevölkerung.[124] Bedeutsam ist ebenfalls eine Entscheidung des Bundesverfassungsgerichts, in der es die positive Generalprävention konkreter definiert: Die „Aufrechterhaltung des Vertrauens der Bürger und die Stärkung der Rechtstreue" wurde als positiver Aspekt der Generalprävention erklärt.[125]

C. Ergebnis

Die Theorie der positiven Generalprävention ist bedeutsam im folgenden Punkt: Sie findet über die einfache Vermeidung der Straftat hinaus eine positive und umfassende Funktion der Strafe, während die Theorie der negativen Generalprävention durch die Vorankündigung der Strafe der Straftat abschreckend vorbeugt. Durch die Diskussion über die positive Generalprävention hat die Gene-

---

118 Mayer, Strafrecht AT, S. 32.

119 Mayer, Strafrecht AT, S. 22; Funcke-Auffermann, Symbolische Gesetzgebung, S. 74.; Müller-Tuckfeld, Integrationsprävention, S. 34 ff.

120 Hassemer, Verbrechen, S. 87 ff.; Roxin, Strafrecht AT I, § 2 Rn. 34 f.; Müller-Tuckfeld, Integrationsprävention, S. 29 ff.; Funcke-Auffermann, Symbolische Gesetzgebung, S. 74.

121 Welzel, Strafrecht, S. 3.

122 Ebenda.

123 BGHSt 6, 125 (126 ff.).

124 BGHSt 24, 40 (45); BGHSt 24, 64 (66).

125 BVerGE 45, 187 (254 f., 256).

ralpräventionstheorie, die keinen Eingang ins Strafrecht gefunden hat, eine „Renaissance“ durchlaufen.[126]

III. Verschiedene Entwicklungen der positiven Generalprävention

Gemäß der Theorie der positiven Generalprävention, die am häufigsten vertreten wird, richtet sich die Strafe nicht auf die (potentiellen, zukünftigen) *Abweichenden*, die abgeschreckt werden sollen. Die Strafe ist vielmehr an den *Normtreuen* adressiert,[127] weil der Effekt der Strafe in dieser Theorie darin besteht, dass die von der Straftat frustrierte Normgeltung stabilisiert wird.

A. Modell *Jakobs*

Nach Theorie der positiven Generalprävention von *Jakobs* sei die Strafe der Widerspruch der begangenen Normverletzung und wirke sich auf die Erhaltung der Norm als „Orientierungsmuster“ aus.[128] *Jakobs* sieht das Modell der positiven Generalprävention als „Einübung in Rechtstreue“ [129] an. Es ist die „General“prävention, weil das Ziel der Prävention sich auf alle Bürger ausweitet; Es ist die „positive“ Generalprävention, weil die Einübung in Rechtstreue nicht als Konsequenz zur Abschreckung von Strafen darstellen solle, sondern die Strafe in präventiver Weise die durch die Tat gebrochene Normgeltung wieder festigen solle.[130] Der Kern dieser Theorie lässt sich folglich so zusammenfassen: Die Strafe wirke sich auf den rechtstreuen Bürger der Gesellschaft aus. Das Strafrecht stelle nicht den Rechtsgüterschutz des Einzelnen, sondern „die Bestätigung der Normgeltung“ in den Vordergrund.[131]

Diese Theorie wurde zunächst in seinem Buch „Schuld und Prävention“ (1976) genannt. Erklärt wurde sie systematisch erst in seinem Lehrbuch „Strafrecht AT“ (1983).[132] Seine Überzeugung von der Theorie wird dadurch deutlich, dass er in seinem Lehrbuch die anderen Straftheorien nicht in der herkömmlichen

---

126 Neumann/Schroth, Neuere Theorien, S. 33.

127 Jakobs, ZStW 101 (1989), 517; Funcke-Auffermann, Symbolische Gesetzgebung, S. 74 f.

128 Jakobs, Strafrecht AT, S. 9 f. (1/11).

129 Jakobs, Schuld und Prävention, S. 10.

130 Jakobs, Das Schuldprinzip, S. 27.

131 Jakobs, Strafrecht AT, S. 9 f. (1/11).

132 Schumann, Positive Generalprävention, S. 8.

Reihenfolge aufzählt, wie die anderen Lehrbücher es tun, sondern seine Theorie der positiven Generalprävention voranstellt.[133]

1. Reaktion als Erwartungsenttäuschung

Dieses Modell liegt im Grunde in *Luhmann*s funktional-struktureller Systemtheorie.[134] *Jakobs* leitet den Begriff der Strafe aus der Notwendigkeit sicherer Normgeltung ab und beginnt seine Argumentation mit den sozialen Kontakten.[135] Beim sozialen Kontakt rechnet man mit „beliebigem Verhalten der anderen Menschen“, weil ansonsten bei diesem Kontakt die Möglichkeit des „unkalkulierbaren Risikos“ gegeben wäre.[136] Wenn diese „Erwartungen“ nicht erfüllt werden, ergibt sich „für die Enttäuschten ein Konflikt“.[137] Im Gegensatz zu dieser kognitiven Erwartung darf die normative Art der Erwartung – also die Erwartung, die geltende Norm zu respektieren – trotz der Enttäuschung nicht aufgegeben werden, sondern sollte kontrafaktisch durchgehalten werden, da der von dem Enttäuschenden hervorgerufene Normbruch das falsches Vergehen sei.[138]

---

133 Jakobs, Strafrecht AT, S. 5 ff. (1/1 ff.).

134 Nach *Luhmann* ist das „System“ ein Kennwort in der Analyse der Gesellschaft. (Luhmann, Rechtssoziologie, S. 27 ff.) Nach *Luhmann* bedeutet soziales System die Korrelation zwischen aufeinander verweisende soziale Handlungen (vgl. Kneer/Nassehi, Niklas Luhmanns Theorie, S. 38). Sofern mehrere Handlungen miteinander in Verbindung gebracht werden, entwickelt sich das von der Umwelt unterschiedene soziale System oder Handlungssystem. Alle sinnvollen Handlungen, die aufeinander verweisen, zählen zu dem jeweiligen sozialen System; alle weiteren Handlungen, die sich nicht auf den Sinn beziehen, werden als „Umwelt“ des Systems bezeichnet. Alle übrigen Objekte und Geschehnisse zählen gleichfalls zur Umwelt. Für diesen Systembegriff ist daher eine Grenze vorstellbar, die eine Möglichkeit für innere und äußere Differenzierung schafft. Folgt man der funktionell-strukturellen Theorie unterscheidet man zwischen dem „System“ und der „Umwelt“. Nach dieser Auffassung ist „Etwas“ entweder nur dem System oder der Umwelt zuzuordnen. Die Welt ist die alleinige Ausnahme: Die Welt ist nicht als ein System zu definieren, so dass in dieser Hinsicht keine Außenwelt besteht, die von der Welt abzugrenzen ist. Ebenfalls wird sie nicht als Umwelt konzeptualisiert, da die jeweilige Umwelt ein „Innen“ als Gegenzug benötigt, das nicht zur Umwelt zugerechnet werden kann. (Kneer/Nassehi, Niklas Luhmanns Theorie, S. 39 f.) Die wesentliche Funktion dieses Systems ist die „Reduktion von Komplexität“, die Summe der in der Welt möglichen Begebenheit zu reduzieren. (Kneer/Nassehi, Niklas Luhmanns Theorie, S. 46)

135 Jakobs, Strafrecht AT, S. 6 ff. (1/4 ff).

136 Jakobs, Strafrecht AT, S. 6 (1/4).

137 Ebenda.

138 Jakobs, Strafrecht AT, S. 7 (1/5, 1/6).

Das Problem ist, dass der Täter sein rechtswidriges Verhalten für wichtiger hält als die Normbefolgung. „Wäre der Täter zur Vermeidung eines Verhaltens mit den relevanten Merkmalen dominant motiviert gewesen, so hätte er sich anders verhalten.“[139] Nach *Jakobs* ist nun der Normbruch nicht „ein nur äußerliches Ereignis“, sondern der „Widerspruch gegen die Norm durch ein Verhalten“, also „eine Desavouierung der Norm“.[140]

2. Funktion der Strafe

Nach *Jakobs* darf die Strafe nicht auf „ein nur-äußerliches Ereignis“ bezogen werden. Denn die Folge wäre eine „unvernünftige Sequenz zweier Übel“.[141] Vielmehr stellt er die Strafe so dar, dass „die Bedeutung des normbrechenden Verhaltens unmaßgeblich und die Norm nach wie vor maßgeblich ist“.[142] Hieraus ist zu entnehmen, dass der „dieser auf Kosten des Täters vollzogene Widerspruch gegen den Normbruch“ „die Strafe“ sei.[143] Hierdurch zeigt das Strafrecht die Identität der Gesellschaft, die die Norm festlegt.[144]

Er sieht dabei die Möglichkeit, die durch den Normbruch enttäuschten Verhaltenserwartungen wieder herzustellen und betont, dass die Aufgabe der Strafe „die Erhaltung der Norm als Orientierungsmuster für sozialen Kontakt“ sei.[145] Dementsprechend darf die Aufgabe der Strafe auch „nicht die Vermeidung von Güterverletzungen“[146] sein. Vielmehr sei sie „die Stabilisierung einer bestimmten Ordnung“[147] und „die Bestätigung der Normgeltung“[148].

Er fasst folgendermaßen zusammen: „Aufgabe der Strafe ist die Erhaltung der Norm als Orientierungsmuster für sozialen Kontakt. Inhalt der Strafe ist ein

---

139 Jakobs, Strafrecht AT, S. 9 (1/9). Hier erklärt *Jakobs* ein Beispiel im Straßenverkehr: „Wer wissentlich betrunken ein Fahrzeug im Verkehr führt und die auch ihm erkennbaren, nachteiligen Folgen [...] nicht berücksichtigt, macht durch sein Verhalten expressiv, daß er in der Situation, in der er sich befindet, anderes für wichtiger hält, als das Leben der Verkehrsteilnehmer dominant in Acht zu nehmen.“

140 Ebenda.

141 Jakobs, Strafrecht AT, S. 9 (1/10).

142 Ebenda.

143 Ebenda.

144 Jakobs, ZStW 107 (1995), 844.

145 Jakobs, Strafrecht AT, S. 9 f. (1/11).

146 Ebenda.

147 Jakobs, Schuld und Prävention, S 3. Nach *Jakobs* gehe „es [...] nicht primär um Sozialisierung oder Abschreckung des Täters oder anderen, sondern um Generalprävention im Sinne der Garantie derjenigen Erwartungen, deren Enttäuschungsfestigkeit die Ordnung zu ihrem Erhalt braucht“. Dazu Jakobs, Schuld und Prävention, S. 24.

148 Jakobs, Strafrecht AT, S. 9 f. (1/11).

auf Kosten des Normbrechers erfolgender Widerspruch gegen die Desavouierung der Norm.“[149]

Schließlich zieht er das Fazit seiner Theorie der positiven Generalprävention:

1) Die Strafe reagiert als „Widerspruch gegen den Normbruch“, da man „auf garantierte Orientierungen im sozialen Leben nicht verzichten kann. Die Strafe hat also die Aufgabe, […] die Bedingungen gesellschaftlicher Interaktion“ zu sichern, daher ist die Aufgabe „präventiv“.[150]

2) Dementsprechend sei Strafe eine „*Einübung in Normvertrauen*“. Denn alle Menschen können „ohne soziale Interaktionen nicht auskommen“,[151] und daher müssen sie ihre Erwartungsmöglichkeiten kennen. Strafe sei auch die „*Einübung in Rechtstreue*“: Durch das Lernen des Konnexes von Verhalten und Folgen übt man sich darin ein, dass das normbrechende Verhalten keine Verhaltensalternative ist.[152]

3) Es geht um die „*Einübung in die Akzeptation der Konsequenz* eines Normbruches“, wenn man trotz des Lernens der Beziehung zwischen Verstöße und Kostentragungspflicht Normen überschreitet.[153]

Aus diesen drei Effekten wird die „*Einübung in Normanerkennung*“ herauskristallisiert.[154] Da *alle* Teilnehmer der Gesellschaft diese einüben sollte, wird die „*Generalprävention durch Einübung in Normanerkennung*“,[155] die „sogenannte positive oder allgemeine – d. h. nicht nur abschreckende – Generalprävention“, als „die Aufgabe staatlichen Strafens“ für wichtig gehalten.[156] Der Abschreckungseffekt sei nach *Jakobs* nur eine Beigabe der Strafe.[157]

---

149 Jakobs, Strafrecht AT, S. 10 (1/11).

150 Jakobs, Strafrecht AT, S. 13 (1/14).

151 Jakobs, Strafrecht AT, S. 13 (1/15).

152 Ebenda.

153 Jakobs, Strafrecht AT, S. 13 f. (1/15).

154 Jakobs, Strafrecht AT, S. 14 (1/15).

155 Jakobs, Schuld und Prävention, S. 10 f., 32 f.

156 Jakobs, Strafrecht AT, S. 14 (1/15).

157 Jakobs, Strafrecht AT, S. 14 (1/16).

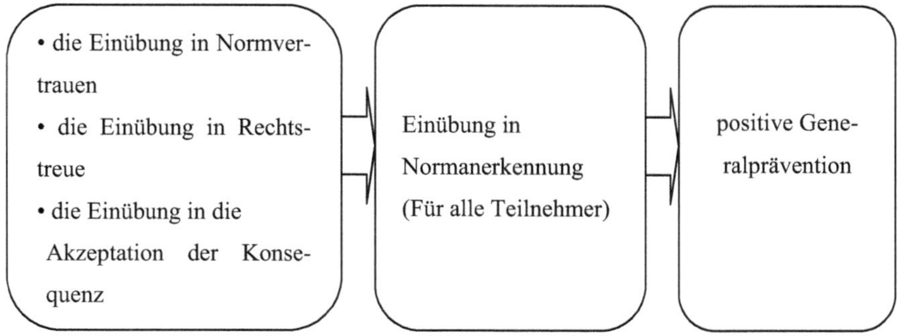

Abb. 1: Aufgabe der Strafe nach dem Modell von Jakobs

3. Funktionalisierte Auslegung über Normgeltung

Basierend auf der Grundlage der Theorie *Luhmanns* beschreibt *Jakobs* die „Geltung der Norm“. In dem von *Luhmann* beschriebenen System bedeuten Normen „kontrafaktisch stabilisierte Verhaltenserwartungen“[158] und bleiben immer geltend, unabhängig davon, ob sie faktisch befolgt werden oder nicht. Sie sind so auch in sich institutionalisiert.[159]

Auf der Grundlage von *Luhmanns* Rechtssoziologie orientiert sich *Jakobs* auch in die Richtung der funktionalisierten Auslegung über die Normgeltung. Zuerst geht *Jakobs* davon aus, dass soziale Normen schwach sind, weil „ein Verhalten [...] gegen soziale Normen“ möglicherweise „Plastizitäten der Gesellschaft“ aufweist.[160] Um die schwache Norm zu kompensieren, müsse es als falsch gegolten werden, „was nicht sein darf, aber nicht *per se* falsch ist“.[161]

Die „Schuld“ wird zugerechnet, wenn ein Normverletzender sich an die Aufgabe nicht hält, dass jeder die Normbefolgung mit Vorzug würdigen sollte.[162] Nach *Jakobs* ist die Schuld als „die Zuständigkeit für einen Mangel an dominanter rechtlicher Motivation bei einem rechtswidrigen Verhalten“ definiert.[163] Die Zurechnung der Schuld werde durch den Verlauf der „Stabilisierung der verletzen Norm durch Strafe“ gezeigt.[164]

---

158 Luhmann, Rechtssoziologie, S. 43.
159 Ebenda.
160 Jakobs, Das Schuldprinzip, S. 24.
161 Ebenda.
162 Ebenda.
163 Jakobs, Strafrecht AT, S. 9 (1/9), 469 (17/1).
164 Jakobs, Das Schuldprinzip, S. 24.

4. Kritik und Gegenargument

Über seine funktionale Ansicht des Strafrechts wurde Kritik ausgeübt. Einerseits wurde die Theorie von *Jakobs* unter der moralischen Ansicht eingewendet: Hauptsächlich wurde die materielle Ungerechtigkeit von der Funktion der Strafe oder der Zurechnungstheorie vorgeworfen.[165] Mit dieser Begründung ist die Kritik jedoch nicht annehmbar, weil *Jakobs* bei der Auslegung des Strafrechts die „Ersetzung des vorhandenen Strafrechts"[166] oder „Gestaltung des Neues"[167] nicht intendiert hat. Vielmehr handelt es sich um die „neue Deutung des Strafrechts, wie es vorhanden ist."[168] Daher wäre die Kritik angemessen, wenn es darum geht, wie „die Strafe" oder „das Strafrecht" ausgelegt werden soll. Dennoch ist es inadäquat, wenn man ausgelegte Sachbezüge mittels „kriminalpolitische(n) oder moralische(n) Vorgaben"[169] kritisiert. Mit anderen Worten ist es eine verfehlte Kritik, wenn die Erscheinungsform des heutigen Strafrechts durch zweckmäßige Prinzipien kritisiert wird.

Die unterschiedliche Vorstellung über „Aufgabe der Strafe" legt den Grund dar, warum sich diese Kritik auf das verirrte Objekt ausrichtet. Bei der Beschreibung der „Aufgabe" des staatlichen Strafens[170] bezieht sich *Jakobs* mit dem Bestand der Ordnung und der Verständigung über Sinn dieser Ordnung,[171] welche eher die „Funktion" der Strafe nach der soziologischen Terminologie bedeutet: Der Begriff der „Funktion" stellt bei den soziologischen Terminologien „unbeabsichtigte Folgen" dar, die „sich unabhängig von Zweckrationalität" ereignet". [172] Dagegen vertritt der Begriff der „Aufgabe oder des Zwecks" generell in der Rechtswissenschaft die prinzipielle und rationale Ansicht des Strafrechts.

Anderweitige Kritik richtet sich auf die systemtheoretische Betrachtungsweise an sich auf. Vor allem ist *Stübinger* der Ansicht, dass die soziologische Denkweise lediglich auf die Objektivierung des Sachbezugs fokussiert, also nur zur Auslegung der Faktizität begrenzt ist. Es schlage kein Maßstab für die nor-

---

165 Vgl. etwa Smaus, ZRS 1985, 100. Er setzt die Theorie von Jakobs als einen neuen Entwurf voraus und erhebt den Vorwurf wegen der materiellen Ungerechtigkeit bzw. Klassenjustiz von dieser Theorie.

166 Jakobs, ZStW 101 (1989), 536.

167 Jakobs, ZStW 101 (1989), 536; Erklärung von Jakobs in dem Tagungsbericht von Ziechang, ZStW 107 (1995), 928.

168 Jakobs, ZStW 101 (1989), 536.

169 Ebenda.

170 Jakobs, Strafrecht AT, S. 1 (1/1), Überschrift des 1. Abschnitts.

171 Jakobs, Strafrecht AT, S. 1 (1/1).

172 Lüderssen, ZStW 107 (1995), 877.

mative Geltung des Rechts aus.[173] Für die Rechtfertigung der strafrechtlichen Normen hingegen reicht der „Hinweis auf das faktische Sicherungsbedürfnis einer Gesellschaftsordnung“ nicht.[174] Vielmehr sollen sich Rechtswissenschaftler um die Frage nach Begründung des Rechts bemühen, die nach *Stübinger* unter Hinweis auf Ethik zu beantworten wäre.[175]

Gegen diese Ansicht artikuliert *Jakobs* Kritik aus. Nach *Jakobs* muss die Dogmatik des modernen Strafrechts über reine rechtssysteminternem Blick hinaus Rücksicht auf die Funktion rechtlicher Normativität nehmen.[176]

5. Stellungnahme

Einerseits ist die Stellungnahme von *Jakobs*chen funktionalen Analysierung des Strafrechts bedeutend, weil hierdurch die aktuelle Gestaltung in der gedeckten Funktion des Strafrechts in der heutigen Gesellschaft, sowie gegebenenfalls erschienene Unwert des Strafrechts erblickt werden kann.

Dies ist jedoch für die Strafrechtswissenschaft nicht genügend, weil allein die faktische Analysierung die strafrechtsinterne Grundlage nicht begründet. *»Zwar«* sieht *Jakobs* die Frage des „Sollen“, also die Frage nach der Rechtfertigung der Norm, nicht als bedeutungslos an: Er setzt die legitime Norm als „materielle Schuld“ voraus.[177] Darüber hinaus setzt er die Rechtsordnung voraus, in der der Person als Träger von Rechten bestätigt wird, also nicht als wie (aktuelle oder potentielle) Täter, wie ein Hund behandelt, gegen den man den Stock erhebt (*Hegel*).[178] In Hinsicht auf die „Aufgabe“ der Strafrechtswissenschaft ist die Diskussion über Rechtfertigung der Norm auch für *Jakobs* nicht wertlos.

»Aber« die Strafrechtswissenschaft muss über die *Jakobs*chen Ansicht hinaus weitergehen. *Jakobs* sieht die Feststellung von Strafrahmen nicht als strafrechtswissenschaftliche, sondern nahezu als politische Sache an.[179] Aber die Strafrechtswissenschaft muss sein eigenes Kriterium haben, damit die Geltung der Rechtsnormen überprüft wird. Über die Bestätigung der Normgeltung hinaus ist die inhaltliche Rechtfertigung der Norm unvermeidlich zu begleiten. Die da-

---

173 Stübinger, KJ 1993, 39 ff.

174 Stübinger, KJ 1993, 42.

175 Ebenda.

176 Jakobs, ZStW 107 (1995), 845. Es ist wieder zur Luhmanns Systemtheorie zurückzukehren, in der „ein System zwischen Selbstreferenz und Fremdreferenz unterscheiden kann“ und das Rechtssystem trotz seiner normativen Geschlossenheit „kognitiv offen operiert“. Dazu näher Luhmann, Das Recht der Gesellschaft, S. 78 ff.

177 Jakobs, Das Schuldprinzip, S. 28.

178 Jakobs, Das Schuldprinzip, S. 26 f.

179 Jakobs, ZStW 107 (1995), 855.

mit erreichende autonome Normanerkennung durch Bürger wäre somit für die positive Generalprävention das wichtige Verfahren. Dies wird im Abschnitt „Modell *Hassemer*" deutlicher dargestellt.[180]

B. Modell *Hassemer*

Ein Teil der Literatur sieht keinen Unterschied zwischen dem Begriff der „positiven Generalprävention" und der „Integrationsprävention", so dass diese als gleichbedeutend angesehen wird.[181] Aber *Hassemer* unterscheidet diese streng und übt Kritik an der von *Jakobs* vertretenen Integrationsprävention.[182] Obwohl *Jakobs* seine Theorie nicht als „Integrationsprävention", sondern als „positive Generalprävention" beschreibt, unterscheidet sich die Bedeutung der positiven Generalprävention von *Jakobs* von der positiven Generalprävention von *Hassemer*.

1. Vorbild des humanen Umgangs mit Abweichung

Die Bedeutung des „Positiv" in der Theorie der positiven Generalprävention findet *Hassemer* im „Vorbild des humanen Umgangs mit Abweichung"[183]; damit er die Rechtfertigung der Strafe nicht als einen Zwang von außen, sondern als „innerliche Akzeptanz" analysiert. Indem das Strafrecht die sozialen Aspekte der Normbildung berücksichtigt, setze sich das Strafrecht eine Grenze und schränke sich selbst ein.[184] Nach *Hassemer* hat die Theorie der positiven Generalprävention erst ihre vorbildliche Form, wenn sie neben der Normstabilisierungskraft noch eine weitere Voraussetzung – die Formalisierungsleistung – erfüllt. Durch das formalisierte Strafrecht wird die Rechtfertigung der Strafe verstärkt begründet: Das formalisierte Strafrecht ist voraussehbar, seine Vollstreckung wird auch nur auf bereits geplante formalisierte Weise durchgeführt.[185]

2. Anspruch auf eine rechtsstaatliche Formalisierung

Nach *Hassemer* ist dieser Charakter des Strafrechts dadurch gekennzeichnet, dass es als „ein Teil der gesamten Sozialkontrolle" fungiert. Das Strafrechtssys-

---

180 Es wird unten B näher ausgeführt.

181 Funcke-Auffermann, Symbolische Gesetzgebung, S. 74 f; Müller-Tuckfeld, Integrationsprävention, S. 7.

182 Hassemer, Einführung, S. 326 f.

183 Hassemer, Einführung, S. 326.

184 Prittwitz, Strafrecht und Risiko, S. 228 f.

185 NK-StGB-Hassemer/Neumann, Vorbem. § 1 Rn. 160 ff.

tem sei nur „ein Teilbereich sozialer Kontrolle“ und wirke gemeinsam mit anderen Bereichen der sozialen Kontrolle bei der sozialen Normherstellung mit.[186]

Die kritische Ansicht der Formalisierungsleistung vertritt *Hassemer*.[187] Nur durch die „Formalisierung der strafrechtlichen Sozialkontrolle“ differenziert sich die Strafe von den anderen sozialen Kontrollen und kann einen „humanen Umgang mit Abweichung“ aufrechterhalten.[188] Nach *Hassemer* weist die Integrationspräventionstheorie nur die Normstabilisierung als Aufgabe der Strafe hin.[189] In diesem Kontext habe die Integrationsprävention die Verstärkung sowie die Erweiterung des Anwendungsbereichs des Strafrechts herbeigeführt.[190] Denn diese Straftheorie den Aspekt der Freiheitsgewährleistung mangelte.[191] Es kommt bei *Hassemer* darauf an, dass für die Normrechtfertigung die autonome Anerkennung der Bürger vorausgesetzt werden muss. Seine Theorie der positiven Generalprävention betont den minimalen Einsatz der Strafe und die hoch formalisierte Begrenzung. Die anderen Strafzwecke, Resozialisierung und Vergeltung, werden als zweitrangige Strafzwecke präsentiert: Sie fungieren als Instrument zur Realisierung der Theorie der positiven Generalprävention.[192] Denn zu ihrer Aufgabe als Vorbild gegen Kriminalität trägt allein diejenige Strafe bei, die sich durch den Vergeltungsgedanken ihre Grenze setzt und für die besser wirkende Intervention des Staates entwickelt wurde.[193]

IV. Inhalt der positiven Generalprävention

A. Struktur der positiven Generalprävention

Nach der Theorie der positiven Generalprävention ist die Funktion der Strafe sowohl die Verstärkung als auch die Stabilisierung der Normengeltung der Bürger. Nach *Roxin* werden drei Wirkungen der positiven Generalprävention betrachtet:

> Der „Lerneffekt, die die ‚Einübung der Rechtstreue‘, die durch die Tätigkeit der Strafjustiz bei der Bevölkerung hervorgerufen wird; der Vertrauenseffekt, der sich

---

186 Hassemer, Einführung, S. 318 f.; NK-StGB-Hassemer/Neumann, Vorbem. § 1 Rn. 154 ff.

187 NK-StGB-Hassemer/Neumann, Vorbem. § 1 Rn. 160; Hassemer, Einführung, S. 327. Für die Formalisierungskonzept vgl. S. 316 ff., insb. 320 ff.

188 Hassemer, Strafziele, S. 63 f.; ders., Einführung, S. 326.

189 Hassemer, Einführung, S. 326 f.

190 Hassemer, Einführung, S. 326 f.

191 Vgl. Prittwitz, Strafrecht und Risiko, S. 228.

192 Hassemer, Strafziele, S. 64.

193 Hassemer, Strafziele, S. 64 f.

> ergibt, wenn der Bürger sieht, daß das Recht sich durchsetzt; und schließlich der Befriedungseffekt (sog. ‚Integrationsprävention'), der sich einstellt, wenn das allgemeine Rechtsbewusstsein sich aufgrund der Sanktion über den Rechtsbruch beruhigt und den Konflikt mit dem Täter als erledigt ansieht."[194]

Einer anderen Sicht nach setzt sich die Theorie der positiven Generalprävention aus drei fundamentalen Elementen zusammen: *Die Verinnerlichung der Norm, die Stabilisierung der Norm und die Formalisierung strafrechtlicher Sozialkontrolle.*[195] Folgt man dieser Ansicht lassen sich die drei Ziele und Wirkungen von *Roxin* nach und nach wieder systematisch unterordnen: Der Lerneffekt stellt die Wirkung der Normverinnerlichung der Strafe dar, wobei der Vertrauens- und Befriedigungseffekt die Wirkung der Normstabilisierung der Strafe darstellen soll.[196]

Hinsichtlich der Norm, die von Bürger nicht als befolgungswürdig angesehen wird, bewirkt die abschreckende Prävention zunächst die äußere vorläufige Verstärkung, eine dauernde Befolgung der Norm wird jedoch nicht erreicht. Vielmehr wird die *Verinnerlichung der Norm* bei den Bürgern innerlich aufgenommen. Durch die Normverinnerlichung wird das Bewusstsein der Verbotsnorm von Bürger gestärkt beziehungsweise wieder befestigt. Damit wird ein Einfluss ausgeübt, rechtlich zu handeln.

Das zweite Element ist *die Stabilisierung der Norm*. Sie enthält das Bestreben, sowohl die Orientierung an der stabilen Norm als auch die Labilität der Norm zu vermeiden und so zur Stabilität der Norm zu führen. Für die Stabilisierung muss zunächst die Normverinnerlichung vorausgesetzt werden: Die Norm muss von der Allgemeinehit anerkannt werden. Im Fall des Normverstoßes erkennen von der Allgemeinheit „die Strafe als das gerechtfertigte Mittel"[197] an. Dies bezweckt die Herstellung der „*Rechtstreue*".

Den Rechtsprechungen folgend besteht die hauptsächliche Aufgabe der Strafe in „Erweisung von Unverbrüchlichkeit der Rechtsordnung vor der Rechtsgemeinschaft" sowie die „Verstärkung der Rechtstreue des Bürgers".[198] Dabei ist die Kommunikation der Gesellschaft entscheidend, denn es kommt auf einen Konsens an, wie die Gesellschaft eine Normverletzung aufnimmt und wie das kollektive Bewusstsein gegen einen Täter reagiert.[199] Hiernach wird das Straf-

---

194 Roxin, Strafrecht AT I, § 3 Rn. 27 ff.

195 Zu den drei Elementen der Theorie der positiven Generalprävention Hong, Die Lehre der positiven Generalprävention, S. 41 ff.; Bae, Strafrecht AT, § 4 Rn. 32.

196 Bae, Strafrecht AT, § 4 Rn. 31 f.

197 Kunz, ZStW 98 (1986), 832; Hörnle/Hirsch, GA 1995, 264.

198 BVerfGE 45, 187 (256).

199 Funcke-Auffermann, Symbolische Gesetzgebung, S. 75.

recht als Mittel der gesellschaftlichen Integration bewertet (Integrationsprävention).[200]

Die Begriffe der Integrationsprävention und der positive Generalprävention wurden von *Hassemer* scharf unterschieden.[201] Es gibt keine absolute Legitimität der vorhandenen gesellschaftlichen Ordnung, sie soll stets geprüft werden. Als Aufgabe der Strafe hat eine Norm unter einer kritischen Berücksichtigung zu befolgen und kann somit keinesfalls verzichtet werden.[202]

Ohne Zweifel ist das Strafrecht nicht das einzige Mittel, das zur Herstellung der Normstabilisierung wirkt;[203] noch viele andere soziale Kontrollinstanzen, wie Familie, Schule, Peer Group und Berufsumgebung usw., beeinflussen sie. Das Strafrecht erfüllt seine Aufgabe im Gesamtsystem sozialer Kontrolle weder als *sola ratio* noch als *prima ratio*, sondern als *„ultima ratio"* sozialer Kontrolle (Strafrecht als Teil des Gesamtsystems der sozialen Kontrolle).[204] Dieser Charakter des Strafrechts bezieht sich auf die *Formalisierung sozialer Kontrolle*,[205] das dritte Element der Lehre der positiven Generalprävention, die die Theorie der positiven Generalprävention und die Integrationsprävention gegeneinander abgrenzt. *Hassemer* meint, positive Generalprävention gelingt dann und nur dann, wenn dem Strafrecht die Formalisierung sozialer Kontrolle gelingt.[206]

Durch die Formalisierung strafrechtlicher Sozialkontrolle zeichnet sich die Humanität des Strafrechts aus. Denn die Formalisierung strafrechtlicher Sozialkontrolle ist mit der Verwirklichung des rechtsstaatlichen Strafrechts gleichzusetzen.[207] Auf der einen Seite sieht es so aus, als ob die Beschränkung der Strafe der Normstabilisierung nicht entspricht. Aber die Formalisierung strafrechtlicher Sozialkontrolle dient der Normstabilisierung nicht in der abschreckenden Weise, sondern nur in der positiven Weise dadurch, dass die Rechtfertigung der Strafe sowie die Strafnormen das Normvertrauen, die innerliche Seite der Bürger, verstärkt. Dieses Element fordert die Subsidiarität des Strafrechts als absoluten

---

200 Ebenda. Dieser Terminus findet sich zum ersten Mal bei Roxin, Diskussion, S. 305 f. Dazu näher Müller-Dietz, Integrationsprävention und Strafrecht, S. 813 ff.

201 Hassemer, Einführung, S. 325 ff.

202 Hassemer, Einführung, S. 326 f.; NK-StGB-Hassemer/Neumann, Vorbem. § 1 Rn. 160 ff.

203 NK-StGB-Hassemer/Neumann, Vorbem. § 1 Rn. 156; Kaiser, Lehrbuch, S. 207.

204 Hassemer, Einführung, S. 318 f.; NK-StGB-Hassemer/Neumann, Vorbem. § 1 Rn. 154 ff.

205 Hassemer, Einführung, S. 320 ff.; NK-StGB-Hassemer/Neumann, Vorbem. § 1 Rn. 159 ff.

206 Hassemer, Einführung, S. 319 f.

207 Vgl. NK-StGB-Hassemer/Neumann, Vorbem. § 1 Rn. 170 ff.

Grundsatz und an dem „*ultima-ratio*"-Charakter des Strafrechts wird festgehalten.

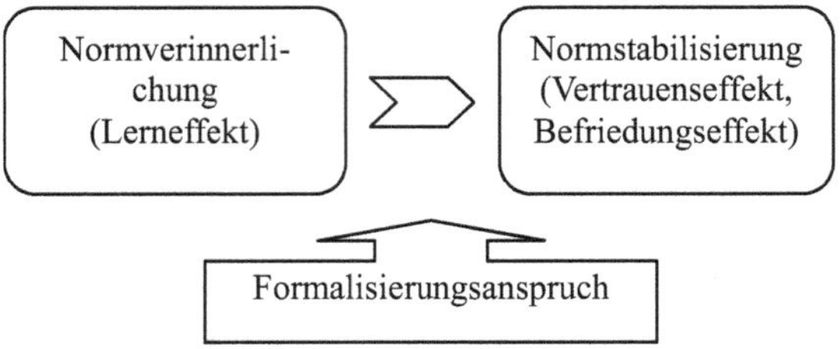

Abb. 2: Struktur der Theorie der positiven Generalprävention

B. Beziehung der positiven Generalprävention zu den anderen Straftheorien

1. Beziehung zu den absoluten Straftheorien

Es überrascht nicht, dass die Theorie der positiven Generalprävention zu der absoluten Straftheorie eine enge Beziehung hat.[208] *Herzog* meint, dass die positive Generalprävention eigentlich wesentliche Elemente der absoluten Straftheorie habe,[209] sie sei die eine sogenannte „wiederentdeckte absolute Straftheorie".[210] *Prittwitz* weist darauf hin, dass *Naucke* die Beziehung zwischen positiver Generalprävention und absoluter Theorie erklärt:[211] Er sieht in der Theorie der positiven Generalprävention „Anzeichen [...], aus denen auf eine Rückkehr zu einer stärkeren Betonung des Vergeltungsgedankens geschlossen werden kann".[212] *Frommel*s Terminus der „verdeckt-relativen Theorie"[213] weist ebenfalls auf die Beziehung zwischen der relativen und absoluten Theorie hin.[214] *Frommel* behauptet, die Eigenschaft der Theorie der positiven Generalprävention fast nicht anders als die von der Vergeltungstheorie sei.[215] Denn der Zweck der Strafe in

208 Prittwitz, Strafrecht und Risiko, S. 220.
209 Herzog, Prävention, S. 48 ff.
210 Prittwitz, Strafrecht und Risiko, S. 217, 220.
211 Prittwitz, Strafrecht und Risiko, S. 220.
212 Naucke, Strafrecht, § 1 Rn. 152.
213 Frommel, Präventionsmodelle, S. 105 ff., 113 f.
214 Müller-Tuckfeld, Integrationsprävention, S. 27 f.
215 Ebenda; Vgl. Frommel, Normverdeutlichung, S. 271 f.

der Vergeltungstheorie „ist die Aufrechterhaltung der Autorität des verletzten Gesetzes."[216]

Nach *Hassemer* bleiben die absolute und die relative Theorie nicht isoliert oder getrennt, sondern sind in bestimmter Hinsicht gemischt.[217] Der Anknüpfungspunkt der beiden Theorien lässt sich in dem Charakter der Theorie der positiven Generalprävention, der „rechtsstaatlichen Formalisierung" finden.[218] Von diesen Mischungen behauptet *Hassemer,* dass das Absolute im Relativen existiere:[219] Zwar fasst er die Präventionstheorie als aktuelle anwendbare Theorie in dieser Zeit auf, doch versucht er auch den Zweck und den Wert der absoluten Theorie nicht zu verfehlen. Präventive Straftheorie „wäre rechtsstaatlich unerträglich", wenn ihr „Elemente der vergeltende Angemessenheit und Gleichmäßigkeit" fehlen.[220] Aus dem Grund betont *Hassemer* die die Kernprinzipien der absoluten Theorie – die Würde des Menschen, das Schuldprinzip und das Verhältnismäßigkeitsprinzip.[221] Da das formalisierte Strafrecht voraussehbar ist, wird es stärker gerechtfertigt und die Bürger können die Normen besser vertrauen bzw. verinnerlichen.[222] Je mehr der Sinn der absoluten Theorie – der Schuld angemessene Strafe – verwirklicht ist, desto näher ist man dem Ziel der positiven Generalprävention und Normverinnerlichung gekommen.

2. Beziehung zur Theorie der Spezialprävention

Hassemer begründet die Resozialisierungsidee im Rahmen der positiven Generalprävention.[223] Demnach gilt, dass „die Theorien von Resozialisierung und positiver Generalprävention einander keineswegs entgegengesetzt sind, ja daß sie einander vielmehr bedingen."[224] Er beginnt mit der These, dass die Resozialisierungsidee immer noch gültig und nützlich sei. Er könne sich „eine Strafrechtsordnung nicht vorstellen, die ohne die begründete Hoffnung auf Besserung und Wiedereingliederung verurteilter Straftäter auskäme, wenn [...] sie [...] Freiheitsstrafe an[droht], verhängt und vollstreckt [...]; und sie ist rechtsstaatlichen Prinzipien verpflichtet, insbesondere der Unverletzlichkeit menschlicher Wür-

216 Frommel, Normverdeutlichung, S. 271.
217 Hassemer, Der strafende Staat, S. 224.
218 Dazu näher oben A.
219 Hassemer, Der strafende Staat, S. 224, 226 ff.
220 Hassemer, Der strafende Staat, S. 226.
221 Hassemer, Der strafende Staat, S. 228.
222 NK-StGB-Hassemer/Neumann, Vorbem. § 1 Rn. 160.
223 Hassemer, Der strafende Staat, S. 222.
224 Hassemer, Der strafende Staat, S. 224.

de."[225] Schließlich fasst er folgendermaßen zusammen: „Die Besserungsidee ist schon immer ein Bestandteil des Strafbegründungskonzepts und wird es bleiben, solange die Fundamente unserer Vorstellung von gerechter und vernünftiger Strafe überdauern."[226]

Wenn es um die „Werte" der Resozialisierungsidee geht,[227] ist hier auf das Konzept der Person und auf die menschliche Würde näher einzugehen: Einen normativen Rahmen, also Verhältnismäßigkeit und Gleichbehandlung, den *Hassemer* in der positiven Generalprävention für wichtig hält, braucht ebenfalls die Besserungsidee, weil sie ansonsten „kein Maß als ihr Ziel" hat.[228] In diesem Punkt hat die positive Generalprävention eine Chance, der Resozialisierung einen Rahmen zu geben, indem sie ihren Ausweg aus der Effektivitätskrise findet.[229] Durch diese Begründung kann die Beziehung zwischen der Spezialprävention und der positiven Generalprävention festgestellt werden.

3. Beziehung zur Theorie der negativen Generalprävention

Die negative Generalprävention ist mit ihrem positiven Gegenteil in der wenigsten, aber wichtigsten Kategorie entgegengesetzt und hat mit dieser einen gemeinsamen Charakter, „Generalprävention". Daher sollen bei der Erörterung der Generalpräventionstheorie die beiden Theorien zusammen überlegt werden.

In der Praxis werden viele Variablen der Normbefolgung einmal zur Abschreckung und danach wiederum auf die Normverinnerlichung der Bürger dienen: Die Theorie der negativen Generalprävention und der positiven Generalprävention stehen sich in der Präventionspraxis nicht ausschließend gegenüber. Vielmehr ergänzen sich beide Arten der Prävention. Dies bedeutet, dass Normbefolgung (Generalprävention) am besten durch Kooperation zwischen negativer und positiver Generalprävention durchgesetzt werden kann: Diese wird als die Hauptthese von dieser Arbeit aufgestellt.[230]

---

225 Ebenda.

226 Hassemer, Der strafende Staat, S. 228.

227 Hassemer, Der strafende Staat, S. 236 ff.

228 Hassemer, Der strafende Staat, S. 237.

229 Hassemer, Der strafende Staat, S. 238.

230 Zur Beziehung der negativen und positiven Generalprävention näher ausführlich unten Kap. 3.

C. Strafrechtstheorie und Straftheorie

Allgemein betrachtet, unterscheidet sich die Straftheorie, bei der es um die Wirkung der Strafe geht, von der Strafrechtstheorie, die sich mit der Aufgabe sowie Funktion des Strafrechts und seiner Sanktionen beschäftigt. Aber die Theorie der positiven Generalprävention ist eine Ausnahme von den anderen relativen Straftheorien: Bei der Theorie der positiven Generalprävention kommt es auch auf den Zweck und die Rechtfertigung des Strafrechts an. Insofern ist die positive Generalprävention nicht nur eine Straftheorie, sondern auch eine Strafrechtstheorie.[231] Die Aufgaben der Strafe in der Theorie der positiven Generalprävention werden von den Aufgaben des Strafrechts bestimmt und bleiben nicht isoliert.[232]

Nach Auffassung der Strafrechtstheorie hat das Strafrecht zwei Aufgaben: Rechtsgüterschutz[233] einerseits und die Behauptung und Sicherung von Normen durch die Formalisierung strafrechtlicher Sozialkontrolle[234] andererseits. Zusammengefasst: Das Strafrecht hat die fundamentalen menschlichen Interessen, die nur durch formalisierte Kontrolle zu schützen.[235] Das oberstes Ziel des Strafrechts ist „die Gesellschaft vor sozialschädlichem Verhalten zu bewahren und die elementaren Werte des Gemeinschaftslebens zu schützen (‚allgemeine Generalprävention').“[236] Die positive Generalprävention beruht auf der zweiten Aufgabe der Strafrechtstheorie – der Normstabilisierung durch Formalisierung strafrechtlicher Sozialkontrolle.

D. Empirische Beweisbarkeit der positiven Generalprävention

Im Gegensatz zur absoluten Straftheorie stehen die relativen Theorien immer unter dem Druck, dass sie empirisch nachgewiesen werden sollen. Die positive Generalprävention ist keine Ausnahme: An die Theorie der positiven Generalprävention werden die empirischen Fragen gestellt, ob und inwieweit sie die von ihr gewünschten Folgen erreichen könnte. Die realen Wirkungen der Strafe, die die Theorie der positiven Generalprävention auf empirische Weise nachweisen sollen, sind mit der folgenden Grundannahme zu formulieren: „Durch Intensi-

231 Hassemer, Einführung, S. 327.
232 Hassemer, Strafziele, S. 61.
233 NK-StGB-Hassemer/Neumann, Vorbem. § 1 Rn. 110 ff.
234 NK-StGB-Hassemer/Neumann, Vorbem. § 1 Rn. 149 ff.
235 NK-StGB-Hassemer/Neumann, Vorbem. § 1 Rn. 168 f.
236 BVerfGE 45, 187 (254); vgl. auch BVerfGE 39, 1 ff.

vierung staatlicher Strafen wird das Gefühl der Strafrechtsgeltung in der Bevölkerung gestärkt und ihr Vertrauen in den Schutz der Strafrechtsordnung vor kriminellen Angriffen gefestigt."[237]

Ohne realisierte empirische Nachweise können die herkömmlichen präventiven Theorien (Spezialprävention, negative Generalprävention) schwer gerechtfertigt werden. Die positive Generalprävention muss man aber auf andere Weise behandeln, da die Theorie der positiven Generalprävention keine klassische präventive Theorie ist.[238] Beim Erbringen des empirischen Nachweises muss man die Eigenschaft des Formalisierungsaspekts der positiven Generalprävention und die in keine Beziehung mit Formalisierung stehende Aspekt der positiven Generalprävention aus einem anderen Blickwinkel und somit anderweitig betrachten.[239] *Der Aspekt der Formalisierung* der Theorie der positiven Generalprävention, der bei der Integrationsprävention fehlt, bezieht sich auf die Vergeltungstheorie.[240] Sie hat ihr Motiv von der reformulierten Tatvergeltungslehre abgeleitet und hat ganz „normativen" Charakter.[241] Deswegen braucht diese Theorie hinsichtlich der Formalisierung der Verbrechenskontrolle keine empirische Bestätigung.[242] *Außerhalb des Formalisierungsaspekts* wird die empirische Nachweisbarkeit der Theorie der positiven Generalprävention auch weniger belästigt.[243] Die Theorie der negativen Generalprävention muss die Wirkung der „Abschreckung" beweisen. Die Resozialisierungsidee muss Beweise der „Besserung der Täter" vorlegen. Aber der positiven Generalprävention „genügt es, dass das Strafrechtssystem an der allgemeinen Sozialkontrolle auf differenzierte Weise mitwirkt und dabei in einem Wechselbezug handelt."[244]

Trotzdem ist die empirische Nachweisbarkeit der Präventionswirkung stets ein Thema. Einige denkwürdige Ergebnisse werden unten Kap. 3 näher erörtert.

---

237 Schöch, Generalprävention, S. 1084. Das ist die Formulierung auf der Grundlage von BGHSt. 24, 40 (45 f.); BGHSt. 24, 64 (66).

238 Herzog, Prävention, S. 48 ff, 52 ff.; NK-StGB-Hassemer/Neumann, Vorbem. § 1 Rn. 295.

239 Hassemer, Einführung, S. 328 f.

240 Herzog, Prävention, S. 48 ff; Prittwitz, Strafrecht und Risiko, S. 220; Frommel, Normverdeutlichung, S. 105 ff, 113 f.

241 Hassemer, Einführung, S. 328.

242 Ebenda. Dies bejaht gewissermaßen Schumanns Kritik über die Empirie der Theorie der positiven Generalprävention. Er kritisiert die Schwäche der Empiriefähigkeit der Theorie der positiven Generalprävention und behauptet, dass die positive Generalprävention ohne Empiriefähigkeit nur „Maskierung des nun utilitaristisch gewendeten Vergeltungsprinzips" sei. Schumann, Empirische Beweisbarkeit, S. 17 f., 21 f.

243 Hassemer, Einführung, S. 329.

244 Ebenda.

V. Fazit

Die Theorie der positiven Generalprävention stellt die Vermeidung der zukünftigen Abweichung nicht mittels Abschreckung her, sondern gestaltet in der positiven Weise das Vertrauen auf der Grundlage der stabilen Strafrechtsnormen. Festzustellen ist, dass sowohl die Abschreckungstheorie als auch die positive Theorie sich mit der Stärkung der strafrechtlichen Verbotsnormen beschäftigt.

Sowohl die Bezeichnung des „Normvertrauen" als Schlüsselwort als auch die Begründung der Rechtfertigung der strafrechtlichen Verbotsnormen müssen vorliegen, damit sie als „die positive Generalprävention" anerkannt werden. Denn ohne die Rechtfertigung von den strafrechtlichen Eingriffen ist sie nichts anderes als Bedrohung mittels Abschreckung;[245] sie wird nur als „Integrationsprävention" dargestellt.[246] Die richtige Theorie der positiven Generalprävention soll nicht nur Interesse am Strafrecht, sondern auch am Strafprozessrecht und Verfassungsrecht zeigen. Darüber hinaus sind die wichtigen Regelungsverstöße und die dadurch entstehenden Konflikte menschlich und rechtsstaatlich zu lösen. Kurz gefasst ist die rechtsstaatliche Formalisierung das wichtigste Element in der Theorie der positiven Generalprävention. Sie birgt die Unterweisung von der absoluten Theorie in sich, bleibt nicht nur Straftheorie, sondern auch Strafrechtstheorie.

Trotzdem bleibt die *empirische Nachweisbarkeit* noch als ungelöstes Problem. Die Erleichterung der empirischen Nachweise bedeutet nicht die volle Befreiung von dem Problem der empirischen Nachweise. Also ist die Theorie der positiven Generalprävention *empirisch offen*. Die Empirie wird unten in Kap. 3 näher behandelt.

Zu erwähnen ist auch die *politische* Ebene der Theorie. „Formalisierte strafrechtliche Sozialkontrolle ist nicht die Beschreibung der Gegenwart, sondern nur ein Vorgriff auf einen idealen Zustand des Strafrechtssystems."[247] Im heutigen Strafrecht, vor allem im Umwelt- und Wirtschaftsstrafrecht, ist die Anwendung der Theorie der positiven Generalprävention in Frage zu stellen, da die Formalisierungsidee bezüglich der politischen Betrachtung bedroht ist; die Theorie der positiven Generalprävention steht *normativ auch offen*. Auch dies wird unten Kap. 5 näher erläutert.

---

245 Hassemer, Der strafende Staat, S. 238.

246 Ebenda.

247 Hassemer, Einführung, S. 329.

Kapitel 2 Straßenverkehrsrecht in Deutschland und in Südkorea

I. Begriff des Straßenverkehrsrechts und -delikts

Grundsätzlich gehören zu den „Delikten“ nur die strafrechtswidrigen Taten, nämlich Verbrechen und Vergehen. Verkehrsordnungswidrigkeiten, die nicht strafrechtlich verfolgbar sind und die bei Gerichten Bußgeldverfahren betreffen, lassen sich jedoch im weitesten Sinne ebenfalls dem Strafrecht zuordnen.[248] In der vorliegenden Arbeit werden als „Verkehrsdelikt“ sowohl strafrechtswidrige Taten als auch Straßenverkehrsordnungswidrigkeiten bezeichnet.[249] Die letztere, weiteste Definition des Verkehrsdelikts wäre eine methodische Art für die Behandlung des „Straßenverkehrsrechts“ als ein Bereich des fachspezifischen Rechts. Diese umfassende Definition ist bedeutsam für den Vergleich der Verkehrsrechtssysteme Deutschlands und Südkoreas, weil die Unterscheidung zwischen Verkehrsordnungswidrigkeiten und strafrechtswidrigen Taten in Südkorea unklar ist.[250]

II. Entstehung des Straßenverkehrsrechts

Das Straßenverkehrsrecht basiert grundsätzlich nicht auf „ethisch-moralischen Grundsätzen“.[251] Während die meisten allgemeinen Straftatbestände, wie Mord, Totschlag, Diebstahl usw., schon seit langer Zeit sozial-ethisch als solche anerkannt sind, basieren die Verkehrsvorschriften auf Verhaltensregeln, die durch Zweckmäßigkeit, (einigermaßen) ethische Farblosigkeit und technische Merkmale gekennzeichnet sind.[252] Beispielsweise können das Links- oder Rechtsfahren, das Vorfahrtsrecht oder die Erlaubnis des Haltens oder Parkens an besonderen Plätzen nicht nach „sozial-ethischen Grundsätzen“ geregelt werden, sondern es handelt sich dabei um Entscheidungen, die aus „Zweckmäßigkeitserwägungen“ und aus „verkehrspolitischen und -technischen Gründen“ getroffen werden.[253] Nach *Radbruch* gehört diese sogenannte „Richtungsnorm“, die allein

---

248 Für das deutsche Recht vgl. BVerfGE 23, 113, 123; BVerfGE 27, 18, 32; EuGMR NStZ 84, 269. Für das südkoreanische Recht Son, Verkehrsstrafrecht, S. 33 f.

249 Gleich definiert Janiszewski, Verkehrsstrafrecht, Vorwort, S. V.

250 Zum südkoreanischen Verkehrsrechtssystem vgl. unten IV.

251 Janiszewski, Verkehrsstrafrecht, S. 5.

252 Ebenda.

253 Janiszewski, Verkehrsstrafrecht, S. 5 f.

durch die Forderung der Rechtssicherheit in ihrer Rechtsidee (eine Trias von Gerechtigkeit, Zweckmäßigkeit, und Rechtssicherheit) gebildet wird.[254] Hierbei gibt es keine „richtige" Regulierung. Wie reguliert wird, ist egal, wenn nur einheitlich reguliert wird.[255] Die Hauptsache der Richtungsnorm ist nicht der Inhalt des Zwecks, sondern das Dasein der Erfüllung des Zwecks.

In der modernen Gesellschaft ist das Straßenverkehrsrecht jedoch keine einfache Richtungsnorm mehr. Bei Regelungen wie die zur Trunkenheit am Steuer oder die zur Drängeln usw., wird noch die Zweckmäßigkeit der Regelungen von Sanktionen gefordert.[256]

III. Straßenverkehrsrecht in Deutschland

Das Straßenverkehrsrecht setzt sich aus vielen Einzelregelungen zusammen. Es ist nicht einheitlich in einem einzigen Gesetz zusammengefasst, sondern über mehrere Gesetze und Verordnungen verteilt.[257] Im Folgenden werden diese Gesetze ausgewählt dargestellt.

A. Straßenverkehrsgesetz (StVG)

Die für die allgemeine Straßenverkehrsrechtspraxis bedeutsamste Rechtsquelle ist das Straßenverkehrsgesetz (StVG). Dieses Gesetz trat am 23.1.1953 durch

---

254 Radbruch, Rechtsphilosophie, S. 168.

255 v. Bieberstein, Vom Kampf des Rechts gegen die Gesetze, S. 116, 122 f.

256 Janiszewski, Verkehrsstrafrecht, S. 6.

257 Ebenda. Das Pandektensystem als ein deutliches Merkmal des kontinentaleuropäischen Rechts, das sich von dem angloamerikanischen Institutionensystem unterscheidet, kann das neue komplizierte gesellschaftliche Phänomen und die Konflikte in letzter Zeit nicht umfassend regeln, weil in den neuesten rechtlichen Streitigkeiten mehrere Rechtsnormen relevant sind und deswegen für die Lösung manchmal die fachbezogene integrative wissenschaftliche Denkweise gebraucht wird. Daher entwickelt sich ein fachspezifisches Recht auf dem jeweiligen Rechtssektor, etwa Umweltrecht, Wirtschaftrecht, Medizinrecht usw. Das Straßenverkehrsrecht ist auch eine Art des fachspezifischen Rechts. In Deutschland ist es eine Zusammensetzung der StGB, StVG, StVO, StVZO und BKatV usw. In Südkorea wurden die kStGB, Sonderstrafgesetze wie kVBG, kSVG und einige verwaltungsrechtliche Gesetze wie StVG, kStVO zusammen als ein fachspezifisches Straßenverkehrsrecht entwickelt. Diese Struktur ist in der heutigen Zeit ein normales Phänomen (Yi, Fachspezifisches Recht, S. 116 ff.) und neigt zu unterschiedlichem Subsystemen nach funktionaler Differenzierung.

das (erste) Gesetz zur Sicherung des Straßenverkehrs (v. 19.12.1952, BGBl. I S. 832) in Kraft.[258]

In dem aus 7 Teilen bestehenden StVG sind die Verekehrsdelinquenz in den Teilen III und IV geregelt.

Teil III befasst sich eingehender mit der Straf- und Bußgeldvorschriften. §§ 21 – 23 StVG regelt mehrere Tatbestände: Fahren ohne Fahrerlaubnis (§ 21 StVG), Kennzeichenmissbrauch (§ 22 StVG), Missbräuchliches Herstellen, Vertreiben oder Ausgeben von Kennzeichen (§ 22a StVG), Missbrauch von Wegstreckenzählern und Geschwindigkeitsbegrenzern (§ 22b StVG) und Feilbieten nicht genehmigter Fahrzeuge, Fahrzeugteile und Ausrüstungen (§ 23 StVG). § 24 StVG ist die „Blankettbußgelddrohung".[259] 0,5 Promille-Grenze gemäß § 24a StVG ist schon bekannt. Darüber hinaus werden Mangelnde Nachweise für Herstellung, Vertrieb und Ausgabe von Kennzeichen (§ 24b StVG), Alkoholverbot für Fahranfänger und Fahranfängerinnen (§ 24c StVG), Fahrverbot (§ 25 StVG), Kostentragungspflicht des Halters eines Kraftfahrzeugs (§ 25a StVG), Zuständige Verwaltungsbehörde und Verjährung (§ 26 StVG) und Bußgeldkatalog (§ 26a StVG) geregelt.

Teil IV enthält die Vorschriften für das Verkehrszentralregister (VZR): Führung und Inhalt des Verkehrszentralregisters (§ 28 StVG), Eintragung beim Abweichen vom Bußgeldkatalog (§ 28a StVG), Tilgung der Eintragungen (§ 29 StVG), Übermittlung (§ 30 StVG), Abruf im automatisierten Verfahren (§ 30a StVG), Automatisiertes Anfrage- und Auskunftsverfahren beim Kraftfahrt-Bundesamt (§ 30b StVG), und Ermächtigungsgrundlagen, Ausführungsvorschriften (§ 30c StVG).

Außerdem regelt Teil I die grundlegenden Vorschriften über die Zulassung von Kfz (§ 1 StVG), Fahrerlaubnis (§§ 2 - 3 StVG), Punktesystem (§ 4 StVG), Verlust von Dokumenten und Kennzeichen (§ 5 StVG), die Unterhaltung der Verkehrszeichen (§ 5b StVG), Ausführungsvorschriften (§ 6 StVG), Gebühren (§ 6a StVG), Herstellung, Vertrieb und Ausgabe von Kennzeichen (§ 6b StVG), Herstellung, Vertrieb und Ausgabe von Kennzeichenvorprodukten (§ 6c StVG), Auskunft und Prüfung (§ 6d StVG) sowie Führen von Kfz in Begleitung (§ 6e StVG). Die Ermächtigung des Bundesministerium für Verkehr (§ 6 StVG) ist die gesetzliche Grundlage für die weitere Verordnungen: Straßenverkehrsordnung (StVO), die Straßenverkehrszulassungsordnung (StVZO) und die Fahrerlaubnisverordnung (FeV).

---

258 Janiszewski, Verkehrsstrafrecht, S. 6.
259 Janiszewski, Verkehrsstrafrecht, S. 8.

Zudem umfasst die Teil II des StVGs die Haftpflicht, Teil V das Fahrzeugregister, Teil VI Fahrerlaubnisregister und Teil VII Gemeinsame Vorschriften und Übergangsbestimmungen.

B. Verkehrsstrafrecht im StGB

Im Strafgesetzbuch (StGB) finden sich ebenfalls strafrechtliche Vorschriften, die für den Straßenverkehr von Bedeutung sind: Unerlaubtes Entfernen vom Unfallort (§ 142 StGB), unbefugter Gebrauch eines Fahrzeugs (§ 248b StGB), gefährliche Eingriffe in den Straßenverkehr (§ 315b StGB), Gefährdung des Straßenverkehrs (§ 315c StGB), Trunkenheit im Verkehr (§ 316 StGB) und Vollrausch (§ 323a StGB). Auch häufig sind im Straßenverkehr die fahrlässige Tötung (§ 222 StGB) und die fahrlässige Köperverletzung (§ 229 StGB).

Von der allgemeinen Teil des StGB sind folgende Vorschriften auch bedeutend: Fahrverbot (§ 44 StGB) und Entziehung der Fahrerlaubnis (§§ 69 - 69b StGB).

C. Entkriminalisierung des Verkehrsstrafrechts

Nach weiteren Verschärfungen des Verkehrsstrafrechts zur Beseitigung ungeeigneter Kraftfahrer aus dem Straßenverkehr sowie für eine wirkungsvollere Ahndung schwerer Verkehrsverstöße durch das 2. Gesetz zur Sicherung des Straßenverkehrs im Jahr 1964[260] wurde am 1.1.1969 die leichtere Straßenverkehrsstrafrechtsbestände entkriminalisiert.[261] Sie wurden durch das Einführungsgesetz zum Gesetz über Ordnungswidrigkeiten vom 24.5.1968[262] auf Bußgeldtatbestände, also auf Ordnungswidrigkeiten umgestellt und die Straßenverkehrsordnung (StVO) steht damit seit dem 16.11.1970[263] in ihrer aktuell gültigen Fassung zur Verfügung.[264] Seitdem sind in Deutschland Verkehrsordnungswidrigkeiten vorhanden.[265] Der Sinn und Zweck der Entkriminalisierung des deutschen Verkehrsstrafrechts wird im unten Kap. 4 näher ausgeführt.

---

260 Vom 26.11.1964 (BGBl. I S. 921)
261 Janiszewski, DAR 1968, 313
262 BGBl. I S. 503; siehe dazu amtliche Begründung, BTDr V/2601.
263 BGBl. I S. 1565.
264 Janiszewski, DAR 1968, 313.
265 Janiszewski, Verkehrsstrafrecht, S. 10.

IV. Straßenverkehrsrecht in Südkorea

A. Verkehrsstrafrecht im kStGB

Einige strafrechtliche Vorschriften im südkoreanischen Strafgesetzbuch (kStGB) sind für den Straßenverkehr bedeutsam: Gefährliche Eingriffe in den Verkehr (§§ 185 - 191 kStGB), fahrlässige Tötung und Körperverletzung im Dienst sowie leichtfertig verursachte fahrlässige Tötung und Körperverletzung (§ 268 kStGB),[266] unbefugter Gebrauch eines Fahrzeugs (§ 331.2[267] kStGB).

B. Gesetz zur verschärften Bestrafung für besondere Verbrechen (kVBG)

Im Gesetz zur verschärften Bestrafung für besondere Verbrechen (kVBG[268]) befindet sich in der § 5.3 kVBG noch eine strafrechtliche Vorschrift, die zum Verkehrsrecht gehört. Die Vorschrift intendiert die verschärfte Bestrafung der Unfallflucht, welche gemäß § 54 I kStVG verboten wird und durch die Strafvorschrift des § 148 kStVGs mit Freiheitsstrafe bis zu fünf Jahren bestraft oder mit Geldstrafe bis 15.000.000 KRW geahndet wird.

Nach § 5.3 kVBG wird die Tat der Unfallflucht besonders bestraft, wenn ein Täter infolge des Verkehrsunfalls eine fahrlässige Tötung oder Körperverletzung begeht und seine Pflichten als Garant nicht nachkommt (§ 5.3 I kVBG). Geahndet wird mit lebenslanger Freiheitsstrafe oder mit Freiheitsstrafe nicht un-

---

266 „Fahrlässigkeit im Dienst" bedeutet eine Vernachlässigung der Vorsichtspflicht, die generell im Dienst gefordert ist. „Dienst" bedeutet dabei einen dauerhaften Dienst oder ein Geschäft, mit dem man sich in beruflicher oder nicht beruflicher sozialer Stellung beschäftigt. Die Bedingungen sind der Wille oder die Tatsache der Dauerhaftigkeit. Erfahrungen oder eine besondere Erlaubnis sind dafür nicht notwendig. Unter Umständen wird die Fahrlässigkeit im Dienst mit einer härteren Strafe geahndet als die normale Fahrlässigkeit: § 189 II kStGB (Fahrlässige gefährliche Eingriffe in den Verkehr im Dienst), § 171 kStGB (Fahrlässige Brandstiftung im Dienst), § 268 (Fahrlässige Tötung und Körperverletzung im Dienst sowie leichtfertig verursachte fahrlässige Tötung und Körperverletzung) und § 364 kStGB (Fahrlässige Hehlerei im Dienst). Die Fahrlässigkeit wird durch das Kriterium der durchschnittlichen Fähigkeit in der Berücksichtigung der generellen Vorsicht von gleichen Geschäften bestimmt. Im Straßenverkehr haben Fahrer die Vorsichtspflicht, beim Fahren Unfälle zu vermeiden. Trotzdem gilt das Vertrauensgrundsatz auch. Vgl. „Vertrauensgrundsatz im Straßenverkehr", in: Weber (Hrsg.), Creifelds Rechtswörterbuch, S. 1335.

267 In Südkorea wird eine Nachtragung anders als in Deutschland nicht mit Buchstaben, sondern mit Zahlen ergänzt.

268 Auf Englisch: „The law on aggravated punishment of specific Crimes".

ter fünf Jahren, wenn eine fahrlässige Tötung vorliegt, mit Freiheitsstrafe nicht unter einem Jahr bei fahrlässiger Körperverletzung.

Versetzt der Täter das Opfer nach dem Unfall zu einem anderen Ort und lässt ihn im Stich, wird er bei fahrlässiger Tötung mit Todesstrafe, lebenslanger Freiheits- oder Freiheitsstrafe nicht unter fünf Jahren geahndet (§ 5.3 II Nr. 1 kVBG), bei fahrlässiger Körperverletzung mit Freiheitsstrafe nicht unter drei Jahren (§ 5.3 II Nr. 2 kVBG).

C. Straßenverkehrsgesetz (kStVG)

Das südkoreanische Straßenverkehrsgesetz (kStVG) regelt die allgemeine Straßenverkehrsrechtspraxis. Das kStVG ist in 14 Teile gegliedert und allgemeine Fahrvorschriften sind in den Teilen 3 bis 6 geregelt.

kStVG hat die ganz besondere dreistufige Sanktionsform: Kriminalisierung – Entstraftung – Strafung.[269] Teil 13 (§§ 148 - 159 kStVG) regelt überwiegend Strafwidrigkeiten, also Freiheits- („*Jingyeok*" sowie „*Guryu*")[270] oder Geldstrafe (Normale Geldstrafe und „*Guaryo*")[271] bei Verstößen gegen in vorherigen Teile erwähnten Fahrvorschriften (*Kriminalisierung*). Aber in Teil 14 führen die meisten Verstöße ausnahmsweise nicht zu einem Strafverfahren, wenn ein „Gesetzesübertretungsgeld"[272] gezahlt wird (*Entstrafung*). Dieses besondere Verfahren für leichtere Straßenverkehrsverstöße zielt auf die Verfahrensbeschleunigung. Näheres wird in der Verordnung (vom Präsidenten) ergänzt (§ 162 kStVG). Das normale Strafverfahren beginnt, wenn das Gesetzesübertretungsgeld in einem bestimmten Zeitraum nicht gezahlt wird (*Bestrafung*) (§ 165 kStVG).[273]

---

269 Dazu näher siehe Kap. 4, III.

270 „Jingyeok" bezeichnet lebenslange und zeitige Freiheitsstrafe ab ein Monat und nicht mehr als 15 Jahre (§ 42 kStGB). Bei „Geumgo" beträgt die Freiheitsstrafe, wie bei „Jingyeok", ab ab ein Monat und nicht mehr als 15 Jahre. Ein Unterschied liegt lediglich darin, dass in der Strafanstalt keine Arbeit zu leisten ist (§ 41 kStGB). Zu südkoreanischen Strafarten näher vgl. Anhang 1 „Strafarten in Südkorea".

271 Normale Geldstrafe ist nicht unter 50.000 KRW (§ 45 kStGB). „Guaryo" ist geringe Geldstrafe ab 2.000, aber nicht mehr als 50.000 KRW (§ 47 kStGB). Zu südkoreanischen Strafarten näher vgl. Anhang 1 „Strafarten in Südkorea".

272 Zum „Gesetzesübertretungsgeld" näher unten Kap. 4, III, A.

273 Zum Problem des „Gesetzesübertretungsgelds" siehe unten Kap. 4, III, B.

D. Verkehrsordnungswidrigkeiten

In 2007 wurde in Südkorea das Gesetz über Ordnungswidrigkeiten neulich erlassen. Das geltende kOWiG definiert eine Ordnungswidrigkeit als eine mit Geldbuße bedrohte rechtswidrige Handlung gegen Gesetze oder Verordnungen (§ 1 kOWiG).

Das südkoreanische Straßenverkehrsrecht regelt lediglich in § 160 kStVG die Art und die Höhe der Geldbuße bei Verkehrsordnungswidrigkeiten. § 160 I kStVG bezieht sich auf das Betreiben der Verkehrssicherheitsbildungsinstitute. Personale Verkehrsordnungswidrigkeiten sind nur drei Verstöße vorhanden (§ 160 II kStVG): Unterlassen der Anschnallpflicht der Mitfahrer, der Schutzeinrichtungspflicht der Mitfahrer, und Verstoß gegen die Erneuerungspflicht des Führerscheins. Diese Ordnungswidrigkeiten werden gegen den Fahrer geahndet. Schließlich regelt § 160 III kStVG die Ausnahme einer Bescheidsverfügung,[274] wenn eine Ausstellung des Bescheids gemäß § 143 I kStVG oder der Bescheidsverfügung gemäß § 163 kStVG trotz des Nachweises durch Aufnahme der mancher Verstöße nicht möglich ist.

Zusammengefasst, handelt jemand verkehrsordnungswidrig in Südkorea, wenn nur gegen § 160 kStVG verstößt. Das jetzige kStVG wird unabhängig von der Eigenschaft oder der Schwere der Tat bei Verkehrsabweichungen mit Strafe bestraft.[275]

E. Gesetz zur Sonderbehandlung für Verkehrsunfälle (kSVG)

Das im Jahr 1981 erlassene „Gesetz zur Sonderbehandlung für Verkehrsunfälle (kSVG)" ist die für die allgemeine Straßenverkehrs-Unfallbehandlung bedeutsamste Rechtsgrundlage. Während sich die anderen Sondergesetze zum kStGB um eine Stärkung der Strafe bemühen, hat das kSVG die Absicht, die Strafe zu mildern. Das nur sechs Paragraphen beinhaltende Gesetz regelt breite Ausnahmen von einer Strafe bei Unfall, deshalb hat es die große Wirkung: Die meisten Unfälle verursachenden Fahrer werden tatsächlich nicht gemäß § 268 kStGB (fahrlässige Tötung und Körperverletzung im Dienst sowie leichtfertig verursachte fahrlässige Tötung und Körperverletzung) geahndet. Der Erlassungsgrund des Gesetzes sei die „Förderung der schnellen Wiederherstellung des Unfallschadens und der Bequemlichkeit der Bürger durch die Ausnahmebehandlung

274 Zum südkoreanischen Verwaltungsakt der „Bescheidsverfügung" näher siehe unten Kap. 4, IV, A.

275 Zur Verkehrsordnungswidrigkeiten im kStVG siehe Anhang 2.

bezüglich der Strafe für die Unfälle verursachenden Fahrer",[276] die heutzutage aufgrund der häufig geschehenen Unfälle gefordert wird.

Die Inhalte des kSVG sind Folgende: *Erstens* darf bei einem Unfall mit normaler oder leichtfertig verursachter fahrlässiger Körperverletzung sowie bei Sachbeschädigung die Anklage nicht gegen den geäußerten Willen des Opfers erhoben werden, es sei denn, bei diesem Unfall trifft eine von dreizehn Ausnahmen zu: Verstoß gegen § 54 I kStVG (Unfallflucht) und Verstoß gegen § 44 II kStVG (Verweigerung des Alkoholtests) jeweils nach dem Verstoß gegen § 268 kStGB (fahrlässige Tötung und Körperverletzung im Dienst sowie leichtfertig verursachte fahrlässige Tötung und Körperverletzung), keine Beachtung der Verkehrszeichen, Überschreiten der Mittellinie, Geschwindigkeitsübertretung, rechtswidriges Vorfahrtnehmen, Übertretung der Haltepflicht vor Eisenbahngleisen, Übertretung der Fußgängerschutzpflicht, Fahren ohne Führerschein, Trunkenheit im Verkehr, Fahren in einer Fußgängerzone, Übertretung der Pflicht der Absturz der Passagiere von Busfahrer, Körperverletzung eines Kindes im Kinderschutzbereich (nähe Grundschule) usw. (§ 3 II kSVG).

Zweitens darf gegen den Unfall verursachenden Fahrer keine Anklage erhoben werden, wenn eine Vollkaskoversicherung aufseiten des Schädigers vorliegt, auch wenn sie oder er sich mit dem Opfer nicht geeinigt hat. Dabei ist entscheidend, dass die Versicherung den vollen Betrag des Unfallschadens mit der Versicherungssumme abdeckt (§ 4 kSVG). Die Anklageerhebung ist ausnahmsweise möglich bei elf Ausnahmen von oben § 3 II (§ 4 I Nr. 1 kSVG) sowie bei einem Unfall mit Folge der schwerer Körperverletzung, der Behinderung oder der unheilbaren Krankheit von Opfern (§ 4 I Nr. 2 kSVG). Diese Ausnahmen sind erst nach dem Urteil von Verfassungsgericht Südkorea von Februar 2009 ziemlich neulich angegeben. Damals wurde dieser Paragraph vom Verfassungsgericht Südkoreas (teilweise) als verfassungswidrig beurteilt.[277] Der Grund sei die Verletzung der Aussagefreiheit von Opfern sowie die Verletzung der Gleichheit zwischen getöteten und schwerer körperverletzte Opfern.[278] Denn gemäß vorheriges Paragraphs ist keine Anklageerhebung gegen Fahrer mit Vollkaskoversicherung möglich, auch wenn ein Unfall die schwerere Körperverletzung von Opfern verursacht.

---

276 Vgl. <http://www.law.go.kr/LSW/RvsDocNRsnP.do?lsiSeq=56029&languageType=KO> (Zugriff am 21.9.2009).

277 kVerfGE vom 26.2.2009, Az = 2005Heunma764, 2008Heunma118 (Zusammenlegung).

278 Ebenda.

Tabelle 1: Die Strafen zur fahrlässigen Tötung, Körperverletzung und Sachbeschädigung bei einem Verkehrsunfall in Südkorea

Handlung / Unterlassung	Strafen
Sachbeschädigung + Vollkaskoversicherung gemäß § 4 II kSVG beim Verkehrsunfall	Anklageerhebung nicht möglich (§ 4 kSVG)
Sachbeschädigung + Keine Vollkaskoversicherung beim Verkehrsunfall	• Freiheitsstrafe „*Geumgo*" unter zwei Jahren oder Geldstrafe unter 5.000.000 KRW (§ 151 kStVG) • Einschränkung der Anklage: Anklageerheung gegen einen ausdrücklichen Willen des Opfers nicht möglich (§ 3 II kSVG)
Fahrlässige Tötung beim Verkehrsunfall	Freiheitsstrafe „*Geumgo*" unter fünf Jahren oder Geldstrafe unter 20.000.000 KRW (§ 3 I kSVG)
Fahrlässige Tötung + unerlaubtes Entfernen vom Unfallort beim Verkehrsunfall	lebenslange Freiheitsstrafe oder Freiheitsstrafe nicht unter fünf Jahren (§ 5.3 I Nr. 1 kVBG)
Fahrlässige Tötung + unerlaubtes Entfernen vom Unfallort + Versetzen des Opfers und dort Zurücklassen beim Verkehrsunfall	Todesstrafe, lebenslange Freiheitsstrafe oder Freiheitsstrafe nicht unter fünf Jahren (§ 5.3 II Nr. 1 kVBG)
Fahrlässige Körperverletzung + Elf Ausnahmen gemäß § 3 II kSVG beim Verkehrsunfall	Freiheitsstrafe „*Geumgo*" unter fünf Jahren oder Geldstrafe unter 20.000.000 KRW (§ 268 StGB)
Fahrlässige Körperverletzung + Kein Ausnahmefall gemäß § 3 II kSVG + Vollkaskoversicherung gemäß § 4 II kSVG beim Verkehrsunfall	Anklageerhebung nicht möglich, ausschließlich im Fall der schweren Körperverletzung, der Behinderung oder einer unheilbaren Krankheit von Opfern (§ 4 I kSVG)
Fahrlässige Körperverletzung + Kein Ausnahmefall gemäß § 3 II kSVG + Keine Vollkaskoversicherung beim Verkehrsunfall	• Freiheitsstrafe „*Geumgo*" unter fünf Jahren oder Geldstrafe unter 20.000.000 KRW (§ 268 StGB) • Einschränkung der Anklage: Anklageerhebung gegen einen ausdrücklichen Willen des Opfers nicht möglich (§ 3 II kSVG)
Fahrlässige Körperverletzung + unerlaubtes Entfernen vom Unfallort beim Verkehrsunfall	Freiheitsstrafe nicht unter einem Jahr (§ 5.3 II Nr. 1 kVBG)

Fahrlässige Körperverletzung + unerlaubtes Entfernen vom Unfallort + Versetzen des Opfers und dort Zurücklassen beim Verkehrsunfall	Freiheitsstrafe nicht unter drei Jahren (§ 5.3 II Nr. 2 kVBG)

V. Merkmale des deutschen und südkoreanischen StGB und Straßenverkehrsrechts unter dem Gesichtspunkt „Modernisierung"

A. Definition „Modern"

Im gesellschaftlichen Sprachgebrauch bezieht sich der Begriff „modern" oder „Modernisierung" als eine entgegengesetzte Dimension mit der vorherigen feudalen Welt. Dagegen wird in der aktuellen strafrechtswissenschaftlichen Diskussion die Bezeichnung „modern" eher im Sinne von „klassisch"[279] verstanden. Unter „klassisches Strafrecht" versteht man nach diesem Erachten ein rechtsstaatlich charakteristisches Strafrecht, näher gesagt, „ein Ideal, eine Zielvorstellung, an der gemessen wird, wohin die Reise zu gehen hat, welche Schritte in die richtige und welche in die falsche Richtung laufen und wie viele Schritte man etwa noch zurückzulegen hat, bevor man sich in der Nähe des Ziels wähnen darf."[280] Demgegenüber sei „modernes Strafrecht" ein dem klassischen Strafrecht entgegengesetzter Begriff und ersetze heute das klassische Strafrecht.[281]

Trotz dieser strafrechtswissenschaftlichen Bestimmung wird in der vorliegenden Arbeit der Begriff „modern" folgend aus der oben genannten Auffassung von „klassisch" als gleichgültig angesehen. Denn in der vorliegenden Arbeit ist besonders bedeutend, die Modernisierungsphase als eine Entgegensetzung mit der feudalen (oder vormodernen) Welt anzusehen, speziell in der Übergangsphase in Südkorea. Daher ist der Begriff „modern" in der vorliegenden Arbeit mit der strafrechtswissenschaftlichen Definition als „klassisch" gleichzusetzen. Was in der oben aufgeführten strafrechtswissenschaftlichen Diskussion als „modern" dargestellt wird, wird in der vorliegenden Arbeit als „postmodern" bezeichnet.

---

279 Hassemer, ZRP 1992, 378 f.; Herzog, KritV 1993, 247 ff.

280 Hassemer, ZRP 1992, 379.

281 Hassemer, ZRP 1992, 378 f.; Martín, GA 2010, 324.

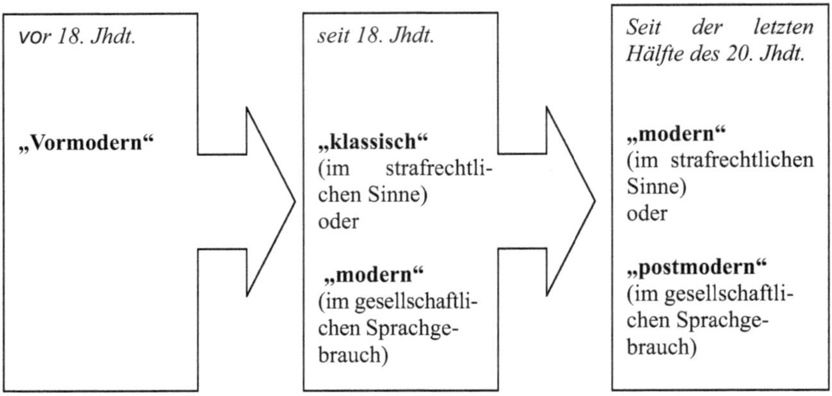

Abb.3: Der gesellschaftliche und strafrechtswissenschaftliche Begriff „Modern“

B. Deutsches Strafrecht

1. Modernisiertes deutsches Strafrecht

Seit dem 18. Jahrhundert, in der Zeit, in der in Europa die bürgerliche Gesellschaft sich auf der Grundlage des Kapitalismus herausbildete, hat das Strafrecht schrittweise einen Weg zur Säkularisierung, Rationalisierung und Individualisierung beschritten. Man verabschiedete sich von den metaphysischen und religiösen Denkweisen. Die historische Entwicklung des Rechtsgüterschutzprinzips, das die Aufgabe des Strafrechts auf den Schutz der Rechtsgüter begrenzt,[282] zeigt diesen Weg zur Rationalität und Modernisierung. Die durch den Rechtsgüterschutz realisierte Modernität des Strafrechts bedeutet die „Selbstbegrenzung des Strafrechts“.[283] Der Grund, die Selbstbegrenzung des staatlichen Strafrechts als „modern“ zu bezeichnen, liegt darin, dass staatlicher Zwang grundsätzlich einen Widerspruch zur persönlichen Autonomie oder Subjektivität[284] darstellt, die den Kern als Modernität bezeichnet.[285]

---

282 Der Begriff „Rechtsgut“ entwickelte sich aus dem im Jahre 1834 von Johann Michael Franz Birnbaum einführten Begriff des „Gutes“ in die Strafrechtstheorie. Vgl. Birnbaum, Ueber das Erforderniß einer Rechtsverletzung zum Begriffe des Verbrechens, S. 148 ff.; Vormbaum, Einführung in die moderne Strafrechtsgeschichte, S. 55.

283 Amelung, Rechtsgüterschutz, S. 47, 49 f; Vormbaum, Einführung in die moderne Strafrechtsgeschichte, S. 56 f.

284 Habermas, Die Moderne, S. 444 ff.; ders., Der normative Gehalt der Moderne, S. 390 ff.

285 Yi, Strafrechtswissenschaft, S. 10.

2. Postmoderne Neigung

Seit der letzten Hälfte des 20. Jahrhundert hat das Strafrecht in Westeuropa die Neigung, die Geschichte der Selbstbegrenzung durch das Rechtsgüterschutzprinzip aufzugeben und einen Weg der Selbsterweiterung einzuschlagen. Das zeigt die Rückkehr der fortschreitenden Modernisierungsgeschichte und einen Perspektivenwechsel zur Administrativierung des Strafrechts.

Diese expansive Tendenz des Strafrechts legt die umgewandelte Ansicht zur Gesellschaft zugrunde.[286] Heutzutage wird unsere Gesellschaft als „Unsicherheitsgesellschaft“[287] erklärt. In dieser Gesellschaft ist es nicht sicher, wie man die verschiedenen Arten von Risiken, die das Leben der einzelnen Person beeinflussen, zu verwalten und zu kontrollieren. Aus diesem Grund wird der Anspruch auf Einsetzung der Strafe erhoben. Notwendig ist, dass das Strafrecht seine Funktionen für das Beseitigen der Unsicherheit erweitert. Daher ändert das geltende Strafrecht sich vom modernen (klassischen) zum postmodernen Strafrecht. Dabei kommen die „Schaffung neuer Rechtsgüter, die Ausweitung der strafrechtlich relevanten Risiken und die Flexibilisierung der Zurechungsregeln“ usw. in Betracht.[288]

C. Rezipierte Modernisierung des südkoreanischen Strafrechts

Die Modernisierung des südkoreanischen Strafrechts wird in drei Phasen unterteilt: 1. Vom Wachstum der Schule der praktischen Philosophie, nämlich *„Silhak“* im 17. Jahrhundert bis zur auf die Modernisierung hinweisenden Reformbewegung im späten 19. Jahrhundert, 2. heteronome indirekte Rezeption des deutschen Rechts unter der japanischen Herrschaft, 3. autonome direkte und indirekte Rezeption des deutschen Rechts nach dem zweiten Weltkrieg.[289]

1. Zeit der selbstständigen Übernahme

Das vorherige, traditionelle Strafrecht ist dadurch gekennzeichnet, dass es die konfuzianische ethische Lehre zur geistigen Grundlage hatte. Die erste Phase der Modernisierung begann mit dem Wachstum der Schule der praktischen Phi-

---

286 Sánchez, GA 2010, 307; Martín, GA 2010, 325.

287 Sánchez, GA 2010, 308. Zur Erscheinung der heutigen Risikogesellschaft Beck, Risikogesellschaft, 17 ff.

288 Sánchez, GA 2010, 307. Zu dieser Tendenz und Kritik, insbesondere nach Ansicht der Theorie der positiven Generalprävention, ausführlich unten Kap. 5, II, D.

289 Vgl. Kim, Rezeption, S. 698 ff. und Yi, Strafrechtswissenschaft, S. 176.

losophie, nämlich mit *„Silhak"* im 17. Jahrhundert. Während die Lehre des Konfuzianismus in metaphysischer Weise konstruiert ist, betonte *„Silhak"*, das wörtlich „empirische Wissenschaft" bedeutet, das im konkreten Leben empirisch anwendbare Wissen.[290] Am Anfang hat diese Denkweise wegen der großen Gegenmacht der herrschenden Klasse *„Yangban"*, die sich mit der konfuzianischen Denkweise identifizierte, keinen Erfolg gehabt. Erst im späten 19. Jahrhundert wurde die „*Gabo*-Reform" durchgeführt, mit der man versuchte, die westeuropäische neue Technik und Denkweise zu übernehmen. In dieser Zeit wurden die modernisierten Rechtsinstitute eingeführt sowie das erste Gerichtsverfassungsgesetz und das erste moderne einheitliche Strafgesetzbuch *„Hyongbubdaejeon"* (29.4.1905) erlassen.[291]

2. Die von außen aufgezwungene indirekte Rezeption

Während der im Jahre 1910 beginnenden japanischen Kolonialherrschaft in Korea wurde diese Reformbewegung abgebrochen und die koreanische Gesellschaft und das Rechtssystem hat eine heteronome Modernisierungsphase erfahren. Japan hat während seiner Kolonialherrschaft in das koreanische Rechtssystem eingegriffen.[292]

Japan hat im Jahr 1907 in seinem Strafgesetzbuch das deutsche (preußische) Strafrecht autonom rezipiert, und Korea musste im Jahr 1912, in der Zeit der japanischen Kolonialherrschaft, dieses japanische Gesetz ebenfalls zwanghaft rezipieren.[293] Das früher vorhandene koreanische traditionelle Strafgesetzbuch „*Hyongbubdaejeon*" wurde abgelöst[294] und seit 1912 herrschte die neue japanische Regelung über Strafe. Unglücklicherweise war aber diese Rezipierungsphase kein Ergebnis aufgrund der Entwicklung der Subjektivität der Personen und der Autonomie der bürgerlichen Gesellschaft, sondern es war eine „kolonialistische Modernisierung".[295] Das wichtigste Merkmal der Rezeption in

---

290 Tjong, Deutsches und koreanisches Strafrecht, S. 280 f.; Kim, Rezeption, S. 699.

291 Jeong, Entwicklung des koreanischen modernen Rechts, S. 42 f.; Tjong, Deutsches und koreanisches Strafrecht, S. 282; Kim, Rezeption, S. 699 f.; Shim, Koreanische Kultur, S. 59 ff.

292 Bae, Reflexion, S. 99 ff.

293 Jeong, Entwicklung des koreanischen modernen Rechts, S. 82 f.

294 Kim, Rezeption, S. 700.

295 Ebenda. Die Erscheinung der „kolonisatorischen Modernisierung" in der japanischen Kolonialzeit von 1910 bis 1945 ist nicht nur im Bereich der Rechtswissenschaft, sondern auch in allen Gebieten der Identitätsbildung des modernen Nationalstaates durch Modernisierung zu sehen. Vgl. dazu Shim, Koreanische Kultur, S. 69 ff. Zur Rezeption

dieser Zeit ist die „heteronome“ und „indirekte“ Rezeption des deutschen Strafrechts.

3. Direkte- und indirekte Überführung

Nach dem Ende des zweiten Weltkrieges und der Kolonialherrschaft begann die dritte Periode. In dieser Zeit kam die Rezeption der deutschen Strafrechtswissenschaft in der koreanischen Strafrechtswissenschaft noch weiter. Das wichtigste Merkmal der Rezeption in dieser Zeit ist die „autonome“ Rezeption des deutschen Strafrechts, manchmal in „direkter“ Weise,[296] oftmals aber auch noch in „indirekter“ Weise.[297]

Zwar haben in der Theoriebildung des koreanischen Strafrechts koreanische Wissenschaftler aktiv die deutsche Strafrechts„wissenschaft“ übernommen,[298] insbesondere die deutsche Strafrechts„dogmatik“, nicht jedoch das allgemeine Straf„gesetzbuch“ an sich.[299] In der Praxis wurden Änderungen des Strafgesetzbuches oder der Gesetzgebung des Nebenstrafgesetzes eher das japanische StGB oder Nebenstrafgesetze berücksichtigt: Der japanische Rechtswortschatz wurde in gleicher Weise in das südkoreanische Gesetzbuch übernommen.[300] Die Rezeption des westeuropäischen Strafrechts im südkoreanischen Strafrechtssystem wurde im Rahmen der indirekten Rezeption vom westeuropäischen StGB über das japanische StGB bis zum südkoreanischen StGB entwickelt.[301]

4. Ergebnis

Mit der Reformbewegung hatte das koreanische Strafrecht die Möglichkeit, die Modernisierungsphase selbst durchzuführen, aber diese ist mit dem Beginn der japanischen Kolonialzeit gescheitert. In dieser Zeit musste Korea das japanische Strafrecht rezipieren, das vom deutschen (preußischen) Strafrecht deutlich beeinflusst war. Erst nach dem Ende des zweiten Weltkrieges hat die südkoreanische Strafrechtswissenschaft eine autonome Entwicklungsphase genommen. Ei-

des deutschen Rechts in Korea allgemein vgl. Tjong, Deutsches und koreanisches Strafrecht, S. 277 ff.

296 Kim, Rezeption, S. 701.

297 Yi, Strafrechtswissenschaft, S. 176.

298 Kim, Rezeption, S. 701.

299 Yi, Strafrechtswissenschaft, S. 176.

300 Yi, Strafrechtswissenschaft, S. 11, 176.

301 Yi, Strafrechtswissenschaft, S. 10 f, 176. Deswegen muss nach *Yi* die Auffassung von *Y.-H. Kim*, der die dritte Phase als „Zeit der direkten Überführung“ bezeichnet, nur im Rahmen der Rezeption der deutschen Straf„rechtswissenschaft“ verstanden werden. Dazu vgl. Kim, Rezeption, S. 700 f.; Yi, Strafrechtswissenschaft, S. 176, Fn. 41.

nerseits hat in der theoretischen, dogmatischen Strafrechtsentwicklung des südkoreanischen Strafrechts die deutsche Strafrechtswissenschaft meist noch großen Einfluss. Andererseits wurde und wird in der Gesetzgebung oder bei Gesetzesänderungen das japanische Gesetz, das selbst vom deutschen Gesetz deutlich beeinflusst ist, als größtes Vorbild genommen.

Aufgrund dieser (verdrehten) historischen Erfahrung der Modernisierungsphase des Strafrechtssystems sowohl gerade nach der Kolonialzeit als auch bis in die heutige Zeit konnte das „modernisierte" Strafrechtssystem nicht die Rolle eines „Zugpferdes" spielen, welches das Wachstum der privaten Freiheitssphäre und der bürgerlichen Gesellschaft lenkt.[302]

D. Merkmal des südkoreanischen Strafrechts

1. Vormoderne Rechtskultur

Das bis heute bestehende autoritäre Bürokratiesystem, die traditionelle metaphysische, religiöse Sozialethik und der kollektive Rechtsethos behindern das Wachstum der privaten Freiheitssphäre und der bürgerlichen Gesellschaft in Korea, was aber die sozial-historischen Voraussetzungen des modernen Strafrechts sind. Deswegen bleibt die Modernität des Strafrechts, – also die im Rechtsgüterschutzprinzip ausgedrückte „Selbstbegrenzung des Strafrechts" – der südkoreanischen Gesellschaft bis jetzt noch fremd.[303] Das vormoderne Rechtsbewusstsein, nämlich dass das „Strafrecht *prima ratio* ist",[304] macht diese schwierige Lage des südkoreanischen Strafrechts deutlich. In diesem Sinne kann man sagen, dass das gegenwärtige südkoreanische Strafrecht noch immer das Strafrecht der „Vormoderne" ist.[305]

Dies wird zunächst durch den *Schutz der traditionellen Sozialethik* gekennzeichnet. Während die nach Aufklärungszeit gewachsene Modernität in Westeuropa durch Entwicklung individueller Subjektivität und Differenzierung der Kommunikationsstruktur gekennzeichnet ist, differenziert sich die Kommunikationsstruktur in Südkorea nicht, sondern die Sozialethik beherrscht grundsätzlich die Kommunikation.[306] In der südkoreanischen Gesellschaft beherrscht also nach wie vor die traditionelle religiöse oder metaphysische Sozialethik den kommunikativen Verkehr zwischen den Bürgern.

---

302 Yi, Strafrechtswissenschaft, S. 10 f.

303 Ebenda.

304 Yi, Strafrechtswissenschaft, S. 12.

305 Yi, Strafrechtswissenschaft, S. 11.

306 Yi, Strafrechtswissenschaft, S. 172 f.

Die kulturelle Überlegenheit oder Hinfälligkeit des Wertes dieser Sozialethik an sich kann man nicht einschätzen. Das Problem bezüglich der Strafrechtskultur ist jedoch, dass die nicht differenzierte Kommunikationsstruktur verhindert, dass die Probleme der kognitiv-technischen Wahrheit sowie der moralisch-praktischen Richtigkeit hinsichtlich der Bewahrung und Verwirklichung der traditionellen Sozialethik verstanden und gelöst werden.[307] Die nicht differenzierte Kommunikationsstruktur ist „vormodern", denn sie verursacht eine Unbestimmtheit der strafrechtlichen Sozialkontrolle.[308]

Zweitens wird das vormoderne Merkmal durch *Einwirkung der autoritären Denkweise* geschildert. Bei der Übersetzung des westeuropäischen Strafgesetzbuches im Rezeptionsverfahren hat die autoritäre Denkweise großen Einfluss ausgeübt. Bei der Rezeption des westeuropäischen Rechts Japans wurde der westeuropäische Text in die fremde Schriftsprache übersetzt. Der Grund dafür ist, man will die Überlegenheit der westeuropäischen Sprache (oder Denkweise) zeigen.[309]

Bei der Rezeption des japanischen Rechts ins koreanische Recht wurde diese japanische fremde Schriftsprache nochmals in das schwer verständliche Koreanische übersetzt, damit die Intellektuellen und die Machthaber die Unterscheidung zwischen sich selbst und den normalen Bürgern und die Nutzung ihrer Privilegien erhalten konnten.[310] Dies ist ein spezieller Ausdruck der autoritären Denkweise, die die koreanische traditionelle Gesellschaft beherrscht. Die Anwendung der schriftlichen, schwer verständlichen Sprache verursacht eine Unbestimmtheit der rechtlichen Sprache und der Argumentationssprache.[311]

2. Tendenz der Postmoderne

Die soziale und ökonomische Grundlage der koreanischen Gesellschaft nach der schnell erfolgten Hochindustrialisierung befindet sich bereits auf der Stufe des Spätkapitalismus. So entwickelt sich einerseits mit dem raschen ökonomischen Wachstum fast die ganze Lebenswelt in der südkoreanischen Gesellschaft.

---

307 Yi, Strafrechtwissenschaft, S. 173.

308 Yi, Strafrechtwissenschaft, S. 174 ff. Als Beispiel kann man das Sonderstrafgesetz gegen sexuelle Gewalt nennen, in der die Taten bezüglich der sexuellen Moral und der Familienethik verschärft bestraft werden. Darüber hinaus beschränkt *Yi* den Charakter der „Vormoderne" nur auf die koreanische Kommunikationsstruktur, nicht auf die ganze traditionelle Kultur. Dazu Yi, Strafrechtwissenschaft, S. 173, Fn. 33.

309 Yi, Strafrechtswissenschaft, S. 177.

310 Ebenda.

311 Vgl. Yi, Strafrechtswissenschaft, S. 174 f.

Andererseits sind verschiedene neue Risiken entstanden. In der Risikogesellschaft hat die Nachfrage nach Strafe als Risikobeseitigungsmittel genauso wie in den westeuropäischen Ländern mit der Zeit immer mehr zugenommen. Das geltende Strafrecht ändert sich vom modernen zum postmodernen Strafrecht.[312]

3. Ergebnis: Mischung der Vor- und Postmoderne

Das gegenwärtige südkoreanische Strafrechtssystem ist in drei Elemente strukturiert. Der Unterbau des geltenden Strafrechts ist das „moderne" Strafrecht, aus der rechtskulturellen Perspektive ist hier noch ein „vormoderner" Charakter vorhanden, aus der sozial-ökonomischen Perspektive beginnt hier das „postmoderne" Strafrecht.[313] Zu berücksichtigen ist, dass das Verstehen und die Erwartung der Rolle des Strafrechts des vormodernen und des postmodernen Strafrechtssystems – zumindest von außen – miteinander übereinstimmen: Strafrecht als *prima ratio* oder *sola ratio*.[314] Das Strafrecht der Gegenwart ist das komplexe Ergebnis von Vor- und Postmoderne und generell durch eine „Überkriminalisierung" gekennzeichnet. Zum Beispiel wird das Strafrecht zum Zweck der postmodernen Risikoverwaltung eingesetzt, aber aus Gründen der vormodernen (abstrakten, edlen) traditionellen Sozialethik. In der südkoreanischen Gesellschaft ist das Strafrecht mit seiner Dreifach-Struktur eine schlechte Basis für die Verwirklichung des Rechtsgüterschutzprinzips im südkoreanischen Strafrechtssystem.

E. Deutsches und südkoreanisches Straßenverkehrsrecht

1. Moderne und Postmoderne im deutschen Straßenverkehrsrecht

Das deutsche Straßenverkehrsrecht ist grundsätzlich in der Kategorie des modernisierten Strafrechts ein sachlogisches Recht. Es hat durch die Trennung der strafrechtlichen Kriminalität und der Ordnungswidrigkeit das Rechtsgüterschutzprinzip widerfahren.

Trotzdem zeigt das heutige deutsche Straßenverkehrsrecht zum Teil eine Neigung der Postmoderne. Nennenswert ist die Kriminalisierungstendenz. Das wachsende Bedrohungsgefühl der Bürger fordert immer schärfere Sanktionie-

312 Yi, Strafrechtswissenschaft, S. 11.
313 Yi, Strafrechtswissenschaft, S. 12.
314 Ebenda.

rung über Verkehrsordnungswidrigkeit oder Umwandlung von Ordnungswidrigkeit zur Strafgesetzgebung.[315]

2. Merkmal des südkoreanischen Straßenverkehrsrechts

Betrachtet man das südkoreanische positive Recht über Straßenverkehr werden drei Merkmale deutlich: *Kriminalisierung*, *Komplexität* und *Entformalisierung*.

Zunächst lässt sich herauskristallisieren, dass das kStVG grundsätzlich *keine Entkriminalisierung kennt*, sogar gegen leichte Verkehrsabweichungen nicht. Obwohl das „Gesetzübertretungsgeld" als eine Strategie für Entkriminalisierung benutzt wird, ist es keine richtige Entkriminalisierung, weil das normale Strafverfahren beginnt, wenn das Gesetzübertretungsgeld in einem bestimmten Zeitraum nicht gezahlt wird.[316]

Komplexität ist sowohl im kStVG als auch im kSVG zu sehen. Im kStVG wird die Anwendung der einfachen intuitiven Weise bei der Entkriminalisierung der leichten Straßenverkehrsabweichungen nicht versucht, sondern es wird eine komplizierte Lösung ausgewählt: Im kStVG wurde das neue System des „Gesetzübertretungsgeldes" hinzufügt und dadurch wird die übermäßig *komplizierte* dreistufige Struktur, grundsätzliche *Kriminalisierung* – *Entstrafung* durch „Gesetzübertretungsgeld" – *Bestrafung* bei Ablehnung der Bezahlung dieses Geldes konstruiert.

Bei der Unfallverhandlung gemäß kSVG wird ebenfalls die komplizierte dreistufige Struktur konstruiert: Zuerst wird eine fahrlässige Tötung und Körperverletzung bei Verkehrsunfällen stärker bestraft als andere Fahrlässigkeit, und zwar wegen der „Fahrlässigkeit im Dienst" gemäß § 268 kStGB.[317] Zweitens wird diese Verschärfung durch kSVG vermindert. Die Folge ist sogar leichter als vor der ersten Verschärfung. Ein Unfall wird nicht gemäß § 268 kStGB bestraft, sondern dagegen darf keine Anklage erhoben werden, wenn sie oder er eine Vollkaskoversicherung hat, deren Versicherungsdeckung den vollen Betrag des Unfallschadens abdeckt (§ 4 kSVG), oder bei der normaler oder leichtfertig verursachter fahrlässiger Körperverletzung sowie bei Sachbeschädigung gegen den geäußerten Willen des Opfers. Drittens gibt es noch dreizehn Ausnahmen[318] zu dieser

---

315 Beispielsweise werden über Neugesetzgebung von der Nötigung durch Drängeln ins StGB oder eine Bewegung zur harte Sanktionen mit BAK 0,00 Promille diskutiert. Diese Problematik wird im Kap. 5 näher ausgeführt.

316 Zur Eigenschaft und Regelung des Gesetzübertretungsgelds vgl. Kap. 4, IV, A.

317 Zur „Fahrlässigkeit im Dienst" als eine Vernachlässigung der Vorsichtspflicht siehe oben IV, A.

318 Dazu näher oben IV, E.

Verminderung (§ 3 II kSVG). In diesem Fall gilt die vorab genannte Verschärfung noch weiter. Auch ist auffällig, dass das Bestehen der vielen Sondergesetze, etwa kVBG, zum Erhöhen der Komplexität bei der Regelung im Straßenverkehr beiträgt.

In diesem Zusammenhang lässt sich der Charakter der *Entformalisierung* feststellen. Zuerst verletzt übermäßige Kriminalisierung gegen leichte Abweichung das Verhältnismäßigkeitsprinzip. Ebenfalls wird es durch den Einsatz des Sondergesetz wie kVBG und sowie folgende Verschärfung verletzt. Zudem fokussiert § 4 kSVG ausschließlich justizökonomische Effizienz, der aber darin den Sinn der Rechtsnorm vernachlässigt und die Möglichkeit der Opferteilnahme verbietet.

3. Vor- und Postmoderne im südkoreanischen Straßenverkehrsrecht

Das überkriminalisierte, komplexe südkoreanische Straßenverkehrsrecht zeigt sowohl vor- als auch postmoderne Merkmale.

Es ist vormodern, weil die vom Rechtsgüterschutzprinzip vertretene Modernität des Strafrechts bei der Überkriminalisierung nicht beachtet wird. Der Verlauf, der gegen leichte Abweichungen im Straßenverkehr nun durch das neue System des Gesetzesübertretungsgeldes eingeführt wurde, ist ein Umweg, der ohne grundlegende Lösung der Probleme eine hohe Komplexität des Rechts verursacht.

Gleichzeitig ist es auch als postmodern zu charakterisieren. Denn der Überkriminalisierungsanspruch ist ebenfalls ein Phänomen der gegenwärtigen riskanten Straßenverkehrsgesellschaft. Ebenfalls ein postmodernes Merkmal ist, dass die Unfallflucht durch das § 5.3 kVBG – ein neues, verschärftes Nebenstrafgesetz – besonders hart bestraft wird. Zudem wird das kSVG als postmodern genannt. Das kSVG soll für Bequemlichkeit und Schnelligkeit in der heutigen Gesellschaft sorgen, in der viele Unfälle geschehen. Es ist ein Plan für die ökonomische Beschleunigung in der Risikogesellschaft. Dabei darf die Sicherheit der Bürger jedoch nicht unberücksichtigt bleiben.

VI. Fazit

In diesem Kapitel ist der Begriff „Verkehrsdelikt" in zweierlei Hinsicht untersucht worden; nämlich die „strafrechtswidrigen Taten" und die „Straßenverkehrsordnungswidrigkeit". Das Straßenverkehrsrecht wird von einem Gesetz nicht abgedeckt, sondern es ist das Ergebnis von mehreren Einzelgesetzen und Verordnungen. Der deutliche Unterschied zwischen deutschem und südkoreanischem

Straßenverkehrsrecht ist die Entkriminalisierung. Im Gegensatz dazu stellt das südkoreanische Straßenverkehrsrecht auf andere Schwerpunkte ab, die sich in drei Punkte gliedern lassen: *Kriminalisierung*, *Komplexität* und *Entformalisierung*.

Des Weiteren wurde das Merkmal des deutschen und südkoreanischen StGB und Straßenverkehrsrechts im Hinblick auf die „Modernisierung" untersucht. Während die Entwicklung des modernisierten deutschen Strafrechts das Ergebnis der Rationalität der bürgerlichen Gesellschaft seit dem 18. Jahrhundert darstellt, ist die Modernisierung des südkoreanischen Strafrechts zu großen Teilen von einer heteronomen indirekten Rezeption gekennzeichnet. Das gegenwärtige südkoreanische Strafrechtssystem enthält nicht nur einen modernen Charakter, es sind auch noch die Merkmale der „vormodernen" und „postmodernen" Charaktere vorhanden. Auch das südkoreanische Straßenverkehrsrecht stellt dabei keine Ausnahme dar; auch dieses Recht enthält vormodernen, modernen und postmodernen Charakter. Das deutsche Straßenverkehrsrecht zielt grundsätzlich auf das moderne Recht ab, jedoch weist es zurzeit auch postmodernen Charakter auf.

Kapitel 3 Wirksame Generalprävention im Straßenverkehrsrecht

Einleitung

In diesem Kapitel geht es um die wirksame Generalprävention von Straßenverkehrsdelinquenz. Auf die Theorie der Generalprävention wird kontinuierlich Wert gelegt. Die generalpräventiven Bedürfnisse werden sorgfältig berücksichtigt, etwa in der Auslegung der Vorschrift des § 56 II StGB in Bezug auf die „Verteidigung der Rechtsordnung".[319] Der Sinn der Generalprävention besteht hierbei nicht nur im Begriff der Abschreckung, sondern wird bis zur Schaffung der Normtreue der Bürger durch die strafrechtlichen Sanktionen erweitert.[320]

Für eine wirksame Generalprävention ist es vor allem bedeutsam, die wichtigen und die wirkungslosen Faktoren der Normbefolgung und Normabweichung zu identifizieren. Dies kann durch die Analyse der vorherigen Untersuchungen der Empirie der Generalprävention geleistet werden. In den Studien werden allerdings divergierende Standpunkte über die Wirksamkeit der negativen Präventionspolitik geäußert: Zum einen lässt sich die tatsächliche Wirkung der negativen Generalprävention von einigen Studien belegen. Zum anderen wird gleichermaßen das Gewicht der anderen Faktoren gezeigt, die die Kosten-Nutzen-Annahme der Theorie der negativen Generalprävention übersieht. Durch die Empirie kann auch teilweise der Einfluss der positiv-generalpräventiven Faktoren abgeschätzt werden.[321] Für ein gutes Präventionsergebnis ist es wichtig, den Einsatz oder den Verzicht bezüglich einzelner Faktoren in Bezug auf deren „Effektivität" zu untersuchen.

Um eine wirksame Präventionspolitik zu begründen, werden nachfolgend zuerst die Werte und Grenzen der Generalprävention aufgezeigt (I). Danach werden die zahlreichen Untersuchungen der empirischen Wirksamkeit der nega-

---

319 BGHSt 24, 40 (64).

320 BVerfGE 45, 187 (254 ff.).

321 Die mit dem Wort „teilweise" ausgedrückte Beschränkung der empirischen Bestätigung der positiven Generalprävention beruht auf der differierenden Ansicht der positiven Generalprävention in dem Punkt des Formalisierungsaspekts. Im Aspekt der Formalisierung hat die Theorie der positiven Generalprävention einen normativen Charakter und braucht insofern keine empirische Bestätigung. Außerhalb des Formalisierungsaspekts wird von der Theorie der positiven Generalprävention die empirische Nachweisbarkeit kaum gefordert, weil es der positiven Generalprävention genüge, dass das Strafrechtssystem an der allgemeinen Sozialkontrolle auf differenzierte Weise mitwirkt und dabei in einem Wechselbezug handelt. Hassemer, Einführung, S. 328 f. Dazu näher oben Kap. 1, IV, C.

tiven und der positiven Generalprävention betrachtet (II, A), damit die wichtigen und die wirkungslosen Faktoren für die Normbefolgung und –abweichung unterschieden werden können (II, B). Daraus wird geschlussfolgert, dass die negative und die positive Generalprävention nicht streng getrennt werden dürfen, sondern dass das beste Ergebnis für die Normbefolgung durch deren Zusammenwirken erreicht werden kann. Danach werden die bedeutenden Punkte für die Bemühung um eine gerechte Generalprävention und die relevanten Leitgedanken des Strafrechts dargelegt (III): das Subsidiaritätsprinzip. Die Forderung der Formalisierung ist darüber hinaus die normative Voraussetzung für die positive Generalprävention, die von der Empirie oft übersehen worden ist. Die Anwendung technischer Prävention auch nicht weit von strafrechtlichen Grundsätzen entfernt. Denn die technische Prävention fungiert vor rechtlichen Sanktionen und verwirklicht das Subsidiaritätsprinzip. Dies würde dann eine polizeiliche Kontrolle überflüssig erscheinen lassen.

Verschiedene Normbefolgungsstatistiken basieren auf einem unterschiedlichen Rechtsbewusstsein zu den jeweiligen Straßenverkehrsverstößen. Daher ist es bedeutsam, den Beziehungspunkt des besonderen Hintergrunds der jeweiligen Straßendelinquenz und Generalpräventionspolitik zu finden und den Einsatz angemessener Faktoren für die Normbefolgung bei der jeweiligen Delinquenz zu erklären (IV).

Daneben kann die Beziehung zwischen der „Kultur“ und der positiven Prävention betrachtet werden. Auf der Basis der unterschiedlichen Kultur könnte ein geeigneter Weg zur wirksamen Präventionspolitik jeweils verschieden sein. Daher wird die Präventionspolitik auf der Basis des deutschen und südkoreanischen Kulturunterschieds behandelt (V).

I. Anwendung der Präventionstheorie im Straßenverkehr

A. Wert und Probleme der „Kosten-Nutzen“-Annahme

Die von *Feuerbach* vertretene Theorie der negativen Generalprävention setzt einen rationalen vernünftigen Menschen voraus, der seine Entscheidungen über eine Abweichung von der Norm auf der Basis einer Kosten-Nutzen-Analyse trifft.[322] Nach der Theorie wird ein Interesse am Verbrechen sowie an der Sanktionsandrohung, am Strafverfahren sowie am Strafvollzug angenommen. Für die abschreckende Wirkung der Strafe sind zwei Voraussetzungen zwingend erfor-

322 Feuerbach, Lehrbuch, S. 17 f.

derlich: die Erkennung der Normen und die Sanktionsandrohung sowie die Motivierung durch die Normen;[323] die zukünftigen potentiellen Verbrecher müssen die Strafandrohung und deren Ergebnis kennen, damit sie sich zu einer nicht von der Norm abweichenden Handlung motivieren lassen.

Im Straßenverkehrsrecht ist die erste Voraussetzung, die Kenntnis der Rechtsnorm und der Sanktionsandrohung außergewöhnlich gut erfüllt.[324] Denn der Besitz eines Führerscheins ist zwingend erforderlich für das Autofahren und durch die Fahrschulausbildung sind der Inhalt und der Vollzug der Sanktionsandrohung allgemein bekannt.[325] Zudem erwerben die meisten Autofahrer durch Erfahrungen gute Kenntnisse im Straßenverkehrsrecht, z. B. Geldbußen bei bestimmtem Verstoß und Eintrag in das Punktesystem im VZR. Obwohl die Intensität dieser Kenntnis keineswegs mit schwerer Kriminalität oder mit Terror gleichzusetzen ist, lässt sich schlussfolgern, dass die wesentliche Voraussetzung der negativen Generalprävention nicht verschwindet. Denn Autofahrern ist mindestens eine Tatsache bekannt, nämlich die Geldbuße, die fällig wird, wenn sie bei einer Verkehrsordnungswidrigkeit erwischt werden.[326]

Trotz der guten Informationslage zur Straßenverkehrsdelinquenz ist die Abschreckungstheorie nicht die einzige Möglichkeit für eine Generalprävention im Straßenverkehr. Zwar zeigen Untersuchungen die Wirkung der negativen Generalprävention,[327] es ist aber noch schwieriger zu beantworten, ob die oben genannte zweite Voraussetzung der Abschreckungsprävention, die „Motivierung durch die Norm“, im Straßenverkehr erfüllt ist.[328] Das Problem ist, dass der Mechanismus der Abschreckungsprävention nicht so einfach ist wie die klassische Reihenfolge „Abschreckung durch Strafe → Angst vor Strafe → keine Kriminalität“.[329] Abgesehen von der Strafe üben noch viele andere Faktoren einen Ein-

---

323 NK-StGB-Hassemer/Neumann, Vorbem. § 1 Rn. 283.

324 Hassemer/Hart-Hönig, Generalprävention im Straßenverkehr, S. 242 f.; Hassemer, Einführung, S. 287 f.

325 Herberger, Normbekräftigung, S. 88.

326 Hassemer/Hart-Hönig, Generalprävention im Straßenverkehr, S. 243.

327 Diekmann, Die Befolgung von Gesetzen, S. 100 ff., 104, 106 ff.; Eisenberg, Kriminologie, § 41 Rn. 11 ff., bes. Rn. 14. Zur Empirie der Generalprävention siehe unten II, A.

328 Skeptisch zur Abschreckungswirkung der Norm vgl. Hörnle, Tatproportionale Strafzumessung, S. 81; Pfeiffer, Kriminalprävention im Jugendgerichtsverfahren, S. 37, 85 ff.; Bottke, Generalprävention und Jugendstrafrecht aus kriminologischer und dogmatischer Sicht, S. 11 ff.; Schumann u. a., Jugendkriminalität, S. 18 ff.; Albrecht, Präventive Notwendigkeit, S. 261 ff.; Synowiec, Wirkung und Effizienz, S. 87 f.; Hackstock, Generalpräventive Aspekte im Jugendstrafrecht, S. 42 ff.; Dölling, Strafeinschätzungen, S. 69; Schumann u. a., Jugendkriminalität, S. 162.; Riley, Drinking and Driving, S. 13 f.

329 Hassemer, ZRP 2004, 93.

fluss auf die Verkehrsteilnehmer aus.[330] Unter den eine Normbefolgung motivierenden Faktoren ist das „Entdeckungsrisiko“ wahrscheinlich das wichtigste Element,[331] das bei der mangelnden Erfüllung einer „Motivierung durch die Norm“ bei der Abschreckungstheorie unbedingt bedacht werden muss. Fakt ist, dass heutzutage anerkannt ist, dass nicht die harte Strafe die Gesellschaft in Schrecken versetzt, sondern die Gefahr bei der Tat erwischt zu werden.[332]

Wenn die Delinquenten im Allgemeinen nicht erwischt werden, spielt die Sanktion keine Rolle, obwohl die Sanktion gegen die Normabweichung gut erstellt und dem Bürger bekannt ist. Der potentielle Täter rechnet dann damit, bei seinem Tun nicht erwischt zu werden,[333] er handelt also nicht als „kaltblütiger Kosten-Nutzen-Rechner“, wie es die Abschreckungstheorie vorsieht.[334] Gerade im Straßenverkehr ist dies der Fall. Daher muss zum Kosten-Nutzen-Mechanismus das Entdeckungsrisiko hinzugerechnet werden. Je höher dagegen die Entdeckungsbedrohung ist, desto wahrscheinlicher ist es, dass die Bürger die Gesetze und die Vorschriften befolgen.[335]

Zusammengefasst ist die generalpräventive Funktion erst dann von Bedeutung, wenn sie sich nicht nur auf die „Abschreckung“, sondern auch auf „die höhere Wahrscheinlichkeit der Entdeckung von den Delinquenten“ bezieht. Die Annahme der klassischen Theorie der negativen Generalprävention, der Mensch als klassischer, kaltblütiger Kosten-Nutzen-Rechner, muss durch das Entdeckungsrisiko modifiziert werden.[336]

Dennoch ist zu berücksichtigen, dass eine vollständige Abdeckung der Straßenverkehrskontrolle nicht möglich sein kann.[337] Die begrenzte Kapazität der polizeilichen Kontrolle beschränkt die Wirkung der negativen Generalprävention; eine alle Zeiten und Orte abdeckende lückenlose Kontrolle ist allein aus finanziellen Gründen unmöglich.[338] Bei einigen Delikten, wie die Geschwindigkeitsübertretung, ist dies auch physikalisch unerfüllbar. Außerdem liegt der Beleg vor, dass die generalpräventive Wirksamkeit durch die Stärkung der Ab-

---

330 Haferkamp, Kriminelle Karrieren, S. 260 ff., 368 ff., 405 ff., 462 ff.; NK-StGB- Hassemer/ Neumann, Vorbem. § 1 Rn. 283.

331 Hassemer, ZRP 2004, 93.

332 Roxin, Strafrecht AT I, § 3 Rn. 25.

333 Vgl. Dölling, Strafeinschätzungen, S. 51; NK-StGB-Hassemer/Neumann, Vorbem. § 1 Rn. 284.

334 NK-StGB-Hassemer/Neumann, Vorbem. § 1 Rn. 283.

335 Dölling, Strafeinschätzungen, S. 75; Riley, Drinking and Driving, S. 13 f.

336 NK-StGB-Hassemer/Neumann, Vorbem. § 1 Rn. 283. Auch im Straßenverkehr vgl. Hassemer/Hart-Hönig, Generalprävention im Straßenverkehr, S. 242 f.

337 Prittwitz, Perfektionierte Kontrolldichte und rechtsstaatliches Strafrecht, S. 194.

338 Pfeiffer/Hautzinger, Auswirkungen, S. 15.

schreckung sowie die Erweiterung der Strafrahmen nur kurzfristig andauert, soweit sich das Entdeckungsrisiko nicht sichtbar erhöht.[339] Daraus wird gefolgert, dass die Normbefolgung allein durch Abschreckung ihre Grenzen hat, wenn Normakzeptanz und Normverinnerlichung fehlen. Hier kommt die Notwendigkeit einer positiven Generalprävention in Betracht.

Weiterhin sind übereinstimmende Ansichten zu bedenken, dass nicht nur das Gesetzesverbot, sondern auch außerrechtliche Elemente ebenfalls einen Einfluss auf die Entscheidung über ein normkonformes oder delinquentes Verhalten haben.[340]

B. Wert der Normstabilisierung im Straßenverkehr

Bei Straßenverkehrsordnungswidrigkeiten wird der Grund des Unrechts entweder in einem Rückgang des Allgemeininteresses an einer effektiv funktionierenden staatlichen Verwaltungstätigkeit[341] oder in einer geringeren Verwerflichkeit[342] gesehen; die Normabweichungen werden entweder als kleine oder als kaum unmoralische Unrechtstat eingeschätzt. Parallel dazu wird von manchen Kraftfahrern die Straßenverkehrsdelinquenz als „Kavaliersdelikt"[343] betrachtet.

In diesem Bereich funktioniert die Abschreckung nicht „wirksam", weil die Norm trotz der Abschreckung nicht ausreichend von den Bürgern verinnerlicht worden ist: Der Delinquent nimmt bestimmte Normen nicht ernst genug. Die Tat

---

339 Eisenberg, Kriminologie, § 41 Rn. 20, § 46 Rn. 9.

340 Berlitz/Guth/Kaulitzki/Schmann, KrimJ 1987, 13 ff.; Schumann, Empirische Beweisbarkeit, S. 17 m. w. N.; Eisenberg, Kriminologie, § 41 Rn. 7; Schumann, NK 1990, Heft 2, 35; Funke-Auffermann, Symbolische Gesetzgebung, S. 83; die Ergebnisse amerikanischer Untersuchungen in den USA führt Hörnle, Tatproportionale Strafzumessung, S. 79 ff. an. Außer dem Gewinn oder Verlust als Ergebnis der Taten wird normkonformes oder normabweichendes Verhalten von Altersgenossen, gesellschaftlichen Verhältnissen usw. als außerrechtlichen Faktoren beeinflusst. Zu den verschiedenen Variablen für die Normbefolgung siehe unten II, B.

341 Zur Aluid-Theorie bei der Unterscheidung der Strafrechtswidrigkeit und Ordnungswidrigkeit vgl. Roxin, AT I, § 2 Rn. 4; Mitsch, Ordnungswidrigkeit, S. 16; Dazu näher unten Kap. 4, III, A.

342 Zur quantitativen Theorie bei der Unterscheidung der Strafrechtswidrigkeit und Ordnungswidrigkeit vgl. Baumann/Weber/Mitsch, AT, § 4 Rn. 16; Schmidhäuser, Strafrecht AT, 8/107; Stratenwerth/Kuhlen, Strafrecht AT I, § 1 Rn. 48. Dazu näher unten Kap. 4, III, B.

343 Helfer, MSchKrim 50 (1967), 186; Bermel, Der Kavaliersdelinquent, S. 121 ff.; Hassemer/Hart-Hönig, Generalprävention im Straßenverkehr, S. 251 ff.

wird im Bekanntenkreis manchmal sogar als sympathisch beurteilt.[344] Daher ist bei den Normadressaten kaum zu erkennen, warum die Straßenverkehrsrechtsnorm eingehalten werden soll.

Eine Antwort auf dieses Problem, das durch Abschreckung allein nicht zu lösen ist, lässt sich mit Hilfe der Theorie der positiven Generalprävention geben. Erst wenn die Gefährlichkeit des Straßenverkehrs, die durch Normverstöße verursacht worden ist und die Notwendigkeit der Normbefolgung von den Normadressaten verinnerlicht wurde, kann die Begrenzung der Abschreckungstheorie überwunden werden.

Darüber hinaus hat die Straßenverkehrsdelinquenz die besondere Eigenschaft, dass die durch die Abweichung von der Straßenverkehrsrechtsnorm eintretende potentiell gefährliche Situation nicht nur gegenüber Fremden, sondern auch oft gegenüber sich selbst bestehen kann, während andere Kriminalität normalerweise harmlos für den Täter selbst ist. An diesem Punkt kann die Normanerkennung der Adressaten ein besonderes Motiv für die Prävention darstellen.

II. Empirie der Präventionstheorie

A. Untersuchungen der Generalprävention

Im Bereich der allgemeinen Kriminalität ist der Effekt der Theorie der (negativen und der positiven) Generalprävention umfangreich untersucht worden, wobei die zahlreichen positiven und negativen Belege diesen Effekt nachweisen.

Zuerst wurde in einigen Studien die Wirksamkeit der negativen Generalprävention bestätigt. *Diekmann*s Untersuchung (1980) bewies einen größeren Effekt der negativen Sanktionen im Bereich der Steuerhinterziehung.[345] Nach *Eisenberg* hatte die mehrmonatige Lücke der Polizeifunktion sowie der Strafjustiz in der Zeit der Wiedervereinigung Deutschlands eine Zunahme der rechtsextremistischen Gruppengewalt und politisch orientierter Straftaten gegen Leib und Leben im Vergleich zur Zeit der ehemaligen DDR zur Folge.[346] Darüber hinaus stellt er die Untersuchung in den USA vor, die in der „Null-Toleranz-Strategie“ der USA den Grund der deutlichen Abnahme der registrierten Kriminalität sieht.[347]

---

344 Besonders zur Geschwindigkeitsüberschreitung vgl. Möller-Oberück, SozW 1975, 203 f.; Hassemer/Hart-Hönig, Generalprävention im Straßenverkehr, S. 253.

345 Vgl. Diekmann, Die Befolgung von Gesetzen, S.100 ff., 104, 106 f.

346 Eisenberg, Kriminologie, § 41 Rn. 11, § 57 Rn. 40 f.

347 Eisenberg, Kriminologie, § 41 Rn. 11 ff., bes. Rn. 14; Hough, BritJCrim 27 (1987), 70 ff.

Gleichzeitig zeigen mehrere Studien eine Skepsis bezüglich der Wirkung der negativen Generalprävention, insbesondere im Bereich des Jugendstrafrechts.[348] In der Jugendkriminalität, in der der Anteil der unbeabsichtigten Delikte hoch ist, wirkt die generalpräventive Ahndung der Strafverfolgung gegenüber anderen Faktoren nur wenig. Im Gegensatz dazu wirkt die generalpräventive Wirkung der Strafnorm deutlich bei schweren, tabuisierten Delikten.[349]

Zur Wirkung der negativen Generalprävention im Bereich des Straßenverkehrsstrafrechts ist die Untersuchung von *Riley* bedeutsam, die der Wirkung der Sanktionsandrohung durch Verkehrspolizeikontrollen zustimmt. Die Untersuchung zielte darauf ab, zu prüfen, welche Unterschiede in den Selbstberichten über das Fahren unter Alkoholeinfluss mit einer Variation der Intensität der polizeilichen Kontrolle und mit Unterschieden in der Wahrnehmung der polizeilichen Kontrolle durch die Fahrer verbunden sind.[350] Bei männlichen Fahrern wurde die Abschreckungswirkung bestätigt: Männliche Fahrer geben das Risiko einer rechtlichen Sanktion als den Hauptgrund für das Aufgeben des Alkoholkonsums vor oder beim Fahren an, während die weiblichen Fahrer das Risiko eines Verkehrsunfalls als Hauptgrund nannten.[351] Zudem weist der Survey eine gesteigerte Präventionswirkung bei häufigeren verkehrspolizeilichen Kontrollen nach. Nach der Studie tranken Fahrer in der Region mit einer hohen Kontrolldichte deutlich weniger im Vergleich zu den Fahrern in Bereichen mit einer geringeren Dichte der Polizeikontrolle.[352] Die Analyse zeigte jedoch, dass die Unterschiede zwischen Regionen mit dichteren und weniger dichten Kontrollen nicht durch Unterschiede in der Wahrnehmung des Entdeckungsrisikos begründet waren.[353] Vielmehr wurde bei einem hohen Maß an Kontrolle der soziale Druck gegen das Fahren unter Alkoholeinfluss erhöht. Daraus folgte dann ein

---

348 Vgl. Hörnle, Tatproportionale Strafzumessung, S. 81; Pfeiffer, Kriminalprävention im Jugendgerichtsverfahren, S. 37, S. 85 ff.; Bottke, Generalprävention und Jugendstrafrecht aus kriminologischer und dogmatischer Sicht, S. 11 ff.; Schumann u. a., Jugendkriminalität, S. 18 ff.; Albrecht, Präventive Notwendigkeit, S. 261 ff.; Synowiec, Wirkung und Effizienz, S. 87 f.; Hackstock, Generalpräventive Aspekte im Jugendstrafrecht, S. 42 ff.

349 Dölling, Strafeinschätzungen, S. 69; Schumann u. a., Jugendkriminalität, S. 162.

350 Riley, Drinking and Driving, S. 5.

351 Riley, Drinking and Driving, S. 13 f.

352 Riley, Drinking and Driving, S. 17 ff.

353 Riley, Drinking and Driving, S. 31 ff.

gesteigertes Bewusstseins für die größere Unfallgefahr, die von Alkohol beeinträchtigten Fahrern ausgeht.[354]

Im Vergleich zu Studien über die Empirie der negativen Generalprävention sind Untersuchungen über die empirische Nachweisbarkeit der positiven Generalprävention eher selten. Zum einen beruht dies auf dem Formalisierungsaspekt der positiven Generalprävention, die nicht in empirischer Weise, sondern nur auf normative Weise begründet wird.[355] Zum anderen liegt es an der niedrigen Anforderung der empirischen Nachweisbarkeit, weil es der positiven Generalprävention genüge, dass das Strafrechtssystem als schärfstes Instrument der allgemeinen Sozialkontrolle eine differenzierte Wirkungsweise sowie gleichzeitig auch eine Wechselbezüglichkeit mit allgemeinen Sozialkontrollen hat.[356]

Schumann ist aber anderer Ansicht. Die empirische Überprüfung ist ihm besonders wichtig, weil ansonsten die positive Generalprävention nicht mehr als das Anlegen eines Kostüms einer Vergeltungstheorie bleibe.[357] Daher beschäftigte er sich in der Schrift „Positive Generalprävention“ (1989) und nochmals in dem Aufsatz „Empirische Beweisbarkeit der Grundannahmen von positiver Generalprävention“ (1998) mit der empirischen Nachweisbarkeit der Theorie der positiven Generalprävention. Er referiert eine Reihe von Studien über den Einfluss von Gesetzesänderungen zum Alkoholverbot im Straßenverkehr in der Zeit der Wiedervereinigung Deutschlands: Demnach hat sich kein wesentlich unterschiedliches Legalverhalten von ehemaligen DDR-Bürgern nach der Gesetzesänderung von 0,0 auf 0,8 Promille gezeigt.[358]

Zudem vergleicht die Untersuchung von *Hassemer/Hart-Hönig* (1984)[359] negative und positive Präventionsmittel bei der Geschwindigkeitsübertretung. Dabei wurde das Scheitern der negativen Generalpräventionspolitik gezeigt. Nach der Untersuchung hat die Normabweichung sogar trotz der Erhöhung des objektiven Entdeckungsrisikos durch dichte polizeiliche Kontrollen zugenommen.[360] Damit wurde begründet, dass der Einsatz in einer positiv-präventiven

354 Riley, Drinking and Driving, S. 47. Dies bezieht sich wiederum auf die Theorie der positiven Generalprävention, da die Prävention durch Normakzeptanz der Normadressaten verwirklicht wurde.

355 Hassemer, Einführung, S. 328 f. Dazu näher oben Kap. 1, IV, D.

356 Hassemer, Einführung, S. 318 ff., 329.

357 Schumann, Empirische Beweisbarkeit, S. 17 f., S. 21 f.

358 Schumann, Empirische Beweisbarkeit, S. 25 ff. Zu Fakten der Studien und deren Zusammenhängen mit der Normakzeptanz der Bürger näher siehe unten B, 7.

359 Hassemer/Hart-Hönig, Generalprävention im Straßenverkehr, S. 230 ff.

360 Hassemer/Hart-Hönig, Generalprävention im Straßenverkehr, S. 230 ff., 236 f., 242. Zur Untersuchung von Hassemer/Hart-Hönig näher siehe unten IV, A, 3.

Weise für die Generalprävention im Bereich der Geschwindigkeitsübertretung besser wirkt als die Abschreckung.[361]

Bei der Untersuchung von *Pfeiffer/Hautzinger* (2001)[362] geht es um die Generalprävention in den Bereichen Geschwindigkeit und Fahren unter Alkoholeinfluss. Darin wurde der generalpräventive Effekt der polizeilichen Kontrolle durch die Analyse der Faktoren untersucht, die die Normbefolgung bzw. -übertretung bedingen.[363] Nach der Untersuchung habe die normative Übereinstimmung über die Normen eine bessere Wirkung auf die Normbefolgung als die Entdeckungswahrscheinlichkeit und die Wahrnehmung der Sanktionsstärke.[364]

B. Variablen der Normbefolgung und -übertretung

Unter Berücksichtigung der oben genannten Kurzfassung der verschiedenen Studien wird die Schlussfolgerung gezogen, dass das Verhalten der Normbefolgung oder -übertretung ein Ergebnis des umfassenden Komplexes der für die generalpräventiven Mechanismen relevanten Variablen ist.

Unten werden diese Variablen im Einzelnen betrachtet.

1. Existenz der Gesetze und der Sanktionen

Eine Grundvoraussetzung der rechtlichen Prävention ist die Existenz der Rechtsnorm und eine dazu passende Sanktion. Eine Frage dabei ist, ob unabhängig vom Vorhandensein der Kontrolle die Existenz der Rechtsnorm und die Sanktion allein als Generalprävention fungiert.

Bei schweren Delikten ist die Wirkung des Abhaltens von der Kriminalität allein aufgrund der Existenz von Strafnormen zweifelhaft. Sogar die Entdeckungsgefahr, die mit der Existenz der Norm verbunden ist, konnte nur selten oder gar nicht als Motiv für das Unterlassen von schweren Delikten wirken.[365] Umgekehrt gibt es die Möglichkeit, bei einigen leichten Verkehrsdelikten rechtskonformes Verhalten durch die Existenz der Rechtsnorm zu erreichen. Dies bestätigt die Erfahrung mit der Vorschrift über die Pflicht des Gurtanlegens. Nach der „*zwanglosen*“ Gesetzeseinführung über das Anlegen des Sicherheits-

361 Hassemer/Hart-Hönig, Generalprävention im Straßenverkehr, S. 40 ff.

362 Pfeiffer/Hautzinger, Auswirkungen, S. 3 ff.

363 Pfeiffer/Hautzinger, Auswirkungen, S. 3.

364 Ebenda.

365 Kaiser, Verkehrsdelinquenz, S. 359. Gleicher Meinung vgl. van Bemmelen, MSchKrim 50 (1967), 104 f.; Schumann, NK 1990 (Heft 2), 35.

gurts im Straßenverkehr nahm der Anteil des Anlegens auf 60 % zu.[366] Diese Statistik zeigt die Wirkung des Normvorhandenseins ungeachtet der Sanktion.[367]

2. Sanktionsstärke

Die meisten Studien bestätigen, dass die Variablen Höhe der Sanktion sowie Schärfe der Art der Sanktion keine erhebliche Wirkung auf das Normbefolgungsverhalten haben,[368] während ein gegensätzliches Ergebnis von *Vilsmeier* einen Einfluss der Strafhöhe zeigt, bedingt durch die Unveränderlichkeit von anderen Variablen.[369] Eine andere Studie weist auch darauf hin, dass eine Steigerung der Strafhärte zwar Effekte für die Normbefolgung hat, aber nicht in proportionaler Weise.[370] Ein Grund für die unterschiedlichen Ergebnisse lässt sich darin finden, dass die Einschätzung der Sanktionsschwere stark mit der individuellen Lebenssituation des Betroffenen – etwa familiäre, berufliche und finanzielle Verhältnisse – in Zusammenhang stehen dürfte. Denn die Folgekosten formeller Sanktionen variieren mit den jeweiligen Lebensumständen.[371]

3. Informiertheit

Der Faktor der „Informiertheit" wirkt in positiver Weise auf die Normbefolgung.[372] Informiertheit über die gesetzlichen Bestimmungen ist auch die Grundvoraussetzung für die Wirkung einer gesetzlichen Norm nach ihrer Erlassung oder Änderung. Die Informiertheit beschränkt sich nicht nur auf die Kenntnis

---

366 BAST, Gurte, Kindersitze, Helme und Schutzkleidung: Tragequoten 1995, S. 23. Zur Generalprävention über Sicherheitsgurte näher siehe unten IV, D.

367 Pfeiffer/Hautzinger, Auswirkungen, S. 11.

368 Schumann, NK 1990 (Heft 2), 35; Hörnle, Tatproportionale Strafzumessung, S. 81 f. mit weiteren Anmerkungen von amerikanischen Studien; Neumann/Schroth, Neuere Theorien, S. 36; Funke-Auffermann, Symbolische Gesetzgebung, S. 83. Insbesondere in Bezug auf die Todesstrafe: Kaiser, Lehrbuch, S. 143; ders., Verkehrsdelinquenz, S. 389 f.; Helfer, HWKrim 3 (1975), 346; Albrecht/Dünkel/Spieß, MSchKrim 1981, 313; Schöch, Göttinger Generalpräventionsforschung, S. 234; Dölling, Strafeinschätzungen, S. 73; Albrecht, Die generalpräventive Effizienz, S. 311; Diekmann, Die Befolgung von Gesetzen, S. 132 f.; Schöch, Generalprävention, S. 1090.

369 Vilsmeier, MSchKrim 1990, 275 ff., 281.

370 Nach einer Untersuchung von Bjornskau/Elvik (1992) ist die Gurtanlegequote in Norwegen nach der Einführung der Sanktionsandrohung von 63 % auf 83 % gestiegen. Eine stärkere Erhöhung des Sanktionsgrads auf das Doppelte bewirkt aber nicht einen doppelten Zuwachs der Normbindung. Das ist das sogenannte „Prinzip des abnehmenden Grenznutzens". Vgl. Pfeiffer/Hautzinger, Auswirkungen, S. 15.

371 Pfeiffer/Hautzinger, Auswirkungen, S. 15.

372 Pfeiffer/Hautzinger, Auswirkungen, S. 26.

der Verkehrsvorschriften. Sie betrifft auch die Kenntnis der Sanktionen bei der Übertretung der jeweiligen Vorschriften.[373]

Vorherige Studien berichten, dass die Informiertheit der Verkehrsteilnehmer über die bestehenden gesetzlichen Straßenverkehrsvorschriften relativ hoch gegenüber anderen Delikten sei,[374] während die Kenntnis des gesetzlichen Strafrahmens eher geringer ist.[375] Alle Teilnehmer im Straßenverkehr müssen vor dem Antritt des Fahrens ihre Kenntnis der Verkehrsvorschriften nachweisen. Für das Autofahren ist der Besitz eines Führerscheins zwingend erforderlich,[376] weshalb das Bestehen einer Fahrprüfung sowohl praktisch als auch theoretisch notwendig ist. Bei der Fahrprüfung müssen „ausreichende Kenntnisse der für den Führer eines Fahrzeugs maßgebenden gesetzlichen Vorschriften“[377] nachgewiesen werden. Zudem sind auch der Inhalt und die Vollzug der Sanktionsandrohung durch die Fahrschulausbildung erkennbar.[378] Darüber hinaus erwerben die meisten Autofahrer gute Kenntnisse des Straßenverkehrsrechts durch direkte sowie indirekte Erfahrungen; die Autofahrer wissen Bescheid, dass im Falle eines bestimmten Verstoßes Geldbußen verhängt wird oder ein Eintrag in das Punktesystem im Verkehrszentralregister erfolgt, z. B. bei den üblichen Verstößen gegen das Parkverbot oder bei Geschwindigkeitsübertretungen usw.

Kraftfahrer haben ein grundsätzliches Interesse an der Regulierung der Autofahrer. Sie verdichten ihre Kenntnisse auch auf indirekte Weise, etwa durch Bekannte und Medien. Es ist daher davon auszugehen, dass Kraftfahrer die Normen und Sanktionen des Straßenverkehrs beherrschen.[379]

4. Entdeckungsrisiko

Das Element „Entdeckungsrisiko“ ist der Kern der Kosten-Nutzen-Abwägung in der Theorie der negativen Generalprävention.[380] Die Entdeckungswahrscheinlichkeit wird wiederum in das objektive Entdeckungsrisiko und die Einschät-

---

373 Pfeiffer/Hautzinger, Auswirkungen, S. 11.

374 Hassemer/Hart-Hönig, Generalprävention im Straßenverkehr, S. 242 f.; Hassemer, Einführung, S. 287 f.; Herberger, Normbekräftigung, S. 88 f.; Karstedt, Normbindung, S. 142; Pfeiffer/Hautzinger, Auswirkungen, S. 11.

375 Pfeiffer/Hautzinger, Auswirkungen, S. 11; Coors, Die Generalprävention, S. 114, 118; Karstedt, Normbindung, S. 142.

376 § 2 StVG; § 83 kStVG.

377 §§ 4, 11, 11 II Nr. 1 StVZO; §§ 80, 83 kStVG.

378 Herberger, Normbekräftigung, S. 88.

379 Hassemer/Hart-Hönig, Generalprävention im Straßenverkehr, S. 242 f.

380 Vgl. Dölling, Strafeinschätzungen, S. 51, 75; NK-StGB-Hassemer/Neumann, Vorbem. § 1 Rn. 284; Eisenberg, Kriminologie, § 41 Rn. 8 f.

zung des subjektiven Entdeckungsrisikos unterschieden.[381] Zu dem vom Verkehrsteilnehmer wahrgenommenen subjektiven Entdeckungsrisiko gehören Kenntnisse, Erfahrungen und Wahrnehmungen des objektiven Entdeckungsrisikos.[382] Zur Wahrnehmung des generellen und persönlichen Strafrisikos sind direkte oder indirekte Erlebnisse mit der Folge von Sanktionen bedeutsam.[383] Bei indirekten Quellen spielen nahe Quellen, etwa Freunde, Bekannte usw., eine größere Rolle als entferntere Quellen, wie etwa die Medien.[384] Das subjektive Entdeckungsrisiko verringert sich, wenn normabweichendes Verhalten wiederholt nicht bemerkt wird.[385]

Die Präventionswirkung des Entdeckungsrisikos wurde durch Untersuchungen bestätigt: In der Studie *Riley*s waren das Risiko der Sanktionen als Grund des Aufgebens des Alkoholkonsums angegeben.[386] *Dölling*s Studie bejaht ebenfalls teilweise die positive Wirkung des Entdeckungsrisikos. Sie zeigt, dass die Wahrnehmung des Entdeckungsrisikos eine größere Wirkung im Vergleich zur Einschätzung der Strafschwere hat, wenn das allgemeine Entdeckungsrisiko niedrig eingeschätzt wird.[387]

5. Kontrolldichte

In einigen Studien[388] wurde die positive Wirkung einer dichten polizeilichen Kontrolle auf die Normbefolgung bestätigt. Bei der Untersuchung von *Machemer u. a.* wurde eine intensivierte Verkehrsüberwachung gegen Geschwindigkeitsüberschreitung durchgeführt. Starke polizeiliche Präsenz gab es dreimal wöchentlich in einem begrenzten Zeitraum in drei Gemeinden zu nicht vorhersehbaren Zeiten an unterschiedlichen Orten mit Anhaltekommandos.[389] Dadurch wurden in allen drei Gemeinden kurzfristig deutliche Reduzierungen der Geschwindigkeitsüberschreitungsraten erzielt.[390] In der langfristigen Sicht wurden die Erwartungen jedoch nur zum Teil erfüllt:[391] In einer von drei der untersuch-

381 Karstedt, Normbindung, S. 137; Pfeiffer/Hautzinger, Auswirkungen, S. 14.

382 Karstedt, Normbindung, S. 137 ff.

383 Karstedt, Normbindung, S. 144.

384 Karstedt, Normbindung, S. 137.

385 Pfeiffer/Hautzinger, Auswirkungen, S. 14.

386 Zur Studie von Riley siehe oben A.

387 Dölling, Strafeinschätzungen, S. 75.

388 Riley, Drinking and Driving, S. 17 ff.; Machemer u. a., Delegierte Belohnung und intensivierte Verkehrsüberwachung, S. 34 ff.

389 Machemer u. a., Delegierte Belohnung und intensivierte Verkehrsüberwachung, S. 10 ff.

390 Machemer u. a., Delegierte Belohnung und intensivierte Verkehrsüberwachung, S. 34 ff.

391 Machemer u. a., Delegierte Belohnung und intensivierte Verkehrsüberwachung, S. 44 ff.

ten Gemeinden wurde in der Nachmessungsphase ein deutlicher Anstieg der Geschwindigkeitsüberschreitungsraten beobachtet. In den anderen beiden Gemeinden ist zwar ebenfalls ein kleiner Anstieg der Raten gegenüber der Interventionsphase zu erkennen, sie blieben jedoch deutlich unter den Werten der Basismessung.

Über den Zusammenhang zwischen der polizeilichen Überwachungskontrolldichte und Entdeckungsrisiko sind die Meinungen unterschiedlich. *Klette* sieht einen eindeutigen Zusammenhang zwischen der polizeilichen Überwachungskontrolldichte und subjektiven Einschätzungen des Entdeckungsrisikos:[392] Die wahrgenommene polizeiliche Überwachungskontrolldichte bringt Überschätzungen des Entdeckungsrisikos hervor.

Im Gegensatz dazu verneint *Riley* eine solche Beziehung. In *Rileys* Untersuchung ergibt sich zwar aus der hohen Kontrolldichte eine bessere Präventionswirkung auf das Fahren unter Alkoholeinfluss.[393] Aber der Grund für die Verhaltensunterschiede zwischen Regionen mit dichten und solchen mit geringen Kontrollen ist nicht im hohen Entdeckungsrisiko zu finden.[394] Vielmehr beeinflussten die dichten Kontrollen den sozialen Druck gegen normabweichendes Verhalten und erzeugten ein größeres Bewusstsein für die erhöhte Unfallgefahr durch Alkoholkonsum.[395]

6. Positive und negative Konsequenzen bei Befolgung (Motivation)

Vor- und Nachteile der Regelbefolgung sind auch ein Kriterium zur Beurteilung der Normbefolgung oder -überschreitung. Eine geringere Beanspruchung des Fahrers oder weniger Benzinverbrauch beim Fahren mit niedrigem Tempo sowie der Sicherheitsgewinn durch das Gurtanlegen sind Beispiele für positive Resultate bei einer Normbefolgung. Zu den negativen Konsequenzen der Normbefolgung können etwa das Hupen oder Drängeln von nachfolgenden Fahrzeugen bei Einhaltung der Höchstgeschwindigkeit gerechnet werden.

Die Untersuchung von *Machemer u. a.* (1995) dokumentiert, dass für die Normbefolgung eine indirekte finanzielle Belohnung teilweise behilflich ist.[396] In der Untersuchung wurde eine „delegierte Belohnung" in Höhe von 5.000 DM für das Erreichen eines bestimmten Ziels im Straßenverkehrsverhalten (die Verringerung der Geschwindigkeitsüberschreitungen um mehr als 10 % gegenüber

---

392 Klette, Legal sanctioning systems, S. 95 ff.; Karstedt, Normbindung, S. 138 f.

393 Riley, Drinking and Driving, S. 17 ff.; Zur Rileys Studie siehe oben II, A.

394 Riley, Drinking and Driving, S. 31 ff.

395 Riley, Drinking and Driving, S. 47.

396 Machemer u. a., Delegierte Belohnung und intensivierte Verkehrsüberwachung, S. 3.

früheren Quoten in sechs Wochen) in einem regionalen Kreis ausgesetzt. Es wurde geplant, das Geld für öffentliche Interessen (wie den Kindergarten) zu nutzen.[397] In dieser Studie war die Belohnung in einem von drei Fällen offenbar tauglich. In einem Ort wurde der Anteil der Geschwindigkeitsübertretungen um 10 % reduziert. In der zweiten Region hatte die Belohnung keine Wirkung. Im dritten Fall wurde eine geringe Abnahme der Übertretungen festgestellt.[398] In dem Ort, in dem die Belohnung eine erfolgreiche Reduzierung erzeugte, war die Dauer der positiven Auswirkung auf das Legalverhalten langfristig.[399]

7. Normakzeptanz beim Bürger

Für die Normbefolgung ist auch bedeutend, ob die Adressaten die betreffenden Normen als sinnvoll und legitim betrachten. Die Untersuchungen weisen darauf hin, dass die Normen, die von Bürgern als weniger wichtig eingestuft werden, fast nie befolgt werden.[400] Im Umkehrschluss ist die moralische Verbindlichkeit der Norm der entscheidende Faktor für die Normbefolgung.[401]

Für die Normbildung spielt das *soziale Umfeld* des potentiellen Täters eine ausschlaggebende Rolle. Zum sozialen Umfeld gehören Bezugspersonen, Freunde, Peer Groups, Verwandte oder sonstige „relevante Andere“ usw.[402] Die Hypothese, dass eine negative Bewertung der unerwarteten Handlungsweise durch die Umwelt das Abhalten des potentiellen Täters von der Normabweichung beeinflusst, wurde durch eine Reihe von Untersuchungen bestätigt.[403] Für poten-

397 Ebenda. Zum Konzept der „delegierten Belohnung“ näher Machemer u. a., Delegierte Belohnung und intensivierte Verkehrsüberwachung, S. 20 f.

398 Machemer u. a., Delegierte Belohnung und intensivierte Verkehrsüberwachung, S. 23 ff., 35.

399 Machemer u. a., Delegierte Belohnung und intensivierte Verkehrsüberwachung, S. 44.

400 Albrecht, Die generalpräventive Effizienz, S. 320; Dölling, Strafeinschätzungen, S. 55.

401 Pfeiffer/Hautzinger, Auswirkungen, S. 12; Schöch, Göttinger Generalpräventionsforschung, S. 236; Smettan, Kriminelle Bereicherung, S. 197 ff.; Eisenberg Kriminologie, § 41 Rn. 7; Dölling, Strafeinschätzungen, S. 73 f.; Schöch, Generalprävention, S. 1090, 1099.

402 Schulte, Handlungssteuernde Wirkungen, S. 138; Schumann, Empirische Beweisbarkeit, S. 27 f.; Eisenberg, Kriminologie, § 41 Rn. 4, 7; Funcke-Auffermann, Symbolische Gesetzgebung, S. 83; Hörnle, Tatproportionale Strafzumessung, S. 82; Bönitz, Strafgesetze und Verhaltenssteuerung, S. 174 ff.; Smettan, Kriminelle Bereicherung, S. 197 ff.; Albrecht/Dünkel/Spieß, MSchKrim 1981, 313.

403 Vgl. hierzu etwa Foglia, Journal of Research and Crime Delinquency 34 (1997), 427 f., 433; Eisenberg, Kriminologie, § 41 Rn. 7; Albrecht, Die generalpräventive Effizienz, S. 305 ff.; Silberman, American Sociological Review 1997, 442 ff.; Tittle, Social Forces 55/1977, 579 ff.

tielle Täter ist die von ihm vermutete Reaktion und Bewertung der Familie, etwa der Eltern, der Freunden oder der favorisierten Menschen bei Bekanntwerden der Begehung relevant.[404] Nach der divergierenden Ansicht von *Schöch* spielt das soziale Umfeld – etwa die geschätzte Delinquenz im Bekannten- und Freundeskreis – die wichtigste Rolle für ein normabweichendes Verhalten, aber nicht zur Normeinhaltung.[405] Trotzdem sei die Persönlichkeit der Entscheidungsträger neben den situationsbedingten Gegebenheiten von stärkerem Einfluss.[406]

Die Studie von *H.-J. Albrecht* (1980)[407] begründet die moralische Verantwortung als sinnvolle Eigenschaft bei der Entscheidung der Normbefolgung oder -überschreitung. Aus der Umfrage unter der männlichen Bevölkerung in Baden-Württemberg ergibt sich, dass die moralische Verbindlichkeit die künftige leichte Delinquenz oder Verstöße gegen soziale Normen stark beeinflusst.[408] Hierbei erwies sich, dass die Sanktionsabschreckung dagegen kaum oder gar nicht funktioniert, wenn die Normbindung der Adressaten schwach ist.[409]

Die Analyse der Trunkenheitsfahrten in Thüringen, also im ehemaligen DDR-Gebiet, nach der Gesetzesänderung des Alkoholverbots nach der Wiedervereinigung[410] ist ein weiterer Beleg für die moralische Verbindlichkeit der Norm als aussagekräftiges Kriterium: Wegen der Notwendigkeit der Gesetzesgleichstellung nach der Wiedervereinigung Deutschlands wurde am 1.1.1993 der Grenzwert für Alkohol im Straßenverkehr, der im DDR-Gebiet bei 0,0 Promille gelegen hat, auf 0,8 Promille angehoben. Trotzdem war die Normkonformität des „absoluten" Alkoholverbots im Straßenverkehr in Thüringen weiterhin vorhanden. Der Grund der Rechtskonformität ist in der Einwirkung des sozialen Umfelds zu finden. Diesbezüglich meint *Schumann*, dass das „Strafrecht [...] möglicherweise nur insoweit zur Herausbildung und Stabilisierung von Dispositionen" beiträgt, „als im sozialen Nahraum Übermittler und Verstärker der Botschaften des Strafrechts aktiv sind".[411] In der Untersuchung blieb bei jungen Fahrern ausnahmsweise die Normkonformität nicht erhalten. Diese Erscheinung wird so analysiert, dass die Normakzeptanz der früheren Rechtsnorm des abso-

---

404 Bönitz, Strafgesetze und Verhaltenssteuerung, S. 174 ff.

405 Schöch, Göttinger Generalpräventionsforschung, S. 236.

406 Smettan, Kriminelle Bereicherung, S. 197 ff.

407 Albrecht, Die generalpräventive Effizienz, S. 305 ff.

408 Albrecht, Die generalpräventive Effizienz, S. 318.

409 Albrecht, Die generalpräventive Effizienz, S. 320.

410 Dazu näher oben A. Schöch, DAR 1996, 44 ff.; Noelle-Neumann, ZRS 16 (1995), 139 f., 146; Krüger/Schöch/Vollrath/Löbmann, Die Auswirkung der Erhöhung der Promillegrenze, S. 121 ff., 138; Schumann, Empirische Beweisbarkeit, S. 25 ff.

411 Schumann, Empirische Beweisbarkeit, S. 27 f.

luten Alkoholverbots bei jungen Fahrern und Fahranfängern bis zur Gesetzesänderung noch nicht gefestigt war.[412]

Normakzeptanz der Bürger kann durch eine dichte polizeiliche Kontrolle gewährleistet werden.[413] Ausgedehnte polizeiliche Kontrollen üben einen Druck auf das normabweichende Verhalten aus. Dadurch wird gesellschaftliche Aufmerksamkeit geweckt.

Die „Gefährlichkeit“ fungiert wiederum zur Norminternalisierung: Die höhere Gefährlichkeit des normabweichenden Tatbestands festigt die normative Bindung der Bürger an die Verkehrsvorschriften noch stärker.[414] Diese These wird von dem Ergebnis von *Riley* unterstützt, indem die Gefährlichkeit der Verkehrsunfälle von weiblichen Fahrern als Hauptgrund des Aufgebens des Trinkens von Alkohol angegeben wurde.[415]

Zudem lässt sich die Beziehung zwischen Sanktionen und Normakzeptanz durch die vom Verkehrszentralregister gezeigte sogenannte „J-Kurve“ im Diagramm über den Effekt des institutionellen Zwangs zu normgerechten Verhalten belegen. Die J-Kurve bedeutet einen langfristigen positiven Effekt erst nach einer kurzfristigen negativen Bilanz, eben wie beim Buchstaben „J“.[416] Nachdem eine bestimmte Zuwiderhandlung festgestellt, mit einer Sanktion belegt wird und in kurzer Zeit eine abgenötigte Normbefolgung erscheint, wächst anschließend die Normkonformität langfristig an, vor allem bei Erst- und Gelegenheitstätern des Verkehrszentralregisters.[417] Dies wird so analysiert, dass ein Sanktionseinsatz eine deutliche Warnfunktion hat.[418] Die Warnfunktion legt „bereits sozialisierte Bürger“ zugrunde,[419] die Verhaltensnormen gegenüber empfangsbereit und -fähig sind.[420]

---

412 Schumann, Empirische Beweisbarkeit, S. 27.

413 Riley, Drinking and Driving, S. 13 f.

414 Shoham, Internalisation of Norms, S. 143 ff.; Pfeiffer/Hautzinger, Auswirkungen, S. 12 mit dem Nachweis von israelischen Verkehrsvorschriften.

415 Riley, Drinking and Driving, S. 13 f.

416 Zur J-Kurve näher vgl. Kaiser, Lehrbuch, § 31 Rn. 45; ders., Kriminologie, S. 134 f.

417 Funcke-Auffermann, Symbolische Gesetzgebung, S. 84.

418 Ein Beispiel ist der Anstieg der Anlegequote des Sicherheitsgurts seit der Einführung der Bußgeldahndung bei Normverstoß. Funcke-Auffermann, Symbolische Gesetzgebung, S. 84, Fn. 101. Zur Geschichte der Sanktion und Statistik der Sicherheitsgurte siehe unten IV, C.

419 Funcke-Auffermann, Symbolische Gesetzgebung, S. 84.

420 Im Gegensatz zum Fall des Ersttäters des Verkehrsregisters sind viele Täter, insbesondere bei extremer Kriminalität, wie Rückfalltäter bei Sexualdelikten wenig „empfangsbereit und -fähig“. Kaiser, Strategien, S. 18; Funcke-Auffermann, Symbolische Gesetzgebung, S. 84.

Es wird davon ausgegangen, dass die positive Generalprävention nicht strikt von der negativen Generalprävention abgegrenzt werden darf. Denn einige Merkmale der Abschreckung, etwa die Dichte polizeilicher Kontrollen und der Sanktionseinsatz, tragen dazu bei, dass eine positive Normakzeptanz der Bürger erreicht wird.

8. Ergebnis

Zuerst wird durch das Erfassen der für Normbefolgung und -übertretung wirkenden Faktoren mitgeteilt, dass sich aus Untersuchungen der Wirkung einzelner Faktoren sowohl ein positives als auch ein negatives Ergebnis ergibt. Die jeweiligen Faktoren beeinflussen sich alle gegenseitig. Zudem variiert das Ergebnis nach anderen Variablen, wie Deliktart, Gegenstand der Untersuchung (Geschlecht, Alter der potentiellen Täter), Region, kurz- und langfristige Wirkung usw. Daher lässt sich keine „absolute" Wirkung von einzelnen Faktoren behaupten.

Des Weiteren stehen sich die Theorie der negativen Generalprävention und der positiven Generalprävention in der Präventionspraxis nicht ausschließend gegenüber. Vielmehr ergänzen sich beide Arten der Prävention. Ab und zu wirken die als Abschreckung funktionierenden Variablen, wie etwa eine dichte Kontrolle, wiederum zur Normverinnerlichung der Bürger.

Zusammengefasst bedeutet dies, dass die Normeinhaltung der Bürger in der multiplen Wirkung von verschiedenen Variablen liegt: Häufig wirken mehrere Faktoren als Hintergrund des Legal- oder Abweichungsverhaltens zusammen, wobei die überwiegenden und die nebensächlichen Elemente von Fall zu Fall unterschiedlich sind. Außerdem wirken in der Praxis die negative und die positive Theorie manchmal gemeinsam zur Prävention. Aus diesem Grund ist nicht zu behaupten, dass allein eine positive oder allein eine negative Generalprävention wirksam ist und dass die jeweils andere nur eine „Täuschung" ist. Es wird die These aufgestellt, dass die Normeinhaltung der Bürger am besten durch den kooperativen Einsatz der negativen Kontrollpolitik und durch positive generalpräventive Mittel erfolgreich verwirklicht werden kann.

III. Bemühungen um die richtige Generalprävention

Auf der Grundlage der oben angeführten These werden im Folgenden die Elemente näher betrachtet, die für eine wirksame und richtige Generalprävention im Straßenverkehr berücksichtigt werden müssen.[421]

A. Erhöhung der Informiertheit

Eine Erhöhung der Informiertheit ist deshalb sinnvoll, weil sie positiv auf die Normbefolgung wirkt und weil sie kaum eine negative Wirkung hat, wie beispielsweise der Freiheitsentzug. Daher wird das Bemühen um eine Erhöhung der Informiertheit als wichtiges und effektives Mittel zur Steigerung der Präventionsleistung gezählt.

Für das Erwerben der Kenntnisse über die Sanktionen können generell zwei Kanäle angewendet werden: Durch indirekte Quellen und durch die eigenen Erfahrungen mit Sanktionen und Kontrollen.[422]

Als die indirekte Quelle zu benennen sind die informellen zwischenmenschlichen Quellen wie Freunde, Familie und Verwandte, soziales Netzwerk und die formale institutionelle Quelle wie Massenmedien.[423]

In Bezug auf die Überwachungsintensität wirkt sich die eigene Erfahrung bei einer höheren Kontrollintensität auf die subjektive Entdeckungswahrscheinlichkeit aus. Denn die Erhöhung der objektiven Entdeckungswahrscheinlichkeit verstärkt die eigene Erfahrung des Kontrollerlebnisses.[424] Es ist daher zu erwarten, dass eigene Sanktionserfahrungen den Grad der Informiertheit über die Strafhöhe stärker beeinflussen als andere Elemente, wie Massenmedien oder Erzählungen im zwischenmenschlichen Kreis.[425] Zu berücksichtigen ist jedoch, dass die Überwachungsintensitätserhöhung eingeschränkt werden muss, weil eine unbedachte Erhöhung der Kontrollintensität Formalien verletzen könnte.[426]

---

421 Der Ansatz zu dieser Überschrift ist Hassemer/Hart-Hönig, Generalprävention im Straßenverkehr, S. 255 ff.

422 Parker/Grasmick, Criminology 17 (1979), 366 ff.; Karstedt, Normbindung, S. 137.

423 Dies wird jeweils unten im B und C näher ausgeführt.

424 Pfeiffer/Hautzinger, Auswirkungen, S. 11.

425 Ebenda.

426 Zur Formalisierungsforderung siehe unten F.

B. Einschalten der Bezugsgruppe

Normadressaten befinden sich im unmittelbaren Einflussbereich ihres sozialen Umfelds: Freunde, Familie und Verwandte, soziales Netzwerk on- oder offline.[427] Bezugsgruppen haben auf zweierlei Weise einen Einfluss auf das Legalverhalten. Zunächst fungiert die Bezugsgruppe als Quelle der Informiertheit: Die Normadressaten erhalten die meisten Informationen über die Existenz und die Inhalte der Verkehrssanktionen in der Bezugsgruppe. Darüber hinaus kann über das Risiko bei Verstößen gegen Verkehrsvorschriften in indirekter Weise informiert werden. Zum Beispiel kann über die Bezugsgruppe darauf hingewiesen werden, wie der Kindersitz bei den Unfällen funktionierte oder welche gefährliche Situation sich bei einem Unfall ereignet.

Ferner kann die Erwartungshaltung aus der Bezugsgruppe auch eine positive Wirkung auf die Normaufrechterhaltung haben. Die vermutete negative Bewertung einer unerwarteten Handlungsweise durch die Bezugsgruppe fördert das Legalverhalten.[428] Die Bewertung und Reaktion einer Bezugsgruppe, etwa Eltern, Freunde oder andere relevante Personen, beim Erkennen der (potentiellen) Tat beeinflussen die Tatentscheidung der potentiellen Täter.[429] Beachtlich ist der negative Einfluss der Bezugsgruppe, insbesondere Freundeskries bei der Entscheidung über eine Normabweichung im Vergleich zur Entscheidung über eine Normeinhaltung.[430]

C. Medienvermittlung und Kampagne

Eine wichtige Voraussetzung für die Wirksamkeit von Sanktionen kann darin gesehen werden, dass die Sanktionen den Fahrern bekannt sind. Ein nicht unbet-

427 Schulte, Handlungssteuernde Wirkungen, S. 138; Schumann, Empirische Beweisbarkeit, S. 27 f.; Eisenberg, Kriminologie, § 41 Rn. 4; Funcke-Auffermann, Symbolische Gesetzgebung, S. 83; Foglia, Journal of Research and Crime Delinquency 34 (1997), 427 f., 433.

428 Schulte, Handlungssteuernde Wirkungen, S. 138; Schumann, Empirische Beweisbarkeit, S. 27 f.; Eisenberg, Kriminologie, § 41 Rn. 4. Funcke-Auffermann, Symbolische Gesetzgebung, S. 83; Hörnle, Tatproportionale Strafzumessung, S. 82; Bönitz, Strafgesetze und Verhaltenssteuerung, S. 174 ff.; Smettan, Kriminelle Bereicherung, S. 197 ff.; Albrecht/Dünkel/Spieß, MSchKrim 1981, 313; Eisenberg, Kriminologie, § 41 Rn. 7; Foglia, Journal of Research and Crime Delinquency 34 (1997), 427 f., 433; Albrecht, Die generalpräventive Effizienz, S. 305 ff.; Silberman, American Sociological Review 1997, 442 ff.; Tittle, Social Forces 55/1977, 579 ff.

429 Bönitz, Strafgesetze und Verhaltenssteuerung, S. 174 ff.

430 Schöch, Göttinger Generalpräventionsforschung, S. 236.

rächtlicher Teil der betroffenen Personen besitzt noch nicht einmal eine ungefähre Vorstellung von den derzeit gültigen Strafmaßen. Diese mangelnde Informiertheit der Autofahrer über die Sanktions-(höhen) sollte mit der Hilfe der Medien überwunden werden. Neben dem Informieren über das Vorhandensein der Sanktionen ist es auch die Aufgabe der Medien, über den Sinn und die Wichtigkeit der Norm zu informieren und die Bürger davon zu überzeugen, wie wichtig es ist, die Normen einzuhalten (Rechtfertigung der Norm und der dazugehörigen Normanerkennung).

Trotzdem muss auch die nachteilige Wirkung der Medien sorgfältig beachtet werden. In der heutigen „Mediengesellschaft", die unter der Wirkung der Massenkommunikation steht[431] und durch die Medialisierung geprägt wird,[432] ist das Risiko üblich, dass die „vierte Gewalt" die grundrechtlich schutzwürdige Sache durch irrationalen politischen Druck in Frage stellt.[433]

Eine Kampagne ist eine klassische wirkungsvolle Mitteilungsart. Im Bereich des Straßenverkehrs werden viele Kampagnen gegen Verkehrsdelikte durchgeführt. Die durch die gesetzliche Unfallversicherung geleitete Kampagne „Risiko raus"[434] soll mehr Sicherheit im Straßenverkehr erreichen. Einer der ältesten und größten deutschen Vereine, „Die Deutsche Verkehrswacht" (DVW),[435] zielt auch auf mehr Verkehrssicherheit sowie auf die Verringerung der Anzahl der Verkehrsunfälle ab. Mittels des eigenen Magazins „Mobil und Sicher"[436] informiert die DVW Verkehrsspezialisten und Bürger über weitere Studien über die Verkehrssicherheit und deren Statistik. Die Kampagnen der DVW thematisieren durch verschiedene Simulationsprogramme die Geschwindigkeitserfahrung, Gurtanlegen und Trunkenheit. Dies hat den Zweck, dass Bürger auf indirekte Weise das Verkehrsrisiko erfahren. Auch am „Tag der Verkehrssicherheit"[437] fanden verschiedenartige Veranstaltungen statt; Besucher konnten vorbereitete Programme zur Verkehrssicherheit erfahren. Beispielsweise wurde durch Rauschbrillensimulation über die Gefahr der Trunkenheit am Steuer informiert. Die Präventionskampagnen gegen Alkoholkonsum und Fahren unter Alkohol

---

431 Holtz-Bacha, APuZ B 41-42/2001, 20.

432 „Medialisierung" bezeichnet die Wechselwirkung zwischen Medien und Ereignissen, dazu näher Schade, Kommunikations- und Mediengeschichte, S. 49 ff.; Prittwitz, Kriminalpolitik in der Mediengesellschaft, S. 576 f.

433 Prittwitz, Kriminalpolitik in der Mediengesellschaft, S. 585. Zur Aufgabe und heutigen Wirkung der Medien näheres unten Kap. 5, II.

434 <www.risiko-raus.de> (Zugriff am 8.10.2010).

435 <http://www.deutsche-verkehrswacht.de> (Zugriff am 8.10.2010).

436 <http://www.mobilundsicher.de> (Zugriff am 8.10.2010).

437 <http://www.tag-der-verkehrssicherheit.de> (Zugriff am 8.10.2010).

„BOB"[438] und „Ich bin dein Schutzengel"[439] sind speziell für Jugendliche angelegt. Darüber hinaus informiert die Kampagne „Don't drug and drive"[440] vom Gesamtverband der deutschen Versicherungswirtschaft über Drogen- und Medikamenteneinfluss und das daraus folgende strafverfahrensrechtliche Ereignis.

D. Technische Prävention

Traditionell wird die Art der Prävention in „normativer Weise" ausgeführt,[441] nämlich durch Eingriffe in die Freiheitsrechte der Bürger, etwa durch die Erweiterung der Straftatbestände, die Verschärfung der Sanktionshöhe oder die Verdichtung der Ermittlung. Aber diese normative Methode hat zwei Schwachpunkte:[442] Erstens, das positive Ergebnis kann nicht sicher erreicht werden. In manchen Fällen erhält man also kein erfolgreiches Ergebnis. Zweitens, trotz dieses unsicheren Ergebnisses werden die Verletzung der Grundrechte und weitere Freiheitseinschränkungen der Bürger in Kauf genommen. Aus diesem Grund wird großen Wert auf „technische Prävention" gelegt. Unter der „technischen Prävention" versteht man eine Präventionsmethode, die weder normativ wirkt noch durch Bedrohung symbolisiert wird, sondern einfach durch die Bindung an materielle Mittel ihre Wirkung zeigt und damit tatsächlich der Vorbeugung dient.[443] Da die technische Prävention eine Art der Verlegung des schärferen Mittels des Sanktionsrechts ist, bezieht sie sich auf das „*ultima-ratio*"-Prinzip.

Hassemer tritt dafür ein, normative Prävention teilweise und möglichst weitgehend durch technische oder organisatorische Prävention zu substituieren.[444]

Dagegen wird von *Tiedemann* Kritik geübt, insbesondere im Bereich der Wirtschaftskriminalität.[445] Nach *Tiedemann* solle das Subsidiaritätsprinzip des

---

438 <www.aktion-bob.de> (Zugriff am 8.10.2010).

439 <http://www.ich-bin-dein-schutzengel.de> (Zugriff am 8.10.2010).

440 <http://www.dont-drug-and-drive.de> (Zugriff am 8.10.2010).

441 Hassemer, StV 1995, 489.

442 Ebenda.

443 Hefendehl, NJ 2006, 17; Hassemer, StV 1994, 333 (336).

444 Hassemer, StV 1995, 489, ders., StV 1994, 336 f., sowie ders., Welche Zukunft hat das Strafrecht?, S. 158 ff. Diese Ansicht entwickelt Hassemer nach dem Konzept des „Interventionsrechts", vor allem für organisierte Kriminalität, Massenkriminalität, Umwelt- und Wirtschaftskriminalität. Dazu näher ders., StV 1995, 490; ders., Welche Zukunft hat das Strafrecht?, S. 158 ff.; ders., Produktverantwortung im modernen Strafrecht, S. 22 ff.; ders., ZRP 1992, 383.

445 Tiedemann, Wirtschaftsstrafrecht und Wirtschaftskriminalität 1 – AT, S. 79 ff.

Strafrechts in zweierlei Hinsicht eingeschränkt werden.[446] Zuerst geht er davon aus, dass die nicht-strafrechtlichen Präventionsmittel keine Kraft haben, die Entstehung der Wirtschaftskriminalität zu verhindern. Da die Wirtschaftskriminalität in angemessener Weise verfolgt und geahndet werden soll und da die „strafrechtliche Güterordnung“ doch Wert habe, sei es überzeugend, „gravierende Beeinträchtigungen sozialer Interessen auch unabhängig von der außerstrafrechtlichen Prävention unter Strafe zu stellen“.[447] Zweitens – dies sei ein wichtiger Grund –, das Strafrecht solle in Form der abstrakten Abschreckungsprävention einen geringeren Eingriff in die bürgerliche Freiheit sein als andere außerstrafrechtliche Maßnahmen.[448]

Trotz der Kritik ist die technische Prävention oder die nicht-normative Methode von Bedeutung. Technische Prävention kann zwar als eine weitere Einschränkung der Freiheit der Adressaten bewertet werden.[449] Denn die nicht-strafrechtlichen Institutionen betreffen alle Bürger, während das Strafrecht ein ausgewähltes Verhalten der Täter sanktioniert. Aber die technische Prävention ist nach der Behauptung von *Hassemer* kein sofortiger und vollständiger Ersatz für die normative Prävention.[450] Der Einsatz der technischen Prävention wird dadurch gerechtfertigt, dass die normative Prävention damit kaum belastet wird und dass die freiheitsgewährenden Grundsätze und die gesellschaftliche Sicherheit gewährleistet bleiben.[451]

Technische Prävention kann in mehreren Bereichen eingeführt werden, z. B. im Bereich der Wirtschaftskriminalität[452] und in der Drogenpolitik als gesundheitspolitisches Instrument.[453] Im Bezug auf das Auto, aber nicht im Bezug auf das Straßenverkehrsrecht, wird sie z. B. bei der Entwicklung von technischen Schutzvorrichtungen gegen Diebstahl eingesetzt. Dadurch können Straftaten grundsätzlich vermieden werden, bevor sich ein Autodiebstahl ereignet und der Dieb dann verfolgt und bestraft wird.

Im Straßenverkehr wird die technische Prävention ebenfalls begrüßt. Denn der Zweck der Straßenverkehrsregeln – Verkehrsflüssigkeit und Verkehrssicherheit[454] – kann mit der Anwendung der technischen Prävention teilweise ohne normativen Eingriff gegen Bürger erreicht werden. Technische Prävention im

---

446 Tiedemann, Wirtschaftsstrafrecht und Wirtschaftskriminalität 1 – AT, S. 79.
447 Ebenda.
448 Ebenda; Schünemann, Alternative Kontrolle der Wirtschaftskriminalität, S. 632.
449 Ransiek, Unternehmensstrafrecht, S. 249.
450 Hassemer, StV 1994, 336.
451 Ebenda.
452 Dazu nähere Beispiele vgl. Hassemer, StV 1995, 489; ders., StV 1994, 336 f.
453 Hassemer, StV 1995, 489.
454 Grewe, Straßenverkehrsdelinquenz, S. 37.

weiteren Sinn umfasst die Gestaltung oder Umformung der Verkehrsstruktur. Ein gutes Beispiel ist das Ampelsystem, dass das richtige Halten der Kraftfahrzeuge vor einem Fußgängerübergang gewährleistet. In Südkorea wird die Vorschrift des Haltens an einem Fußgängerüberweg weitgehend nicht befolgt. Daher gibt es viele Ahndungen und Kampagnen. Diese Probleme könnten auf eine einfache Weise und ohne bürgerliche Freiheitsbegrenzung mit der technischen Prävention gelöst werden. Das deutsche Ampelsystem ist das Vorbild: Ampeln in Deutschland werden direkt neben der Haltelinie vor dem Fußgängerübergang eingerichtet, somit können die Autos die Haltelinie nicht überfahren, weil sonst die Fahrer die Ampel nicht mehr sehen könnten. In Südkorea werden alle Ampeln weiter vorne eingerichtet, was eine häufige Haltelinienüberschreitung verursacht, weil man trotz der Überschreitung der Haltelinie die Ampel sehen kann. Durch die Umgestaltung des gegenwärtigen Ampelsystems in Südkorea könnte die Normeinhaltung ohne normativen Eingriff erreicht werden. In diesem Fall gibt es keine weitere Einschränkung der bürgerlichen Freiheit.

Zudem erwähnenswert wäre die Ausstattung mit einem satellitengesteuerten Intelligent Speed Adaption-System, die zur Prävention der Geschwindigkeitsüberschreitung dienen könnte.[455] Der Einsatz atemalkoholgesteuerter Wegfahrsperren, sogenannter Alkohol-Interlock, wäre auch erwähnenswert, was jedoch im Ergebnis abzulehnen ist.[456]

Außerdem ist die technische Entwicklung auf dem Gebiet Straßenverkehr sicher ein Schlüssel zur Unfallvermeidung. Der „Unfall" an sich ist zwar nicht kriminell, aber einige Straftatbestände werden erst nach dem Ereignen eines Unfalls sanktioniert.[457] Zudem gehört die Verkehrssicherheit auch zu den wichtigen Rechtfertigungsgründen von zahlreichen Straßenverkehrsnormen. Aus diesem Grund ist die Unfallprävention durch Technik ebenfalls bedeutsam. Tatsächlich ist eine Abnahme der Todesfolge bei Verkehrsunfällen trotz der großen Zunahme der Anzahl der Autos sowohl in Deutschland als auch in Südkorea[458] den hervorragenden Leistungen der modernen Autotechnik zu verdanken. Daher kann eine verpflichtende Einführung dieser technischen Entwicklungen überlegt werden, z. B. neu entwickelte Brems- oder Schutzvorrichtungen, Fahrerassistenzsysteme zur Unfallverhinderung, verbesserte Unterfahrschutzeinrichtungen

455 Hofreiter, Vision Zero, S. 4.

456 Zur Diskussion über Einsatz von „Alkohol-Interlocks" siehe näher unten IV, B, 2.

457 Durch das Eintreten eines Verkehrsunfalls wird die fahrlässige Tötung und Körperverletzung (§§ 222, 229 StGB), die fahrlässige Tötung und Köperverletzung im Dienst (§ 268 kStGB, für die Bedeutung „Fahrlässigkeit im Dienst" näher siehe oben Kap. 2, IV, A) sowie das unerlaubte Entfernen vom Unfallort sanktioniert (§ 142 StGB).

458 Zur Statistik siehe Kap. 5, I, B.

bei Lkws, die Beseitigung von Unfallschwerpunkten und der Einsatz von mehr Mitteln für den Straßenerhalt. Darüber hinaus sind die verpflichtende Ausstattung mit Spiegeln gegen den toten Winkel, die Umgestaltung zu Gunsten schwächerer Verkehrsteilnehmer und der Verkauf von Fahrrädern nur mit Beleuchtung erwähnenswert.[459]

Aber in der Überlegung zur Einführung oder Ausweitung der gesetzlichen Pflichten sollte auch die Möglichkeit der bürgerlichen Freiheitsbegrenzung durchaus berücksichtigt werden. Nach Abwägung zwischen Freiheitsbegrenzung und Interesse an der Einführung der gesetzlichen Pflichten können verschiedene Erkenntnisse gewonnen werden: Zum Beispiel wurde das Gurtanlegen für Insassen von Kraftfahrzeugen oder die Helmpflicht für Motorradfahrer als gesetzliche Pflicht akzeptiert. In der Rechtsprechung vom BVerfG wurde bezüglich der Gurtanlegepflicht für Insassen von Kraftfahrzeugen[460] und bezüglich der Helmpflicht für Motorradfahrer[461] die Begrenzung der Handlungsfreiheit und das Interesse bei Befolgung der Norm – die Vermeidung schwerer Verletzungen an der eigenen Person – abgewogen und entschieden, dass im Sinn des sozialen Zusammenlebens die Grenze des allgemein Zumutbaren nicht überschritten wurde.[462] Im Gegensatz dazu ist die Einführung des Alkohol-Interlock noch zweifelhaft und in der Diskussion, weil die Wegfahrsperre trotz der Freiheitseinschränkung nur geringen Schutz bietet.[463]

E. Formalisierungsforderung der Präventionsstrategie

Klar ist, dass das formelle rechtliche Sanktionsverfahren sich an das Gebot des Verhältnismäßigkeitsprinzips halten und zurückhaltend angewendet werden soll. Zudem sind alle informellen Strategien zulässig, sofern sie die rechtlich zugelassenen Grenzen nicht überschreiten.[464] Während die formelle strafrechtliche Kontrolle selbstverständlich eine hohe Formalisierung, z. B. gründliche Information, bedächtiger Einsatz der Kontrolle und Berücksichtigung der Verhältnismäßigkeit, fordert,[465] hat die informelle Kontrollweise mehrere Möglichkei-

459 Hofreiter, Vision Zero, S. 6.

460 BVerfG, NJW 1987, 180.

461 BVerfGE 59, 275.

462 BVerfGE 59, 275 (279).

463 Frenz, Blutalkohol, Heft 3/2007, S. 146. Zur Wegfahrsperre näher unten IV, B, 2.

464 Hassemer/Hart-Hönig, Generalprävention im Straßenverkehr, S. 260 ff.

465 Hassemer/Hart-Hönig, Generalprävention im Straßenverkehr, S. 261. Die zu bedenkenden grundrechtlichen und strafrechtlichen Prinzipien sind etwa der Schutz vor faktisch-mittelbaren Grundrechtsbeeinträchtigungen (Art. 1 III GG), in dubio pro liberate, nul-

ten, die Formalisierungsforderung zu verletzen.[466] Die Entformalisierungstendenz der informellen Strategie muss frühzeitig untersucht und behandelt werden, da „das Strafrecht unübersteigbare Schranke der Kriminalpolitik“[467] ist. Die zweifelhafte Kontrollpolitik, die die Entformalisierung benutzt, muss eingestellt werden. Die informelle Strategie muss als „kontrolliertes Experiment“ benutzt werden.[468]

IV. Wirksame Prävention in Einzelfällen

A. Geschwindigkeitsüberschreitung

1. Statistik

Die Prävention der Geschwindigkeitsüberschreitung erlangt immer größere Bedeutung. Denn die Geschwindigkeitsübertretung hat den größten Anteil an den Deliktarten der im Verkehrszentralregister eingetragenen Personen.[469] Zudem ist die Geschwindigkeitsübertretung zusammen mit dem Fahren unter Alkoholeinfluss einer der häufigsten Ursachen für Verkehrsunfälle.[470]

2. Kavaliersdelikt

In diesem Bereich ist der Präventions- und Kontrollbedarf sehr hoch, aber das Rechtsbewusstsein ist beim „Kavaliersdelikt“ immer noch auf einem sehr niedrigen Niveau.[471] Dies zeigt die Diskrepanz zwischen sozialer und rechtlicher Norm, zwischen dem alltäglichen Leben der Allgemeinheit und der gesetzlichen

---

lum crimen, nulla poena sine lege, die Verhältnismäßigkeit der Mittel, die Strafbegrenzung durch den Schuldgrundsatz, der Vorbehalt des Richters, die Öffentlichkeit des Kontrollverfahrens, das rechtliche Gehör, das Recht auf Verteidigung, in dubio pro reo, das Verbot der reformatio in peius, Beweisverbote, Schweige- und Zeugnisverweigerungsrechte usw. Hassemer/Steinert/Treiber, Soziale Reaktion, S. 58 f.

466 Grewe nennt dieses Phänomen das „Paradoxon der Freiheit“. Grewe, Straßenverkehrsdelinquenz, S. 113.

467 v. Liszt, Grundbegriff des Strafrechts, S. 75 ff., 80.

468 Hassemer/Hart-Hönig, Generalprävention im Straßenverkehr, S. 262; Hassemer, Einführung, S. 274.

469 Stand am 1.1.2011 sind 5.164.000 Personen (57,4 %) eingetragen. KBA, Jahresbericht 2010, S. 36.

470 Pfeiffer/Hauzinger, Auswirkungen, S. 27.

471 Helfer, MSchKrim 50 (1967), 186; Bermel, Der Kavaliersdelinquent, S. 121 ff.; Hassemer/Hart-Hönig, Generalprävention im Straßenverkehr, S. 251 ff.

Forderung.[472] In Deutschland gibt es grundsätzlich kein Tempolimit auf Autobahnen, daher hat der Fahrer beim Rasen kein Abweichungsgefühl. Im südkoreanischen Straßenverkehrsrecht ist ein generelles Tempolimit geregelt.[473] Trotzdem ist das Rasen auch dort ein normales Verhalten im Straßenverkehr, insbesondere auf der Autobahn. In diesem Bereich wird mit staatlichen Sanktionen gedroht. Diese Drohung wird jedoch von der Gesellschaft missachtet. Der Delinquent nimmt bestimmte Normen nicht ernst und kann sogar auf Toleranz aus seinem Bekanntenkreis hoffen. Die strikte Befolgung der Verkehrsregeln durch Kraftfahrer wird sogar als leicht negatives Verhalten bewertet.[474] Das „Nichtbeachten unsinniger Vorschriften" und „Spaß/gekonntes/zügiges Autofahren" gilt als eher sympathisch.[475] Darüber hinaus wird sogar „gefährliches und sportliches Überholen" leicht positiv beurteilt.[476]

3. Negative Generalprävention

a) Anwendung

Die Geschwindigkeitsüberschreitung ist als ein „Kavaliersdelikt" zu sehen, so dass die negative Prävention in diesem Bereich eine effektivere Rolle spielen könnte.

Die Überwachungsmethoden (als die Methoden der Abschreckung) unterscheiden sich in mobile oder stationäre Überwachung bzw. sichtbare oder verdeckte Überwachung.[477] Der Vorteil der stationären Verkehrsüberwachung ist die Sichtbarkeit für die Verkehrsteilnehmer und die relativ gute finanzielle Effizienz. Diese Methode eignet sich vor allem zur Reduzierung der Geschwindigkeit und zur Erhöhung der Verkehrssicherheit an Unfallschwerpunkten.[478] Bei der mobilen Kontrolle erfolgt die Kontrolle verdeckt. Somit hat sie die Möglich-

---

472 Möller-Oberück, SozW 1975, 188 ff.

473 § 17 kStVG.

474 Möller-Oberück, SozW 1975, 202, 204, 206; Hassemer/Hart-Hönig, Generalprävention im Straßenverkehr, S. 252 f.

475 Möller-Oberück, SozW 1975, 203 f.; Hassemer/Hart-Hönig, Generalprävention im Straßenverkehr, S. 253.

476 Möller-Oberück, SozW 1975, 203 f.; Hassemer/Hart-Hönig, Generalprävention im Straßenverkehr, S. 253. Dazu gehörende Taten sind etwa das Fahren auf einer Landstraße mit zahlreichen Kurven nachts mit 120 km/h, Fahren mit 70 km/h durch die Stadt, Nachtfahren mit 80 km/h durch geschlossene Ortschaften und die Heranfahrt mit hoher Geschwindigkeit an einen Fußgängerüberweg. Dazu näher Möller-Oberück, SozW 1975, 203.

477 Pfeiffer/Hautzinger, Auswirkungen, S. 10.

478 Ebenda.

keit, einen höheren generalpräventiven Effekt zu erreichen.[479] Eine Voraussetzung ist, dass die Fahrer über diese Kontrolle informiert werden.[480] Denn die Überraschungskontrolle kann nicht als passende polizeiliche Kontrolle gegen Geschwindigkeitsüberschreitung akzeptiert werden.[481] Die Überraschungskontrolle birgt die Gefahr, dass das Vertrauen der Bürger in die staatliche Verkehrspolitik zerstört wird.[482] Daher muss die polizeiliche Geschwindigkeitsüberschreitungskontrolle vorher angekündigt werden und sie sollte eher sichtbar und stationär eingerichtet werden.[483] Abschreckungsprävention gilt sogar als sehr wirksam,[484] mindestens da, wo die Radarkontrolle eingesetzt wird.

b) Problematik

Die Studie von *Hassemer/Hart-Hönig* (1984)[485] zeigt die Grenze der negativen Generalprävention bezüglich der Geschwindigkeitsüberschreitung. In der Untersuchung wurde der Frankfurter Fall als Modell des psychologischen Zwangs geprüft. In der Tagespresse wurde die Radarkontrolle im Lokalteil angekündigt. Entgegen der Erwartung haben trotz der Ankündigung der Radarkontrolle die Geschwindigkeitsübertretungen sogar zugenommen.[486] Die mögliche Annahme, dass die Kraftfahrer über die Norm, die Sanktion oder das Vorhandensein der Kontrolle nicht ausreichend informiert wurden, ist nicht plausibel, weil gerade im Bereich des Verkehrsstrafrechts die Information und Kenntnis der Rechtsnormen und Sanktionen besonders gut ist.[487] Wenn man davon ausgeht, dass Bürger im Frankfurter Fall über die Abschreckungsprävention genug informiert wurden, wird dieses Ergebnis so analysiert, dass die Annahme der Theorie des

---

479 Pfeiffer/Hautzinger, Auswirkungen, S. 10 f. Dagegen Hassemer/Hart-Hönig, Generalprävention im Straßenverkehr, S. 260. Demnach muss die polizeiliche Radarkontrolle sichtbar und stationär eingerichtet werden.

480 Pfeiffer/Hautzinger, Auswirkungen, S. 10 f.

481 Mit Nachweis von Studien von Hassemer/Hart-Hönig, Generalprävention im Straßenverkehr, S. 236 f., 240 ff.

482 Hassemer/Hart-Hönig, Generalprävention im Straßenverkehr, S. 260.

483 Ebenda.

484 Hassemer/Hart-Hönig, Generalprävention im Straßenverkehr, S. 260 weist auf eine veröffentlichte Studie von der Verkehrssicherheitskommission des Hessischen Ministers für Wirtschaft und Technik (Schreiben des HMfWT vom 4.6.1982, Az. III b 12 – 66 K – 18.01) hin.

485 Hassemer/Hart-Hönig, Generalprävention im Straßenverkehr, S. 230 ff.

486 Hassemer/Hart-Hönig, Generalprävention im Straßenverkehr, S. 236 f., 242.

487 Hassemer/Hart-Hönig, Generalprävention im Straßenverkehr, S. 242; ders., Einführung, S. 287 f.; dazu oben III, A.

psychologischen Zwangs – *homo oeconomicus*[488] – nicht mehr durchgehalten werden kann.[489]

Das Problem liegt darin, dass sich diese Kontrollpolitik kurzfristig nur auf Fahren zu bestimmten Zeiten und auf bestimmten Strecken bezieht.[490] Bei dieser Kontrollpolitik vermeiden gewohnheitsmäßige Schnellfahrer am Tag der Kontrolle die Radarkontrolle durch das Wählen anderer Wege.[491] Daher ist eine ausreichende Effektivität der Kontrolle schwer zu erreichen, wenn das Legalverhalten nur an bestimmten Orten und zu bestimmten Zeit durchgeführt wird und ansonsten nicht. Die Radarkontrolle ist nur unter der Bedingung nützlich, dass die Ankündigung zu einer bestimmtem Zeit und an einem bestimmten Ort erfolgt; sie beeinflusst aber das allgemeine normakzeptierende Verhalten der Fahrer zu anderen Zeiten oder (und) auf anderen Strecken nicht. Die moderne Technologie erweitert die eingeschränkte Wirkung der Abschreckungsprävention.

Das südkoreanische Navigationssystem ist hierfür ein Beispiel; es ist nicht nur als Wegweiser bei der Fahrt sehr beliebt, sondern auch als ein Entdeckungssystem für Geschwindigkeitsüberwachungskameras an fast allen Orten.[492] Die Navigation warnt 1 km, 500 m und 100 m vor der Radarkontrolle. Mit Hilfe der Navigation kann man daher außerhalb der Bereiche der Radarkontrolle immer zu schnell fahren, weil hier ein Entdeckungsrisiko nicht besteht. Hieraus ist zu entnehmen, dass bei diesem Delikt trotz der umfangreichen Kontrolle eine negative Generalpräventionswirkung nur schwer zu erfassen ist. Mit anderen Worten: Es kann angenommen werden, dass die Generalprävention in diesem Bereich mit dem Konzept der positiven Generalpräventiven kombiniert werden muss.[493]

4. Positive Generalprävention

a) Wahrnehmung der Gefahr

Der Grund für das gegenwärtig mangelhafte Rechtsbewusstsein bezüglich der Geschwindigkeitsüberschreitung – die Anerkennung des Fahrens mit einer etwas höheren Geschwindigkeit[494] – ist die Inakzeptanz der Rationalität des Tempolimits bei den Fahrern. Daher ist bei der positiven Generalprävention die Gefahr

---

488 Hassemer, Einführung, S. 289.

489 Hassemer/Hart-Hönig, Generalprävention im Straßenverkehr, S. 243.

490 Hassemer/Hart-Hönig, Generalprävention im Straßenverkehr, S. 236.

491 Ebenda.

492 Allerdings ist das Radarwarngerät in Deutschland untergesagt (§ 23 Ib StVO).

493 Hassemer/Hart-Hönig, Generalprävention im Straßenverkehr, S. 243 mit dem Beispiel des Darmstädter Konzepts.

494 Möller-Oberück, SozW 1975, 203 f.

des Abweichungsverhaltens festzustellen.[495] Erst wenn dem Fahrer die gegebene Gefährdung durch die Geschwindigkeitsüberschreitung bewusst wird, kann die Rechtsnorm seitens des Fahrers als effektiv anerkannt werden.

b) Einfluss des Umfelds und der Medien

Für die Wahrnehmung der Gefahr und die Normakzeptanz fungiert das Umfeld der Kraftfahrer als ein wirksames Element. Durch informelle Sanktion, etwa die Zurechtweisung von den Eltern oder die negative Bewertung von den Elterninitiativen zum Kindersicherheitsschutz vor Rasern[496] könnten Kraftfahrer effektiv die normbindende Perspektive einnehmen.[497] Die Wirkung des Umfelds ist an verschiedene Variablen gebunden; an die Angewiesenheit der Kraftfahrer, an die Stärke, die Ausdehnung und die Dauer der Einwirkung.[498]

Ebenfalls durch die Anwendung der Medien hat die Polizei die Möglichkeit, zur Veränderung der gewohnten Sichtweise als „Kavaliersdelikt" beizutragen.[499] Einerseits erfolgt die Anwendung der Medien für die polizeiliche Politikankündigung.[500] Die Wirkung der Information über Radarkontrollen ist nicht auf die informative Wirkung beschränkt. Vielmehr wird dadurch die Absicht der polizeilichen Verkehrspolitik an die Bürger übermittelt. Andererseits werden die Medien für die Form der Kampagne genutzt.[501] Für die Effektivität der Massenmedienkampagne ist es relevant, dass die Gefahr der Geschwindigkeitsüberschreitungen bei Lesern und Hörern nachempfunden werden kann.[502]

c) Zulässige Kontrolle

Einerseits beachtet die generalpräventive Kontrolle das empirische Ergebnis. Andererseits wird sie auch durch die normativen grundrechtlichen und strafrechtlichen[503] Prinzipien gebunden und beschränkt.[504] Aus diesem Grund ist man ge-

---

495 Hassemer/Hart-Hönig, Generalprävention im Straßenverkehr, S. 256 .

496 Hassemer/Hart-Hönig, Generalprävention im Straßenverkehr, S. 256 f.

497 Haferkamp, Kriminelle Karrieren, S. 337 ff.; Hassemer/Hart-Hönig, Generalprävention im Straßenverkehr, S. 257.

498 Hassemer/Hart-Hönig, Generalprävention im Straßenverkehr, S. 257 f.

499 Hassemer/Hart-Hönig, Generalprävention im Straßenverkehr, S. 259.

500 Hassemer/Hart-Hönig, Generalprävention im Straßenverkehr, S. 258.

501 Ebenda.

502 Ebenda.

503 Etwa in dubio pro liberate; nullum crimen, nulla poena sine lege; Verhältnismäßigkeit der Mittel; Strafbegrenzung durch den Schuldgrundsatz; Vorbehalt des Richters; Öffentlichkeit des Kontrollverfahrens; rechtliches Gehör; Recht auf Verteidigung; in dubio pro

zwungen die normative Zulässigkeit der generalpräventiven Politik nachzuprüfen.

Hassemer/Hart-Hönig weist auf das Beispiel der Publikation von Namen und Bildern der Personen mit Geschwindigkeitsübertretungsdelikten hin und stellt fest, dass dies nur die „Stigmatisierung von Normabweichlern" ist;[505] In der Praxis ist es nicht wirksam. Auf der normativen Grundlage ist es auch nicht erlaubt, weil es dafür „keine rechtliche Grundlage" gibt.[506]

B. Trunkenheit am Steuer

1. Aktuelle Lage

Fahren unter Alkoholeinfluss ist nach der Geschwindigkeitsübertretung die zweite wichtige Deliktart der im Verkehrszentralregister eingetragenen Personen am 1.1.2011 (1.364.000 / 15,2 %).[507] Der Alkoholeinfluss und die Geschwindigkeitsübertretung sind die häufigsten Ursachen für Verkehrsunfälle.[508]

2. Technische Prävention: Alkohol-Interlock

Nach der verpflichtenden Einführung der atemalkoholgesteuerten Wegfahrsperren als Sekundärprävention in einigen Ländern, wie Schweden, Australien, USA sowie Kanada, wird dessen Einführung und Anwendungspolitik auch in Deutschland diskutiert.[509] Alkohol-Interlocks könnten als ein wirksames technisches Mittel zur Prävention der Trunkenheit am Steuer fungieren. Tatsächlich ist bewiesen, dass Alkohol-Interlocks ein wirksames Verhinderungsmittel gegen Trunkenheit am Steuer sind, wenn sie im Auto eingebaut sind.[510] Aber nach der Entfernung des Geräts aus dem Auto nehmen die Rückfallquoten des Fahrens

---

reo; Verbot der reformatio in peius; Beweisverbote: Schweige- und Zeugnisverweigerungsrechte usw. Dazu näher Hassemer/Steinert/Treiber, Soziale Reaktion, S. 58 f.

504 Hassemer/Hart-Hönig, Generalprävention im Straßenverkehr, S. 260.

505 Hassemer/Hart-Hönig, Generalprävention im Straßenverkehr, S. 261.

506 Ebenda.

507 KBA, Jahresbericht 2010, S. 36.

508 Pfeiffer/Hautzinger, Auswirkungen, S. 27.

509 Zum Alkohol-Interlocks näher vgl. Klipp, Blutalkohol 2009, 190 ff.; Eisenmenger, Blutalkohol 2007, 159 ff.; Schöch, Blutalkohol Supplement 2005 (Nr. 1), 20 ff.; Lagois/Sohege, Blutalkohol 2003, 199 ff.; Evers, Blutalkohol 2007, 154 ff.; Frenz, Blutalkohol 2007, 144 ff.

510 Evers, Blutalkohol 2007, 154, 156.

unter Alkoholeinfluss wiederum zu; Alkohol-Interlock gewährleistet also keine andauernde Verhaltensänderung.[511]

Alkohol-Interlock kann auf verschiedene Art programmiert werden, zum Beispiel für Erst- oder Wiederholungstäter, gerichtlich oder administrativ, verpflichtend oder freiwillig, in der Dauer festgelegt oder kriterien-basiert und mit oder ohne Rehabilitation. Aber das jeweilige Programm muss die gesetzlichen Voraussetzungen erfüllen. Hauptsächlich wird es in Deutschland als Rehabilitationsmittel geschätzt.[512]

Zunächst ist ein freiwilliger Einsatz der Interlock-Geräte zu begrüßen. Dabei dürfen aber keine arbeits-, datenschutz- und haftungsrechtlichen Probleme bestehen, wenn dies besonders bei Transportunternehmen benutzt wird.[513]

Zweitens ist dieses Gerät nicht geeignet für die allgemein verpflichtende, primäre, präventive Anwendung, weil eine solche Nutzung des Alkohol-Interlock dann entweder bei allen Kraftfahrzeugen oder nur bei bestimmten Zielgruppen, z. B. bei Berufskraftfahrern, beim Personentransport usw., im Hinblick auf die Grundrechte problematisch eingeschätzt wird. [514] Vor allem ist es unverhältnismäßig in Bezug auf das Eigentumsrecht gemäß Art. 14 GG.[515] Auch Art. 12 GG (Berufsfreiheit) ist zu berücksichtigen. [516] Das Freizügigkeitsrecht gemäß Art. 11 GG kann ebenfalls durch die verpflichtende Ausstattung aller Autos beschränkt werden.[517] Es ist mit der allgemeinen Pflicht zum Gurtanlegen oder der Motorradhelmpflicht zu vergleichen.[518] Während die Gurt- und Helmpflicht nur eine geringe Verletzung der Grundrechte darstellt und eine relevante Sicherheit für alle Verkehrsteilnehmer gewährleistet und daher die Grenze der allgemeinen Zumutbarkeit nicht überschreitet,[519] orientiert sich der Alkohol-Interlock nur auf alkoholisierte Fahrer, was keine Rechtfertigung für die allgemeine Nutzung darstellen kann.[520]

Drittens als sekundäre Prävention könnte der Alkohol-Interlock für auffällig gewordene Alkoholfahrer zusammen mit Rehabilitationsmitteln eingeführt werden.[521] Für das Sinken der Rückfallquoten und die Förderung langfristiger Ver-

---

511 Evers, Blutalkohol 2007, 154.
512 Evers, Blutalkohol 2007, 154 ff., 156 f.
513 Evers, Blutalkohol 2007, 157.
514 Frenz, Blutalkohol 2007, 146 ff.
515 Frenz, Blutalkohol 2007, 146.
516 Frenz, Blutalkohol 2007, 146 f.
517 Frenz, Blutalkohol 2007, 147; Evers, Blutalkohol 2007, 157.
518 Frenz, Blutalkohol 2007, 146.
519 BVerfG, NJW 1987, 180; BVerfGE 59, 275; Frenz, Blutalkohol 2007, 146.
520 Frenz, Blutalkohol 2007, 146.
521 Evers, Blutalkohol 2007, 154.

haltensänderungen werden Interlock-Geräte insbesondere mit psychologisch-pädagogischen und medizinischen Maßnahmen kombiniert eingesetzt.[522]

C. Anschnallpflicht

1. Geschichte und Rechtsnorm

Die Anschnallpflicht wurde eingeführt, um volkswirtschaftliche Schäden durch Verletzungen und Schadensereignisse durch Verkehrsunfälle abzuwenden. Im Jahre 1976 wurde eine straflose Gurtpflicht auf den Vordersitzen eingeführt. Damals wurde Kritik an dieser Vorschrift aus unterschiedlichen Gründen geübt: Gefesselt im Auto, provoziert von einer psychologischen Angst („Gurt als unterschwelliges Angstsymbol").[523] Außerdem stelle die Anschnallpflicht einen „unzulässigen Eingriff in die Privatsphäre" dar.[524] Durch die Einführung der Anschnallpflicht kam auch die juristische Frage auf, „ob der Staat die Kraftfahrzeugfahrer zum Überleben zwingen soll und darf".[525] Dies könnte als Paternalismus und ungerechtfertigte Intervention des Staates in privates Interesse gesehen werden. Außerdem würde der Gurtzwang einen Zwang zur Selbstgefährdung bedeuten, der das Grundrecht auf körperliche Unversehrtheit verletzt, wenn der Gurt in Einzelfällen eine negative Wirkung hätte. Diesbezüglich wurde mitgeteilt, dass die Vorteile des Gurtes die Nachteile – Verletzungsverschlimmerung – überwiegen.[526] Auch das BVerfG befürwortete die Verfassungsmäßigkeit der gesetzlichen Gurtanlegepflicht für Insassen von Kraftfahrzeugen. Obwohl die Sicherheitsgurtpflicht „ein Eingriff in das geschützte Recht auf Leben und körperliche Unversehrtheit" gemäß Art. 2 II 1 GG darstellen solle, sei „dieser Eingriff durch den Gesetzesvorbehalt des Art. 2 II 3 GG gedeckt".[527] Im Hinblick auf die erheblichen Vorteile und das geringe Risiko überschreite die Gurtanlegepflicht die Grenze der allgemeinen Zumutbarkeit nicht.[528]

Der Sicherheitsgurt wird auch durch die ökonomische Theorie der Kriminalität, die sogenannte „Kosten-Nutzen-Analyse", gerechtfertigt.[529] Tötung und Verletzung bei Verkehrsunfällen verursachen Kosten in volkswirtschaftlicher

---

522 Ebenda; Klipp, Blutalkohol 2009, 190 ff.

523 Kroj/Pfafferott, psychologische Untersuchungen, S. 10 f.

524 Stichtag 1. August 2004 beim WDR <http://www1.wdr.de/themen/archiv/stichtag/stichtag250.html> (Zugriff am 25.3.2012).

525 <http://de.wikipedia.org/wiki/Sicherheitsgurt#Geschichte> (Zugriff am 15.7.2010).

526 Fridel u. a., Sicherheitsgurte in Personenkraftwagen, S. 25 f.

527 BVerfG, NJW 1987, 180, Orientierungssatz.

528 BVerfGE 59, 275 (279).

529 Fridel u. a., Sicherheitsgurte in Personenkraftwagen, S. 28 f.

Hinsicht. Dazu gehören der medizinische Einsatz, Kosten für Rechtsverfahren (Wahrheits- und Rechtsfindung, Schadensersatzabwicklung) sowie Ausfall der Produktions- und Konsummöglichkeit wegen Arbeitsunfähigkeit.[530] Durch den Sicherheitsgurt werden diese Kosten vermieden. Nach Abschätzung von *Friedel u. a.* würde sich bei einer vollkommenen Pflichtbefolgung des Sicherheitsgurts im Jahre 1976 die Anzahl der 3.600 Unfalltoten und 70.000 Verletzten verringern lassen. Danach wurden 2,3 Mrd. DM als volkswirtschaftlicher Verlust durch den Verstoß gegen die Anschnallpflicht geschätzt.[531] Ebenso teilt *Korea Transportation Safety Authority* (TS Korea) diese Ansicht zur wirtschaftlichen Wirkung. Demnach bringt die Erweiterung der Gurtpflicht auf die Rücksitzenden auf den allgemeinen Straßen einen reduzierten Verlust von etwa 577 Personen (9,80 %), plus Kindersitz nochmals etwa 23 (0,40 %) bei Unfällen.[532] Der vermeidbare Unfallverlust ist aus volkswirtschaftlicher Sicht ein „Nutzen" der Gurtpflicht. Die „Kosten" für die Investition in die Gurtpflichtstabilisierung sind annehmbar, weil diese „Kosten" geringer sind als der erwartete „Nutzen".[533]

Seit dem 1.8.1984 wurde der nicht angelegte Sicherheitsgurt mit einem Bußgeld geahndet. Der Betrag des damaligen Bußgelds war 40 DM. Damit wurde eine hohe Quote des Gurtanlegens erreicht.[534] Nun ist die Gurtpflicht in § 21a StVO geregelt, das Verwarnungsgeld gegen den Verstoß beträgt einheitlich 30 EUR. Die seit 1986 in Südkorea eingeführte Anschnallpflicht gilt grundsätzlich nur für die Vordersitze (§ 50 I kStVG). Ausnahmsweise gilt die Gurtpflicht strikt für alle Kfz-Insassen auf der Autobahn (§ 67 II kStVG). Gemäß § 41 der ab 1.1.2011 geltenden Fassung der Verordnung des kStVGs haben auch alle Kfz-Insassen eine Anschnallpflicht auf der Landstraße, die mit einer Mindestgeschwindigkeit von 90km/h beschränkt sind. Bei Verstoß beträgt das Bußgeld 30.000 KRW.

2. Norm- und Sanktionsvorhandensein und Normbefolgung

Die Geschichte der Stabilisierung der Anschnallpflicht bewies einen unabhängigen Normbefolgungseffekt durch das bloße gesetzliche Normvorhandensein.[535] Nach der „zwanglosen" Gesetzeseinführung stieg im Jahre 1976 die Anlegequo-

---

530 Fridel u. a., Sicherheitsgurte in Personenkraftwagen, S. 28.

531 Fridel u. a., Sicherheitsgurte in Personenkraftwagen, S. 28 f.

532 TS Korea Pressemitteilung vom 8.11.2010 <http://www.koroad.or.kr/Work/Code/Rota Inform/ RotaInform02List.jsp> (Zugriff am 17.3.2011).

533 Dazu näher Fridel u. a., Sicherheitsgurte in Personenkraftwagen, S. 28 f.; Diekmann, Die Befolgung von Gesetzen, S. 152.

534 Pfeiffer/Hautzinger, Auswirkungen, S. 11.

535 Ebenda.

te. Anfang der 1980er Jahre war die Anlegequote ca. 33 %.[536] Dann ist der Anteil im Jahre 1983 sogar auf 60 % gestiegen.[537] Aus dem stetigen Anstieg lässt sich schließen, dass das „Vorhandensein der Norm“ unabhängig von dem Vorhandensein der Sanktion effektiv ist.

Da die Anlegequote und die Zahl der Verkehrstoten ab dieser Zeit nicht mehr gestiegen ist, wurde am 1.8.1984 das fällige Bußgeld von 40 DM eingeführt. Danach liegt die aktuelle Anlegequote des Sicherheitsgurts bei über 90 %.[538] Hieraus kann abgeleitet werden, dass der gegenwärtig hohe Anteil des Gurtanlegens von über 90 % dem „Einsatz der Sanktion“ zu verdanken ist.[539]

3. Anschnallpflicht auf dem Rücksitz in Südkorea

a) Aktuelle Lage

Nach der Statistik von TS Korea lag die Anlegequote auf normalen Straßen im Jahre 2010 bei 70,03 % auf den Vordersitzen und ist im Vergleich zum Vorjahr um 3,14 % gesunken. Damals lag der Anteil der angeschnallten Fahrer bei 74,20 %, der Anteil der Beifahrer liegt nur bei 48,17 %.[540]

Tabelle 2: Anlegequote auf normalen Straßen in den letzten drei Jahren (nur Vordersitze) (Quelle: TS Korea, Pressemitteilung vom 8.11.2010)

Jahr	2008	2009	2010	2010 bis 2009	2010 bis 2008
Anlegequote (%)	70,23	73,17	70,03	-3,14 %	-0,2 %

Die letzte Studie über die Sicherheitsgurtpflicht auf der Autobahn in Südkorea wurde in der zweiten Jahreshälfte 2010 mitgeteilt. Nach TS Korea ist die Befolgungsquote auf der Autobahn um 4,3 % gegenüber der ersten Jahreshälfte gestiegen und liegt bei 79,80 %. Nach Sitzplätzen liegt der Fahrersitz bei 88,80 %

---

536 Stichtag 1. August 2004 beim WDR <http://www1.wdr.de/themen/archiv/stichtag/stichtag250.html> (Zugriff am 25.3.2012).

537 BAST, Gurte, Kindersitze, Helme und Schutzkleidung: Tragequoten 1995, S. 23.

538 Pfeiffer/Hautzinger, Auswirkungen, S. 11. 94 % der Vordersitzenden und 90 % der hinten Sitzenden erwachsenen Pkw-Insassen befolgte die Gurtpflicht im Jahr 2004. In der gleichen Zeit betrug die Quote bei Lkw-Fahrern 57 %.

539 Pfeiffer/Hautzinger, Auswirkungen, S. 11.

540 TS Korea Pressemitteilung vom 8.11.2010 <http://www.koroad.or.kr/Work/Code/RotaInform/ RotaInform02List.jsp> (Zugriff am 17.3.2011).

und ist um 3,60 % gestiegen, der Rücksitz bei 17,50 % und ist um 10,80 % gestiegen, aber der Beifahrersitz ist mit 71,20 % um 6 % gesunken.[541]

Tabelle 3: Anlegequote auf der Autobahn im Jahr 2010 (Südkorea)
(Quelle: TS Korea, Pressemitteilung vom 8.11.2010)

Jahr	1. Hälfte 2010	2. Hälfte 2010	Vermehrung/ Minderung
Gesamt	75,50 %	79,80 %	+ 4,30 %
Fahrersitz	85,20 %	88,80 %	+ 3,60 %
Beifahrersitz	77,20 %	71,20 %	- 6,00 %
Rücksitz	6,70 %	17,50 %	+ 10,80 %

b) Beseitigung der Normverirrung

Beim Vergleich von beiden Statistiken kann man deutlich erkennen, dass die Normbefolgung der Rücksitzenden bei Autobahnfahrten noch nicht entwickelt ist. Den Grund kann man in der *Normverirrung* finden. Auf der normalen Straße ist das Gurtanlegen auf dem Rücksitz keine gesetzliche Pflicht, während dies auf der Autobahn mit einer Geldbuße geahndet wird. Da die polizeiliche Kontrolle auf Straßen sehr häufig und auf der Autobahn relativ selten durchgeführt wurde, besteht kaum die Chance, dass die Rechtsnorm so wie auf Straßen differenziert angenommen wird.

Für die Beseitigung der Normverirrung muss die Gesetzesnorm den Normadressaten exakt erreichen. Die von TS Korea und *Korea Expressway Corporation* geplante Kampagne „Gurtanlegen auf allen Sitzen auf der Autobahn!“ lässt eine sachgemäße Information über die Gesetzesnorm erwarten. Die Kampagne wird fortgesetzt bis eine Anlegequote der auf dem Rücksitz befindlichen Beifahrer bei Autobahnfahrten von mehr als 50 % erreicht ist.[542] Da im Jahre 2011 die neue Regel über die Anschnallpflicht der auf dem Rücksitz befindlichen Beifahrer bei Landstraßenfahrten mit einer Mindestgeschwindigkeit von 90km/h erlassen wurde, ist die Regel der Anschnallpflicht der Rücksitzenden noch verwirrender. Da die voraussehbare weitere Normverirrung ein Hindernis gegen eine effektive Prävention ist, ist eine Information über die Gesetzesänderung erfor-

541 Ebenda.
542 Ebenda.

derlich. Zudem ist die Bemühung um eine einheitliche Gesetzgebung der Anschnallpflicht auf allen Straßen erforderlich.[543]

c) Methodik der Generalprävention

Für die Erhöhung der Anlegequote der Rücksitzenden in Südkorea lässt sich die frühere Methodik für die Normstabilisierung beim Gurtanlegen auf dem Vordersitz überdenken. Auch für die vor kurzem strikt geänderte Anschnallpflicht auf der Landstraße ist die frühere Methodik der Normstabilisierung bedeutsam.

In Südkorea ist im Jahre 1986 nach der Einführung der Anschnallpflicht die Normbekanntmachung und -stabilisierung zu einer wichtigen Aufgabe für den Staat geworden. Die damalige Methodik für die Generalprävention sollte sich sowohl aus einer negativen Kontrollpolitik als auch aus einer positiven Variante, etwa einer Kampagne usw., zusammensetzen. Zuerst konzentrierte man sich auf die polizeiliche Kontrolle. Die polizeiliche Kontrolle war überregional sehr dicht. Dadurch wurde vor allem die Abschreckungsprävention realisiert. Wegen der sehr dichten polizeilichen Kontrolle in vorhersehbarer und nicht vorhersehbarer Weise mussten viele Fahrer mehrmals eine Geldbuße zahlen. Die Erfahrungen mit der polizeilichen Kontrolle und die Zahlung der Geldbuße wurden wiederum in der Familie und in der Berufsgruppe kommuniziert. Durch „Abschreckung mit Geldbuße“ wurde das Gurtanlegen zum Alltag.

Mit dem „Gurtanlegen im Alltagsleben“ wurde schrittweise auch die positive Normakzeptanz und -stabilisierung eingeführt. Denn die massive polizeiliche Kontrolle war mit einer hohen Informiertheit mittels einer Kampagne verbunden. Regelmäßig wurden durch überregionale TV-Nachrichten in der Hauptsendezeit und von führenden Tageszeitungen Informationen über Norm, Kontrollen und die Notwendigkeit des Sicherheitsgurts gegeben. Dadurch wurde den Normadressaten bestätigt, dass die Normbefolgung mehr wert sei als eine Vermeidung der bloßen Geldbuße: Gurtanlegen ist eine Vorbeugung, um Tote oder Schwerverletzte zu vermeiden.

Diese Phase kann als Anschnallpflicht auf dem Rücksitz benutzt werden. Die negative Art der Prävention hat jedoch nur eine kurzfristige bedingte Wirkung, weil sie immer mit Kontrolle zu tun hat. Möglicherweise ist die polizeiliche Kontrolle und die Bekanntmachung aber die schnellste Lösung für die Normbefolgung und -stabilisierung neu erlassener oder geänderter Rechtsnormen. Die „Kontrolle“ prägt den Normadressaten tief. Mit der kombinierten

---

543 Gleicher Meinung vgl. TS Korea Pressemitteilung vom 8.11.2010 TS Korea Pressemitteilung vom 8.11.2010 <http://www.koroad.or.kr/Work/Code/RotaInform/Rota Inform02List.jsp> (Zugriff am 17.3.2011).

dauerhaften Unterstützung der Kampagne und das Bemühen um Informiertheit wird die auf negative Weise befolgte Norm vom Normadressaten langfristig verinnerlicht und stabilisiert. In dieser Phase geht die einfache „Normbefolgung" in die „Normstabilisierung" über.[544] Dabei spielt der Hinweis auf den Wert und den Sinn der Befolgung der Norm eine wichtige Rolle.

D. Kindersitzpflicht

1. Rechtsnorm

Gemäß § 21 Ia StVO dürfen Kinder bis zum vollendeten 12. Lebensjahr, die kleiner als 150 cm sind, in Kraftfahrzeugen auf Sitzen mit Rückhalteeinrichtungen für Kinder benutzt werden. Wer ein Kind ohne den vom Gesetzgeber vorgeschriebenen Kindersitz befördert, dem drohen ein Bußgeld in Höhe von 40 Euro und ein Punkt in Flensburg.

Die südkoreanische Regelung über die Pflicht der Rückhaltevorrichtung für Kinder ist nicht lange her. Sie ist im Jahre 2006 in das kStVG neu eingeführt worden: Gemäß § 50 I, II kStVG dürfen Kinder bis zum vollendeten 6. Lebensjahr in Kraftfahrzeugen auf Sitzen mit Rückhalteeinrichtungen für Kinder mitgenommen werden. Ein Bußgeld in Höhe von 200.000 KRW droht demjenigen, der ein Kind ohne jede Sicherung im Auto mitnimmt.

2. Aktuelle Lage in Südkorea

Eine offizielle Statistik über den Verstoß gegen die Kindersitzregelung ist nicht vorhanden.[545] Nach inoffizieller Angabe[546] betrug der Anteil der Kindersitzausstattung 11,6 % vor der Gesetzgebung über die Kindersitzpflicht. Nach der Ge-

---

544 „Normbefolgung" und „Normstabilisierung" ist unterschiedlich zu definieren. Während das Wort „Normbefolgung" keine subjektive Auffassung von innen beinhaltet, bezieht die „Normstabilisierung" das innerliche Vertrauen der Norm mit ein. Der Wehrdienst von Zeugen Jehovas in Südkorea ist ein Beispiel der Normbefolgung, umfasst aber nicht die Normstabilisierung. In Südkorea sind alle Männer zu einem Wehrdienst verpflichtet, und es gibt keinen Alternativdienst, der die Militärübung ersetzt, daher ist das Leisten des Wehrdienstes von Zeugen Jehovas allein als „Normbefolgung" und nicht als „Normstabilisierung" zu bewerten.

545 Es ist auch so in Deutschland. Nach inoffizieller Angabe liegt der Anteil der Gesamtsicherung der Kinder in Deutschland im Jahr 2004 bei 98 %, unterdessen liegt der Anteil der kinderspezialisierten Sicherungen bei 74 %. <http://de.wikipedia.org/wiki/ Sicherheitsgurt#Geschichte> (Zugriff am 11.2.2011).

546 Pressemitteilung des Abgeordneten Hong am 21.3.2010 <http://hssong.kr/html/?code =B04&mode = view&numid=6579> (Zugriff am 11.3.2011).

setzgebung über die Kindersitzpflicht bleibt der Anteil der Normbefolgung bei nur 18,9 % im Jahre 2007 und bei 16,2 % im Jahre 2008.

Zuerst ist der Grund der niedrigen Normbefolgungsquote in der *fehlenden Informiertheit* zu finden. Das Rechtsbewusstsein der gesamten Bürger über die gesetzliche Pflicht des Kindersitzes ist nicht hoch. Die Kindersitzpflicht in Südkorea ist im Jahre 2006 eingeführt worden. Nach dem Erlass der entsprechenden Gesetzesnorm hat es nur einmal eine große polizeiliche Kontrolle gegeben. Diese wurde als gescheitert bewertet, weil die Kontrolle keine soziale Anerkennung erfahren hat und abgebrochen wurde. Nach dem Scheitern der einmaligen polizeilichen Kontrolle wird zurzeit keine aktuelle Kontrollpolitik mehr verfolgt. Aus diesem Grund wissen viele Autofahrer nicht, dass die Kindersitzpflicht eine obligatorische Rechtsnorm ist. Manche gehen sogar irrtümlich davon aus, dass die Kindersitzpflicht einmal vorhanden war und gegenwärtig nicht mehr gültig ist.

Gegen die damalige polizeiliche Kontrolle gingen die Bürger vor. Der Kauf des Kindersitzes stellte eine finanzielle Belastung dar und wurde als wichtigster Grund gegen die verpflichtende Ausstattung genannt.[547] Oft gibt es sarkastische Äußerungen in der Richtung, dass sich die Politik damit gegen die staatliche Politik der Kindergeburtsförderung stellt. Bürger, die kein ausreichendes Einkommen hatten, konnten die finanzielle Belastung nicht tragen.[548] Der Grund, weshalb solch eine Pflicht eingeführt wurde, ist verblüffend. Der politische Hintergrund der Kindersitzpflicht ist ins Gerede gekommen: Dies liege nicht in der Sicherheit der Kinder, sondern im Interesse der Kindersitzhersteller. Als Grund der Nichtbefolgung der Norm nannte man das Unbequemlichkeitsgefühl von Kindern und das Infragestellen der Notwendigkeit des Kindersitzes.[549] Die Gefahren, die für Kinder bei der Nicht-Nutzung der Kindersitze bestehen, sind noch nicht allgemein bekannt. Es gibt zum Teil sogar die Ansicht, dass es gefährlicher sei, Neugeborene im Kindersitz mitfahren zu lassen. Mit Berücksichtigung dieser Ansicht der Bürger hat das Polizeipräsidium zuerst ab dem 1.6.2005 die Richtlinie zur Kontrolle nicht streng verfolgt. Auch die polizeilichen Kontrollen wurden vorübergehend nicht mehr ausgeführt.[550]

---

547 <http://www.newswire.co.kr/newsRead.php?no=335915&lmv=A01> (Zugriff am 11.3. 2011).

548 <http://consumer.ulsan.go.kr/know/board/source/board_red.php?iRecID=178&tid=4> (Zugriff am 9.3.2011).

549 <http://www.newswire.co.kr/newsRead.php?no=335915&lmv=A01> (Zugriff am 11.3. 2011).

550 <http://consumer.ulsan.go.kr/know/board/source/board_red.php?iRecID=178&tid=4> (Zugriff am 11.3.2011).

3. Methodik - Gelingen des sozialen Kompromisses

Bei dem Rechtsgeltungsbegriff handelt es sich nicht nur um einen juristischen und ethischen Geltungsbegriff, sondern auch um einen soziologischen Geltungsbegriff.[551] Im Hinblick auf den soziologischen Geltungsbegriff wird die Geltung der Norm als „sozial" bewertet, wenn die Norm befolgt oder bei Nichtbefolgung zur Sanktionierung führt.[552] In Südkorea liegt die aktuelle Rechtsbefolgungsquote der Kindersitzpflicht unter 20 %. Dies zeigt, dass dieses Gesetz in Bezug auf die soziale Wirklichkeit seine Geltung nicht erhalten hat und dass das Ziel der Prävention ohne soziale Kompromisse nur schwer erreichbar ist. Das betroffene Gesetz kann seine Wirksamkeit erst entfalten, nachdem das Rechtsbewusstseins über das Gesetz verbreitet ist und ein finanzieller Status der Bürger oder des Staates (im Fall der Übernahme der Kosten durch den Staat) erreicht wird, der es ermöglicht, die Autos mit einem Kindersitz und mit einem 3-Punkt-Gurt auszustatten. Ohne diese sozial-wirklichkeitsnahe Vorbedingung wird sich die Meinung der Bürger immer gegen das Gesetz richten.

Um den sozialen Kompromiss zu erhalten, muss man sich zuerst um eine erhöhte Informiertheit über das Vorhandensein des Gesetzes und über die Gefahren beim Transport von Kindern ohne Kindersitz bemühen. Die zuständige südkoreanische Behörde ist in dieser Zeit nicht um harte Kontrollen bemüht, sondern um eine entsprechende Kampagne. Die Kampagne zielt einerseits auf eine erhöhte Informiertheit. Durch Kampagnen werden bekannt gegeben, dass das Fahren mit Kindern ohne Kindersitz zum abweichenden Verhalten gehört und mit Bußgeld geahndet wird. Andererseits fokussiert die Kampagne auch auf die Bekanntmachung der Gefährlichkeit des Fahrens ohne Kindersitz und die Notwendigkeit des Kindersitzes für die Sicherheit der Kinder. Diese hat somit auch die Normverinnerlichung zum Ziel.

Zweitens ist die Möglichkeit finanzieller Unterstützung wichtig. Da die Erfüllung der Kindersitzpflicht besondere Finanzen erfordert, muss eine soziale Lösung für die Finanzunterstützung Vorrang vor einer dichten Kontrollpolitik haben. Dafür gibt es eine Unterstützung von TS Korea und *Korea Childrens safety foundation*, die die Kindersitze kostenlos verleihen. Aber diese Förderungsmöglichkeit ist noch nicht bekannt genug, so dass ca. 35 % (2.500 Sitze) der vorbereiteten 7.000 Kindersitze im Jahre 2009 übrig blieben. Diese Statistik bedeutet, dass man noch mehr werben muss.

---

551 Das Recht konstruiert sich aus drei Elementen: der sozialen Wirksamkeit, der inhaltlichen Richtigkeit und der ordnungsgemäßen Gesetzheit und daraus unterscheidet der Geltungsbegriff auch den soziologischen, den ethischen und den juristischen Geltungsbegriff. Vgl. Alexy, Begriff und Geltung des Rechts, S. 139.

552 Alexy, Begriff und Geltung des Rechts, S. 139.

V. Kultur und Theorie der positiven Generalprävention

Kultur ist eine „mentale oder geistig-moralische gesellschaftliche Befindlichkeit"[553] und zeigt den Hintergrund aller sozialen Entwicklung. Dass es auch im rechtlichen Bereich wirkt, zeigen die Länder Deutschland und Südkorea, die eine völlig andere Kultur und Tradition prägen.[554] Die daraus folgende Frage ist, ob die Theorie der positiven Generalprävention bezüglich der unterschiedlichen kulturellen Bedingungen auf verschiedene Weise angewendet werden kann und soll.

A. Kultureller Hintergrund in Deutschland und in Südkorea

1. Kulturunterschied zwischen Deutschland und Südkorea

Das Schlüsselwort der deutschen Kultur, das als „westeuropäisch" von der „asiatischen" Kultur differenziert wird, ist „Individualismus".

Deutsche erscheinen eher individualistisch und weniger teamorientiert zu sein.[555] Die nationale Mentalität der deutschen Bevölkerung ist so geprägt, dass sie Gründlichkeit, systematische Verfahrensweise in der Arbeit, Beachtung des Details und rationale Maßstäbe sowie Perfektionismus schätzt.[556] Darüber hinaus scheint es, dass deutsche Ordnung, Formalismus und staatliche Regeln grundsätzlich für wichtig gehalten werden.[557] Auch beim Verhalten im Allgemeinen scheinen die staatlichen und gesellschaftlichen Regeln für wichtig genommen zu werden.[558]

Im Gegensatz dazu gehören in Südkorea, das repräsentativ für die „asiatische" Kultur ist, Eigenschaften, wie Ganzheitlichkeit und Harmonieorientierung, zur Kultur.[559] Koreaner sind so geprägt, dass sie weniger reformfreudig, eher konservativ und beharrungsfreudig sind. Diese koreanische Denkweise beruht auf dem traditionellen Konfuzianismus,[560] der seit Mitte der 1600er Jahre auf die

553 Gürtemaker, Der Weg zur Einheit, S. 71.
554 Zum Einfluss der Kultur und der Tradition auf das Strafrecht, vor allem im Land Südkorea siehe Kap. 2, V, C.
555 Kappe, Konfliktbewältigung, S. 130.
556 Kappe, Konfliktbewältigung, S. 78, 136; Cordalis-Nguyen, Recht und Mentalität, S. 34.
557 Nuss, Das Faust-Syndrom, S. 123 ff.
558 Cordalis-Nguyen, Recht und Mentalität, S. 35.
559 Weggel, Die Asiaten, S. 38 ff.
560 Zum koreanischen Konfuzianismus vgl. Shim, Koreanische Kultur, S. 53 ff.

koreanische gesellschaftliche Kultur erheblichen Einfluss nahm. Der Konfuzianismus war die herrschende Ideologie in Korea von Mitte 1600 bis zur *Gabo*-Reform und der darauf folgenden kolonisatorischen Modernisierung.[561] Während sich die deutsche Denkweise kaum auf „spirituelle Faktoren" bezieht,[562] ist die auf dem Konfuzianismus fußende koreanische Mentalität eher eine Mischung aus hoher Metaphysik und Alltagssitte:[563] Die konfuzianische Ordnung hebt die „Bedeutung der Hierarchie", der „Gehorsamkeit" gegenüber den Eltern/Älteren und das „sittliche Verhalten" hervor.[564] Diese Lehre ist bis heute bedeutsam für die gesellschaftliche Mentalität.[565]

Im Gegensatz dazu erscheint es, dass die rasche wirtschaftliche und politische Entwicklung des Westens ein Grund für dessen Individualismus,[566] Rationalismus und Formalismus ist. Diese Denkweise ersetzt die vorher im Westen vorhandene Vertrauenskultur zwischen enger Verwandtschaft oder der Familie.[567]

2. Multikulturelles und Globalisierung

Aber aufgrund der allgemeinen Modernisierungs- und Säkularisierungs-[568] oder Postsäkularisierungstendenzen[569] wird der deutsche kulturelle Hintergrund fundamental umgestaltet.[570] Darüber hinaus ist die Einwanderung aus vielen Ländern in den letzten Jahrzehnten in Deutschland auch ein Grund für eine multikulturelle Tendenz in Deutschland, die damit nicht mehr als reine klassische westliche

561 Zur Modernisierungsphase in Korea siehe oben. § 2, IV.

562 Cordalis-Nguyen, Recht und Mentalität, S. 34.

563 Shim, Koreanische Kultur, S. 53.

564 Cordalis-Nguyen, Recht und Mentaliät, S. 28.

565 90 % der Koreaner betrachten den Schutz der traditionellen Lebensform als wichtig an. Dazu Choi, Koreanische Religionen, S. 104.

566 Der Individualisierungsprozess fand nach der deutschen Wiedervereinigung auch in den neuen Bundesländern statt, die vor der Wiedervereinigung eine Neigung zu Kompromissen, Harmonie und dem Überdecken von Konflikten zu haben schienen. Im Gegensatz dazu war der Stereotyp der Westdeutschen eine stärkere Orientierung auf miteinander konkurrierende Individualitäten. Zu Stereotypen und Identität der ehemaligen Ostdeutschen näher Ahbe, APuZ B 41-42/2004, 12 ff., zum Vergleich mit Westdeutschen insb. 16. Zum Individualisierungsprozess der neuen Bundesbürger näher Scheller, APuZ B 37-38/2002, 23 ff.

567 Zur wirtschaftlichen Analyse, dass dieser Wendepunkt auf dem Zweck beruht, durch Einführung neuer Gesetze wie Vertragsrecht die Aufnahme der Fremden in den Markt zu erleichtern, vgl. Fukuyama, Konfuzius und Marktwirtschaft, S. 264.

568 Rottleuthner, Wie säkular ist die Bundesrepublik?, S. 13 ff.

569 Habermas, Glauben und Wissen, S. 251 ff.

570 Dreier, Religion und Verfassungsstaat im Kampf der Kulturen, S. 21 f.

christliche Kultur bestimmt werden kann.[571] Daher kann die Kultur in Deutschland nicht mehr nur als ein Einziges dargestellt werden.

In Südkorea ist dies auch der Fall. Die herrschenden Religionen Südkoreas heutzutage sind Buddhismus, Evangelismus und Katholizismus.[572] Dabei ist der gesamte christliche Anteil größer als der buddhistische. Somit kann die religiöse Kultur Südkoreas als synkretistisch und somit eher westlich orientiert bezeichnet werden. Darüber hinaus erfolgte auch in Südkorea ein rascher wirtschaftlicher Aufschwung, der sich auf die südkoreanische Mentalität ausgewirkt hat. Die heutige südkoreanische Kultur ist nicht mehr von einem gruppenorientierten Kollektivismus gekennzeichnet.[573] Eher neigt die Mentalität der Südkoreaner zum personenorientierten Individualismus, genauso wie in den westlichen Ländern.[574]

Zudem ist die „Globalisierungstendenz" nennenswert. Der Globalisierungsprozess teilt sich in zwei verschiedene Zweige: Einerseits zeigt die Globalisierung eine Neigung zum kulturellen Imperialismus,[575] der auf einer breiten kulturellen Verhaltens- oder Denkweise beruht.[576] Andererseits ist die Globalisierung sozusagen eine dritte Kultur, die keine nationale Grenze hat.[577] In der globalen Zivilgesellschaft leben Weltbürger gemeinsam. Sie haben gemeinsam die Aufgabe für das Gemeinwohl und die Gerechtigkeit zu sorgen.[578] Dafür ist das Verstehen und Verinnerlichen einer anderen Kultur sehr wichtig. Der Austausch der unterschiedlichen Kulturen bietet die Möglichkeit andere Kulturen besser zu verstehen. Mehr Kontakte, besseres Verstehen anderer Kulturen ermöglichen die Einbettung der westlichen Denkweise in die asiatische Kultur und auch umgekehrt der asiatischen Denkweise in die westliche Kultur.[579] Die „Globalisie-

571 Dreier, Religion und Verfassungsstaat im Kampf der Kulturen, S. 22.

572 Im Jahre 2008 haben von der gesamten Population Südkoreas 53,08 % der Bürger eine Religion. Davon sind 22,80 % buddhistisch, 18,32 % evangelisch, 10,94 % katholisch. Vgl. MCST, Aktueller Zustand der südkoreanischen Religionen, S. 10 ff.

573 Die Neigung zum Individualismus ist eine übliche Erscheinung in der Denkweise von heutigen asiatischen Ländern. Zum Beispiel Korea vgl. Cho, Individualism, S. 209 ff., zu Vietnam, Cordalis-Nguyen, Recht und Mentalität, S. 26 ff.

574 Kappe, Konfliktbewältigung, S. 130.

575 Shim, Koreanische Kultur, S. 226 ff.

576 Zum Beispiel hat sich in Vietnam die Denkweise des „Individualismus" während der französischen Kolonialzeit entwickelt. Vgl. Cordalis-Nguyen, Recht und Mentalität, S. 26 f.

577 Beck, Was ist Globalisierung?, S.152 ff.

578 Shim, Koreanische Kultur, S. 286 ff.

579 Bezüglich dieser Tendenz erklärt Žižek die „postmoderne Ironie". Demnach wird auf der Ebene der ökonomischen Infrastruktur die „europäische" Technologie weltweit her-

rung“ schafft die lange hergestellte kulturelle und religiöse Identität einer Gemeinschaft sehr schnell ab.

Heutzutage kann man daher nicht mehr von einer einzelnen Kultur oder von einer kulturellen Identität eines Landes sprechen, sondern muss pluralistisch von Kultur*en* oder kulturellen Identität*en* eines Landes sprechen.[580]

B. Generalprävention bezüglich des Kulturunterschieds

1. Außerhalb des Strafrechts

Die Herstellung des Rechtsbewusstseins bezieht sich auf die Alltagskultur oder das Volkstum. Da das Rechtsbewusstsein sowie das Rechtsgefühl der positiven Generalprävention zugrunde liegen, ist allein mit der formalen Einsetzung der Rechtsnorm ein entsprechendes Rechtsbewusstsein noch nicht vorhanden.[581] Dazu werden kulturelle Annährungsweisen benötigt, die das Rechtsgefühl verändern. Folglich könnte die Prävention je nach kulturellem Hintergrund auf unterschiedliche Weise angewandt werden. Ein deutliches Beispiel ist die Abweichung von Jugendlichen. Sie hat eine merkwürdige Eigenschaft im Vergleich zu der von Erwachsenen: Die jugendliche Abweichung wird stark von Bezugs- und Peer-Gruppen beeinflusst.[582] Bei jugendlicher Kriminalität ist die rationale Abwägung selten fassbar.[583] Wenn die Jugendkultur sorgfältig beachtet wird, könnte die Präventionshandlung bei Jugendlichen wirksamer sein.[584]

Daraus folgt auch eine Möglichkeit zu jeder Kultur die passende Präventionsstrategie zu benutzen. Dabei ist das unterschiedliche Konfliktbewältigungsverhalten zwischen den Ländern bemerkenswert. Die deutsche individualistische Kultur beeinflusst ihr Konfliktbewältigungsverhalten: Sie orientiert weniger an der Konfliktvermeidung, bringt selten eine informelle Art zum Einsatz. Im Konflikt halten Deutsche Schuldzuweisung und Rechtfertigung für wichtig. Beim Erör-

---

gestellt, während auf der Ebene der ideologischen Superstrukturen die sche“ Denkweise überwiegenden Wert als Ideologie dieses globalen Kapitalismus erhält. Dazu Žižek, Die Brisanz des christlichen Erbes, <http://www.egs.edu/faculty/slavoj-zizek/articles/die-brisanz-des-christlichen-erbes/> (Zugriff am 21.02.2011).

580 Dreier, Religion und Verfassungsstaat im Kampf der Kulturen, S. 22.

581 Heitmann, NJW 1994, 2131, 2133, insbesondere zum Rechtsbewusstsein der neuen Bundesbürger zur rechtlichen Integration nach der Wiedervereinigung Deutschlands.

582 Herberger, Normbekräftigung, S. 172 ff.

583 Funke-Auffermann, Symbolische Gesetzgebung, S. 83; Hörnle, Tatproportionale Strafzumessung, S. 81, Fn. 16, 17 m. w. N.

584 Zur Studie der Anpassung der Theorie der positiven Generalprävention im Hinblick auf jugendliche Abweichung vgl. Herberger, Normbekräftigung, S. 76 ff.

tern des Problems bevorzugt man die sachorientierte, direkte und konfrontative Weise. Deutsche neigen zu einem „konkurrierenden, aggressiven Verhalten“ bei einer Konfliktlösung.[585] Ganz gegensätzlich dazu ist die koreanische Vorgehensweise. Sie ist „solidarisch, gruppen- und integrationsorientiert“; es gibt keine Schuldzuweisung, kaum Zustimmung oder Ablehnung wird verbalisiert.[586] Ostasiatische Menschen, die nicht geradlinig sind, sondern einen sich zyklisch[587] ausdrückenden Kommunikationsstil haben, haben eine Neigung zur informellen Konfliktlösungsstrategie.[588] Aus dem kollektiven Rechtsethos ist bei der Konfliktlösung die Intervention von Dritten (z. B. Familie) erhalten geblieben. Man möchte einen Gesichtsverlust vermeiden, insbesondere wenn die „Gesichtswahrung“ auch für andere gegeben ist.[589]

Im koreanischen kollektiven Ethos kann etwa für die Erzeugung eines kollektiven Mitgefühls über die Rechtsbefolgung eine wirksame Strategie verfolgt werden. Die hohe Quote der Internetbenutzung und eine besonders hohe Wirkung von Internetforen in Südkorea kann ebenfalls berücksichtigt werden.

Als Beispiel werden die Nutzung der in Südkorea sehr beliebten Blog- oder Internet-Foren-Kultur in Betracht gezogen. Dank des Dienstes der Portal-Service-Webseite können Artikel von privaten Blogs als eine Nachricht in FrontPage angeschaut werden. Auch auf den berühmten Internet-Foren lassen sich Streitpunkte des Straßenverkehrsrechts, z.B. Kindersitzpflicht in aktiven Diskussionen finden.

2. Innerhalb des Strafrechts

Die strafrechtlichen Sanktionen sind vom Kulturunterschied weniger geprägt. Trotz der unterschiedlichen Kulturen und historischen Gesetzesentwicklung in Deutschland und in Südkorea[590] verfolgt das Strafrecht in beiden Ländern die gleiche Zielsetzung und die gleichen Aufgaben. Es ist kein vormodernes oder postmodernes, sondern ein „modernes“ bzw. „klassisches“ Strafrecht. Der herrschende Trend, die Neigung zu schärferen Sanktionen in der vor- oder postmodernen Strafrechtskultur,[591] ist nicht mehr sinnvoll. Das modernisierte Strafrecht ist geprägt von dem Weg zur Rationalität, dem Abstand von der metaphysischen

585 Cordalis-Nguyen, Recht und Mentalität, S. 43; Kappe, Konfliktbewältigung, S. 138, 154 f.
586 Kappe, Konfliktbewältigung, S. 151 f.
587 Cordalis-Nguyen, Recht und Mentalität, S. 56.
588 Kappe, Konfliktbewältigung, S. 138.
589 Kappe, Konfliktbewältigung, S. 155 ff.
590 Zur Geschichte der Entwicklung des südkoreanischen Strafrechts. Kap. 2, V, C.
591 Zur vor- und postmodernen Rechtskultur näher siehe oben Kap. 2, V.

und religiösen Denkweise, dem Rechtsgüterschutzprinzip sowie der „Selbstbegrenzung des Strafrechts".[592] Beim Einsatz von Strafe darf man den Formalisierungsanspruch nicht vergessen. Denn das Strafrecht verliert seine Rechtfertigung, wenn die Strafe nur mit der Begründung eingesetzt wird, dass sie in der bestimmten Kultur ein effizientes Präventionsmittel ist.

Es kann also zusammengefasst werden, dass die Präventionsstrategie durch das sorgfältige Beachten des kulturellen Hintergrunds ihre Effektivität besser erreichen kann. Bezüglich der strafrechtlichen Sanktion dürfen die strafrechtlichen Prinzipien jedoch nicht übersehen werden.

VI. Fazit

Im Hinblick auf die Abweichungsprävention im Straßenverkehr wurde der Wert der negativen Präventionstheorie zustimmend beurteilt. Die direkte und indirekte Erfahrung von Sanktionen erhöht die Informiertheit über das Normvorhandensein und die dazugehörige Sanktionierung. Die Empirie beweist die Wirkung der Abschreckung auf die Generalprävention.

Zugleich wird aber die Wirkung der negativen Generalprävention bezweifelt. In anderen Ansichten wird die Verbindung zwischen Abschreckung und Motivierung zur Normbefolgung skeptisch beurteilt. Für die Normbefolgung kann nicht nur „Abschreckung" sorgen. Auf die Normbefolgung oder -abweichung wirken tatsächlich auch verschiedene Deliktsituationen sowie mehrere Variablen, wie Informiertheit, Entdeckungsrisiko, Kontrolldichte, Belohnung bei positiver Konsequenz und vor allem die Normakzeptanz der Bürger. Zudem beweisen sich widersprechende empirische Ergebnisse über Einzelfaktoren einerseits, bedingt von der jeweiligen Deliktsituation. Andererseits liegt es nicht an einzelne Faktoren, weshalb es nicht „absolut" wirkt. In der Praxis tragen sowohl negative als auch positive Generalpräventionstheorien zur Normbefolgung bei. Zudem kann die negative und positive Generalprävention im Grunde genommen nicht streng getrennt werden. Manchmal erhöhen die als Abschreckung funktionierenden Variablen wiederum die Normakzeptanz der Bürger. Daher darf eine wirksame Präventionspolitik weder zur alleinigen Ansicht der negativen Generalprävention noch zur positiven Generalprävention neigen. Vielmehr kann die Prävention durch deren Zusammenwirken erreicht werden.

Für eine wirksame und gerechte Generalprävention sind einige Punkte relevant. Die Anwendung technischer Prävention hat eine Bedeutung, weil damit die effiziente Prävention ohne überflüssige polizeiliche Kontrolle gewährleistet wird.

592 Zur Bedeutsamkeit der „Modernität" vgl. Kap. 2, V.

Gleichzeitig wird auch das Subsidiaritätsprinzip des Strafrechts berücksichtigt. Diesbezüglich ist die Forderung der Formalisierung beachtlich. Eine informelle Präventionsstrategie neigt dazu, die Forderung der Formalisierung leicht zu verletzen. Daher muss bei Benutzung einer informellen Strategie auf die Formalisierung aufmerksam gemacht werden.

Zudem ist die „Kultur" ein für die Wirksamkeit der Generalprävention wichtiges Element. Obwohl der Trend zu multikulturellen oder zu einer globalisierten, einheitlichen Weltkultur anhält, hat jedes Land seine eigene Kultur, die sich aus seiner Geschichte ergibt. Diese Merkmale können bei der Präventionsstrategie außerhalb des Bereichs des Strafrechts angewendet werden. Dennoch dürfen strafrechtliche Prinzipien nicht im Namen der kulturellen Eigenschaft übersehen werden. Denn das Strafrecht ist die unüberwindbare Schranke der Kriminalpolitik.[593]

---

593 v. Liszt, Grundbegriff des Strafrechts, S. 75 ff.

Kapitel 4 Entkriminalisierung im Lichte der positiven Generalprävention

Einleitung

Im Gegensatz zur Vergeltungstheorie wird von der Präventionstheorie eine empirische Erklärung gefordert. Obwohl die positive Generalprävention weniger empirische Nachweise als die negative Generalprävention benötigt,[594] ist es auch für die positive Generalprävention wichtig, wie sich die empirische Wirkung der positiven Generalprävention, „Normvertrauen durch das Strafrecht", qualifiziert. Aus diesem Grund wird gegen Formalisierungsanspruch von der Lehre der positiven Generalprävention immer wieder einen Einwand erhebt; die Theorie der positiven Generalprävention verlangt weinige Präventionsmaßnahme, daher zeigt wenige empirische Wirkung.

Forderung der Entkriminalisierung ist eine repräsentative Strategie, den Formalisierungsanspruch der Lehre der positiven Generalprävention durchzuführen. Daher ist es notwendig, die Entkriminalisierung im Lichte der positiven Generalprävention zu begründen. Aus der historischen Situation wird die Annahme abgeleitet, dass das Straßenverkehrsrecht in Deutschland das Subsidiaritätsprinzip durch Entkriminalisierung gewährleistet und dadurch ein allgemeines Normvertrauen gestattet hat.

Die These lautet: Werden die Normen nur durch rechtsstaatliche Formalisierung von Adressaten anerkannt, erfüllen sie ihre präventive Rolle in der „richtigen" Weise. Dies ist als die *normative Seite* der Theorie der positiven Generalprävention zu verstehen. Die Entwicklung dieser These wäre auch hilfreich für die südkoreanische Entkriminalisierungspolitik im Straßenverkehr.

I. Der Entkriminalisierungsanspruch

Der Kontrollbereich im Strafrecht erweitert sich kontinuierlich aufgrund der mit der gesellschaftlichen und naturwissenschaftlichen Entwicklung erschienenen neuen Konflikte. Zudem ist die staatliche Rechtspolitik, die die Einwirkung des Strafrechts überschätzt, ein Grund des ausgeweiteten Strafrechts. Notwendig ist somit das Bemühen der Entkriminalisierung, um eine Neigung zu einer Straftat zu vermeiden.

---

594 Zur Begründung dazu siehe Kap. 1, IV, D.

Entkriminalisierung verwirklicht sich zum einen als eine „Alternative zum Strafrecht“ und zum anderen als eine „Alternative im Strafrecht“.[595] Die Entkriminalisierung ist auf drei unterschiedlichen Ebenen anzuwenden. Vor der Tat gilt eine „materiell-rechtliche Entkriminalisierung“ im Strafrecht, Nach der Tat dagegen die „Entpoenalisierung“, im Verfahren die „Diversion“.[596] Als materiell-rechtliche Entkriminalisierung gilt die Abschaffung bestimmter Paragraphen.[597] Im engeren Sinne sollte diese Streichung keine Zufügung anderer Sanktionen (z.B. im Zivilrecht oder in den Ordnungswidrigkeiten) mitbringen.[598] Im weiteren Sinne erweitern sich die „Strafausschließungsgründe (wie Geringfügigkeitsklausel) und Strafaufhebungsgründe (wie Täter-Opfer-Ausgleich)“.[599]

Entkriminalisierung verkörpert das Subsidiaritätsprinzip des Strafrechts,[600] das den strafrechtlichen Tatbestand nur zum geeigneten Bereich verringert. Aber das gegenwärtige Strafrecht entspricht nicht den oben genannten theoretischen Ansprüchen. Im Parlament werden in jeglichen Sitzungen neue strafrechtliche Gesetzgebungen erlassen, jedoch selten abgeschafft.

Für die Entkriminalisierung wird die kritische Überprüfung einer notwendigen Strafrechtsnorm vorausgesetzt. Manche Strafrechtsnormen erfahren selten oder keine kritische Selbstbeobachtung. Dies bedeutet unbedachtes gewöhnliches Bestehen der Normen, die eine Rechtfertigung des Rechts übersieht.

II. Entkriminalisierung im deutschen Straßenverkehrsrecht

A. Einführung der Straßenverkehrsordnungswidrigkeit

Durch das am 30.5.1968 verkündete und ab 1.1.1969 geltende Gesetz über Ordnungswidrigkeiten (OwiG)[601] und das Einführungsgesetz zum Gesetz über Ord-

---

595 Sonnen, Zauberwort Entkriminalisierung, S. 116.

596 Sonnen, Zauberwort Entkriminalisierung, S. 117.

597 Koch, Die Entkriminalisierung, S. 37; Schöch, Entkriminalisierung, Entpönalisierung, Reduktionismus, S. 247.

598 Naucke, GA 1984, 212. Naucke unterscheidet die Formen der Entkriminalisierung in drei Arten: Die deklaratorische, die scheinbare und die wirkliche Entkriminalisierung (Naucke, GA 1984, 199 ff.). Als „wirkliche Entkriminalisierung“ gilt diese Art der Entkriminalisierung.

599 Sonnen, Zauberwort Entkriminalisierung, S. 117.

600 Hassemer, Grundlinien einer personalen Rechtsgutslehre, S. 87.

601 BGBl. I S. 481.

nungswidrigkeiten (EGOWiG) vom 24.5.1968[602] wurde die Entkriminalisierung im Straßenverkehr verwirklicht: Leichte Straßenverkehrs-Straftatbestände wurden auf Bußgeldtatbestände umgestellt. Der Gesetzgeber führt diese Änderung mit dem Zweck der Herstellung eines „wirksamen" Straßenverkehrsrechts durch, indem er die „Verkehrsdelinquenz als Massenphänomen" überlegte.[603] Seit dieser Gesetzesänderung sind im Gebiet des Straßenverkehrsrechts Ordnungswidrigkeiten vorhanden.[604]

Ein erster wichtiger Vorgang nach Trennung der Ordnungswidrigkeiten von den Strafrechtstatbeständen vor der Einführung des OWiG war durch das 2. Straßenverkehrssicherungsgesetz [605] (verkündet am 26.11.1964, gültig ab 1.2.1965) vorgenommen worden.[606] Dieses Gesetz hatte es auf die Verschärfung des Rechts abgesehen, um die besonders gefährlichen Straßenverkehrsverstöße zu vermeiden. Die vom Gesetzgeber und Parlament im Hintergrund diskutierte Strafverschärfung von schweren Delikten als auch die Strafminderung (Entkriminalisierung) von leichten Delikten wurde nicht realisiert. Denn das damals geltende Gesetz über Ordnungswidrigkeiten gewährleistete keinen schnellen Prozess.[607]

Die Entkriminalisierung des Straßenverkehrsrechts ist hauptsächlich mit der „pragmatischen" Perspektive durchgeführt worden.[608] Die „schweren" und „unfallträchtigen" Verstöße waren keine Ausnahme von der Entkriminalisierung. Der Grund, weshalb es zu keiner unterschiedlichen Regelung kam, war zum größten Teil die angestrebte Verfahrensbeschleunigung. [609] Nach der Auffassung des Rechtsausschusses des Bundestages hat man bei massenhaften Straßenverkehrsverstößen den maßgeblichen Schwerpunkt auf die Schnelligkeit und nicht auf die Härte der Sanktionsanwendung gesetzt.[610] Nach diesem Gesichtspunkt wurde die kontinuierliche „verkehrserzieherische Wirkung" zugesagt.[611] Aus diesen Gründen wurden schließlich die gesamten vorherigen Verkehrsübertretungen – jede Übertre-

---

602 BGBl. I S. 503; Amtliche Begründung zum EGOWiG siehe BTDr V/2601.

603 Janiszewski, DAR 1968, 313; ders., Verkehrsstrafrechts, S. 10; Begründung des Entwurfs zum Zweiten Gesetz zur Sicherung des Straßenverkehrs (BTDr IV/651).

604 Janiszewski, Verkehrsstrafrecht, S. 10.

605 Vom 26.11.1964 (BGBl. I S. 921). Geltung am 2.1.1965.

606 Janiszewski, DAR 1968, 313.

607 Vgl. Bericht des Rechtsausschusses des Bundestages BTDr IV/2161 unter „Allgemeines".

608 Vgl. BTDr V/2600/2601; Janiszewski, DAR 68, 313; ders., Verkehrsstrafrechts, S. 11.

609 Vgl. amtliche Begründung BTDr V/1319 zu Art. 3; Janiszewski, Der Güterverkehr, 66, 390 ff.

610 BTDr V/2600/2601; Janiszewski, Verkehrsstrafrecht, S. 11.

611 Janiszewski, Verkehrsstrafrecht, S. 11.

tung gegen StVO und gegen StVZO – auf die Tatbestände des OWiG angewandt. Außerdem wurden die im Grunde als reine Ordnungswidrigkeiten angenommenen Vergehenstatbestände des StVG a. F. auf Ordnungswidrigkeiten umgestellt.[612]

B. Sinn der Entkriminalisierung der Bagatelldelikte im Straßenverkehr

1. Übermaßverbotsprinzip

Die Entkriminalisierung der Verkehrsübertretung in Deutschland – Umstellung der früheren Vergehen, die in der Verkehrspolitik sowie in der Kriminalpolitik weniger bedeutsam waren und grundsätzlich für ordnungswidrig gehalten wurden, auf Ordnungswidrigkeiten – erfüllt den Sinn des Übermaßverbots. Das Übermaßverbotsprinzip ist ein Teil des Verhältnismäßigkeitsprinzips aus den Geboten der Grundrechte (Art. 2, 3, 12, 14 GG).[613] Das Rechtsstaatsprinzip beinhaltet das „Prinzip der Verhältnismäßigkeit des Mittels".[614] Nach dem Prinzip des Übermaßverbots haben Gesetzgeber oder diejenigen, die das Gesetz ausführen (Exekutive) wie z.B. die Verwaltungsbehörde, immer beschränkende Maßnahme zu wählen, wenn der Zweck der Regelung (Sicherheit oder Flüssigkeit des Straßenverkehrs im Fall des Straßenverkehrsrechts) mit dem gleichen Einfluss ausgeübt, aber auf weniger einschneidende Weise verwirklicht werden kann.[615] Der Einsatz der Strafe setzt immer die annehmbare Beziehung mit der Tat voraus,[616] und ist begründet mit der Gewährleistung des Verhältnismäßigkeitsgrundsatzes.[617] Im Strafverfahren soll die Maßnahme im angemessenen Verhältnis zum Tatvorwurf sein.[618] Aus diesem Grund sind Bagatellen als Gegenstand des Straf-

---

612 Dazu gehören der Gebrauch nicht zugelassener Kfz (§ 23 StVG a. F.), das vorschriftswidrige Mitführen oder Mitführenlassen von Anhängern (§ 26 Nr. 1, 2 StVG a. F.), die Überladung um mehr als 10 % (§ 26 Nr. 3, 4 StVG a. F.) und das gewerbsmäßige Feilbieten unvorschriftsmäßig gekennzeichneter Fahrzeugteile (§ 26 Nr. 5 StVG a. F). Janiszewski, Verkehrsstrafrecht, S. 11.

613 Hentschel/König/Dauer, Straßenverkehrsrecht, Einl. Rn. 2.

614 Ebenda; BVerfGE 10, 117; NJW 02, 2378; OVG Münster VRS 75, 384.

615 BGH, VRS 59, 401; BVerwG, NZV 93, 284; DAR 99, 184; OVG Lüneburg, VRS 55, 311; Hentschel/König/Dauer, Straßenverkehrsrecht, Einl. Rn. 2.

616 BVerfGE 6, 439.

617 NK-StGB-Ransiek, Vorbem. §§ 324 ff. Rn. 16; Ransiek, Unternehmensstrafrecht, S. 237 ff., bes. S. 241 f.

618 BVerfGE 17, 117.

rechts ungeeignet.[619] Das Übermaßverbotsprinzip setzt die Grenze des zugelassenen Sanktionseingriffs der Anordnung und deren Vollziehung.[620] Verhältnismäßig ist das geltende deutsche ordnungswidrigkeitenrechtliche Bußgeldverfahren, da im Bußgeldverfahren „freiheitsentziehende strafprozessuale Maßnahmen", wie Anstaltsunterbringung, Verhaftung und vorläufige Festnahme usw., unzulässig sind (§ 46 III 1 OWiG).[621] Diese Ausschließung begründet, dass der Einsatz der Freiheitsstrafe zum OWiG-Tatbestand nicht angemessen ist.[622] Der Grundsatz ist nicht nur bei der Umstellung der strafrechtlichen Sanktion auf die ordnungswidrigkeitsrechtliche Sanktion nützlich, sondern auch im OWiG an sich, nämlich bei der Anordnung, deren Vollziehung und Fortdauer der ordnungswidrigkeitsrechtlichen Sanktion.[623]

2. Formalisierung – Verwirklichung der positiven Generalprävention

Das Verhältnismäßigkeitsprinzip entspricht dem Vorhaben der Theorie der positiven Generalprävention. Die Formalisierungsleistung ist ein Zweig von drei wesentlichen Inhaltselementen der Theorie der positiven Generalprävention und unterscheidet sich in „Schutztechnik"[624] und „Wertprinzipien".[625] Das Prinzip der Verhältnismäßigkeit verbindet sich mit dem Letzteren; die strafrechtliche Sozialkontrolle kann noch eine mögliche Rechtsverletzung des Bürgers sein. Aus diesem Grund muss sie immer mit den Prinzipien verbunden werden, um die Möglichkeit aufrechtzuerhalten. Zur Gruppe dieser Wertprinzipien gehören vor allem der Grundsatz der Verhältnismäßigkeit, das Schuldprinzip sowie das Gesetzlichkeitsprinzip; die Prinzipien schränken die im Namen der „Effektivität" übermäßig eingesetzte strafrechtliche Sozialkontrolle ein.[626]

---

619 Vgl. BVerfGE 90, 145, 185; BVerfGE 120, 224; Ransiek, Unternehmensstrafrecht, S. 318 ff.; NK-StGB-Ransiek, Vorbem. §§ 324 ff. Rn. 16.

620 BVerfGE 32, 373, 379 = NJW 1972, 1123; BVerfGE 34, 238, 246 = NJW 1973, 891; Meyer-Goßner, StPO-Kommentar, Einl., Rn. 21; KK-OWiG-Wache, Vorbem. § 53 Rn. 65.

621 KK-OWiG-Wache, Vorbem. § 53 Rn. 65.

622 Ebenda; Göhler, OWiG, § 46 Rn. 12.

623 KK-OWiG-Wache, Vorbem. § 53 Rn. 65. Der Grundsatz der Verhältnismäßigkeit bei der Regulierung des OWiG wird in § 24 I OWiG deutlich ausgedrückt.

624 „Schutztechnik" betont, dass die Art und Weise sowie die Folgen der strafrechtlichen Sanktionen deutlich betrachtet werden sollen; sie sollten „vorhersehbar, nachprüfbar und korrigierbar" sein. Dazu näher NK-StGB-Hassemer/Neumann, Vorbem. § 1 Rn. 169 ff.

625 NK-StGB-Hassemer/Neumann, Vorbem. § 1 Rn. 169.

626 NK-StGB-Hassemer/Neumann, Vorbem. § 1 Rn. 176 ff.

C. Weitere Diskussionen über die Entkriminalisierung

Durch die sich weiterentwickelten Diskussionen über Entkriminalisierung anderer Verkehrsdelikte hat sich zurückschauend die in den 70er Jahren erfolgte Entkriminalisierung der deutschen Verkehrsübertretung bewährt.[627] Im Sinne des *Ultima-ratio*-Prinzips wurden und werden in Deutschland die Entkriminalisierung der Unfallflucht (§ 142 StGB),[628] fahrlässiger Körperverletzung (§ 229 StGB)[629] und des Schwarzfahrens (§ 265a StGB)[630] häufig diskutiert. Dazwischen wurde im Fall der tätigen Reue bei Unfallflucht schon die Entkriminalisierungsphase durchgeführt. Bezüglich der Unfallflucht gab es Gesetzinitiativen des Landes Berlin im Jahr 1986 und des Landes Hessen 1993. Diese beiden Bundesländer haben die Entkriminalisierung der Tat vorgeschlagen, wenn der „Täter nach Unfällen im ruhenden Verkehr mit Sachschaden bei freiwilliger nachträglicher Meldung“ bringt.[631] Nach dem Scheitern bei der Abstimmung im Bundesrat wurde ein solcher Vorschlag schließlich in das Gesetzgebungsverfahren zum 6. StrRG aufgenommen.[632] Nachdem Rheinland-Pfalz diesen Vorschlag in die Beratungen einführte, entwarf der Bundesrat eine Neufassung des § 142 IV StGB. Am Schluss wurde die tätige Reue in § 142 IV durch das 6. StRG vom 26.1.1998 (BGBl. I S. 164) mit Wirkung zum 1.4.1998 eingeführt.[633] Es sollte noch untersucht werden, ob noch eine weitere Entkriminalisierung von Straßenverkehrstatbeständen möglich ist, z.B. vor allem in dem Bereich des unerlaubten Entfernens vom Unfallort usw.

---

627 Janiszewski, Verkehrsstrafrecht, Rn. 24.

628 Vgl. Janiszewski, DAR 1994, 1 ff. m. w. N; Albrecht, KritV 1996, 334; Schünemann, DAR 1998, 426 ff.; Müller-Metz, NVZ 1994, 89 ff. Überblick über die Gründe gegen und für eine Entkriminalisierung des Unfallfluchttatbestands (§ 142 StGB) vgl. Janker, DAR 1993, 11 ff.

629 Schünemann, DAR 1998, 431 f.; Albrecht, KritV 1996, 334; Müller-Metz, NVZ 1994, 89 ff.; Janker, DAR 1993, 11 ff.

630 Kaiser, Entkriminalisierung, S. 421; Analyse dazu und die Gegenmeinung zu deren Entkriminalisierung Hauf, DRiZ 1995, 15 ff. Für die Entkriminalisierung des Schwarzfahrens speziell in den sog. „Einmalfällen“ Eyers, Entkriminalisierung, S. 53 ff.

631 LK-StGB-Geppert, § 142 Entstehungsgeschichte.

632 Ebenda.

633 Ebenda.

III. Abgrenzung von Ordnungswidrigkeit und Straftat

A. Aluid-Theorie

Seit langer Zeit wurden zwei Aspekte des Aufstellungskriteriums zur Unterscheidung der Ordnungswidrigkeiten von den Straftaten gegeneinander gehalten: *Qualität* und *Quantität*. Nach dem ersten Standpunkt ist das Kriterium die „Andersartigkeit“.[634] Demnach sind Ordnungswidrigkeiten ein „Aluid“, sie seien *sui generis*, einzigartig in ihren Charakteristika mit Bezug auf die Straftat.[635] Nach dieser Auffassung sei die Ordnungswidrigkeit das ethisch farblose „Verwaltungsunrecht“ oder der „Ungehorsam“ gegen Verwaltungsbefehle, der aus Gründen des Allgemeinwohls seinen Wert hat,[636] während die Straftat, nämlich die Verletzung wesentlicher Gemeinschafts- und Individualrechte[637] und besonders aus ethischer Sicht ein Unwertsurteil[638] sei. Eine Ordnungswidrigkeit wird wegen des Abbruchs des „Allgemeininteresses an einer effektiv [...] funktionierenden staatlichen Verwaltung“ als unrecht bewertet.[639] Diese Theorie trägt zur Begründung der Entwicklung des damals neu geschaffenen „Ordnungswidrigkeitenrechts“ bei.[640] Historisch entwickelte sich die Aliud-Theorie aus der Verwaltungsstrafrechtstheorie „von der materiellen Verschiedenartigkeit des Justizdelikts und des Verwaltungsdelikts“,[641] die von *J. Goldschmidt*[642] entworfen und von *E. Wolf*[643] *und E. Schmidt*[644] weiter erklärt ist.[645] Durch das Gesetz zur Vereinfachung des Wirtschaftsstrafrechts vom 26.7.1949 wird die erste Einführung des Ordnungswidrigkeitenrechts begründet.[646] Diese Theorie wird auch von der Rechtsprechung unterstützt: Das BVerfG spricht teilweise positiv zur Aluid-

---

634 Mitsch, Ordnungswidrigkeit, S. 16.

635 Ebenda; Roxin, Strafrecht AT I, § 2 Rn. 132.

636 BVerfGE 9, 167 (171); BGHSt 11, 264. Mitsch, Ordnungswidrigkeit, S. 16; Schmitt, Ordnungswidrigkeitenrecht, S. 11. Nach Schmitt ist die Unterscheidung nur mit formaler Natur möglich. Schmitt, Ordnugswidrigkeitenrecht, S. 14.

637 Mitsch, Ordnungswidrigkeit, S. 16.

638 BGHSt 11, 264.

639 Roxin, Strafrecht AT I, § 2 Rn. 4; Mitsch, Ordnungswidrigkeit, S. 16.

640 Mitsch, Ordnungswidrigkeit, S. 16.

641 Schmidt, Straftaten und Ordnungswidrigkeiten, S. 415, 423.

642 Vgl. Goldschmidt, Das Verwaltungsstrafrecht, S. 533, 545 ff.

643 Vgl. Wolf, Verwaltungsdelikte, S. 516 ff.

644 Vgl. Schmidt, Straftaten und Ordnungswidrigkeiten, S. 415 ff.

645 Rebmann/Roth/Hermman, OWiG-Kommentar, Vorbem. § 1 Rn. 6.

646 Schmidt, JZ 1951, 101 ff.; Rebmann/Roth/Hermman, OWiG-Kommentar, Vorbem. § 1 Rn. 6.

Theorie.[647] Durch die Zitierung der Auffassung von *Goldsmidt* und *Wolf* teilt auch der BGH die Auffassung, dass „das Schrifttum einen sachlichen Unterschied zwischen diesen beiden Arten des Unrechts gefunden“ hat.[648]

B. Quantitative Betrachtungsweise

Von Beginn an bis heute verbreitet sich die Ordnungswidrigkeit: Zuerst wurde sie im Jahre 1949 in das Wirtschaftstrafgesetz eingeführt, danach in das OWiG von 1952, später im erneuerten OWiG von 1968, am Schluss wurden seit dem 1.1.1975 alle früheren Übertretungen im StGB (§§ 360 ff. a. F.), die mit Geldstrafe bis zu 500 DM oder mit Haft bis zu sechs Wochen geahndet wurden, zu Ordnungswidrigkeiten umgestaltet.[649] Somit ist der wesentliche Unterschied zwischen Strafrecht und Ordnungswidrigkeitenrecht schwammig geworden.[650] Einige Ordnungswidrigkeiten beziehen sich auf die Rechtsgüter:[651] Zum Beispiel ruhestörender Lärm (§ 117 OWiG) kann als die Verletzung des Rechtgutes erwähnt werden.[652] Darüber hinaus beweisen viele Ordnungswidrigkeiten im Straßenverkehrsrecht ihren Bezug zur Verletzung wesentlicher Gemeinschafts- und Individualrechte,[653] etwa § 24a StVG (0,5-Promille-Grenze).[654] Daher seien Ordnungswidrigkeiten „keineswegs sozial-ethisch farblose Lässigkeiten“.[655] Die Entkriminalisierung des Verkehrsstrafrechts[656] sei auch ein Grund, der gegen die frühere Aluid-Theorie steht.[657] Denn bei der Überschreitung der Höchstgeschwindigkeit „im Bewusstsein“ (§§ 2, 3, 49 I Nr. 2, 3 StVO) oder bei der „bewussten“ Ignorierung der roten Ampel ist die sozial-ethische Farblosigkeit nicht so einfach deutlich zu folgern.[658] Daher wurde die Quantitätstheorie vertreten, die auf die „Geringfügigkeit“ der Verwerflichkeit fokussiert. Nach dieser Theorie sind die Ordnungswidrigkeiten so klassifiziert, dass „ein Verhalten trotz eines

---

647 BVerfGE 9, 167 (171); 22, 48 (78 ff.); BVerfGE 27, 18 (28 ff.).
648 BGHSt 11, 264.
649 Roxin, Strafrecht AT I, § 2 Rn. 61.
650 Mitsch, Ordnungswidrigkeit, S. 16 f.
651 Schmitt, Ordnungswidrigkeitenrecht, S. 14; Mitsch, Ordnungswidrigkeit, S. 17.
652 Roxin, Strafrecht AT I, § 2 Rn. 62.
653 Roxin, Strafrecht AT I, § 2 Rn. 131.
654 Ebenda; Baumann/Weber/Mitsch, Strafrecht AT, § 4 Rn. 16; Hirsch, Abgrenzung, S. 318; LK-Jescheck, Einl. Rn.11. Auch erwähnt Roxin die Ordnungswidrigkeiten gemäß §§ 49 StVO, 69a StVZO. Dazu Roxin, Strafrecht AT I, § 2 Rn. 131.
655 Jescheck/Weigend, Strafrecht AT, § 7 V 3.
656 Art. 3 EGOWiG vom 24.5.1968, BGBl. I S. 503.
657 Rebmann/Roth/Hermman, OWiG-Kommentar, Vorbem. § 1 Rn. 7.
658 Ebenda.

manchmal erheblichen Rechtsgüterschadens nur einen geringen sozialethischen Unwertgehalt aufweist".[659] Ordnungswidrigkeiten haben eine unbeträchtliche Quantität von Unrecht sowie Schuld und geringfügige Verwerflichkeit, während Straftaten als „besonders verwerflich"[660] charakterisiert werden.

C. Gemischt quantitativ-qualitative Betrachtungsweise

Die heutigen Randbereiche des Straf- und des Ordnungswidrigkeitenrechts können weder durch die früher herrschende Aluid-Theorie noch durch die quantitative Theorie vertreten werden. *Einerseits* in dem Strafrecht bleibt der schutzwertige „Kernbereich" der Rechtsgüter, der nie mit anderen Rechten sanktioniert werden darf:[661] Einige Straftaten gegen das Leben, gegen die körperliche Unversehrtheit und gegen persönliche Freiheit, z. B. Mord, schwere Körperverletzung, Vergewaltigung, Geiselnahme usw., dürfen nicht zu Ordnungswidrigkeiten herabgestuft werden.[662] *Andererseits* kann die Abgrenzung zwischen Straftat und Ordnungswidrigkeit nicht deutlich bestimmt werden, das ist nur schätzungsweise möglich. Es gibt immer laufende Entkriminalisierungsdebatten, einige Straftatbestände zu Ordnungswidrigkeiten herabzustufen.[663] Die Gegenrichtung – Kriminalisierung der früheren Ordnungswidrigkeiten – ist auch „kein Tabuthema".[664] Es ist also schwer zu bestimmen, dass Straftatbestände ethisch verwerflich wären, dagegen seien Ordnungswidrigkeiten ethisch farblos.[665] Aus diesem Grund ist die gemischt quantitativ-qualitative Betrachtung gegenwärtig die herrschende Meinung und die Haltung des Bundesverfassungsgerichts.[666]

---

659 Roxin, Strafrecht AT I, § 2 Rn. 99.

660 Mitsch, Ordnungswidrigkeit, S. 17.

661 BVerfGE 27, 18 (28); Krey, Deutsches Strafrecht AT 1, Rn. 28; Roxin, Strafrecht AT I, § 2 Rn. 132.

662 Maurach/Zipf, Strafrecht AT 1, § 1 Rn. 32; Baumann/Weber/Mitsch, Strafrecht AT, § 4 Rn. 16.

663 Zum Beispiel leichte fahrlässige Körperverletzungen, Verkehrsunfallflucht nach Unfall mit geringem Sachschaden (Weigend, Zur Reform von § 142 StGB, S. 753 ff.).

664 Bekanntlich hatten kartellrechtswidrige „Submissionsabsprachen" schon immer eine starke Affinität zum Strafrecht. Die Befürwortung der Betrugsstrafbarkeit durch den Bundesgerichtshof belegt, dass die ordnungswidrigkeitenrechtliche Ahndung solcher marktwirtschaftsfeindlichen Verfehlungen aus § 38 I, IV GWB a. F. nicht recht zufrieden stellte.

665 Roxin, Strafrecht AT I, § 2 Rn. 131 m. w. N.

666 Maurach/Zipf, Strafrecht AT 1, § 1 Rn. 35; Göhler, OWiG, Rn. 5 f.; Rebmann/Roth/Hermman, OWiG-Kommentar, Vorbem. § 1 Rn. 8; Roxin, Strafrecht AT I, § 2 Rn. 132;

Entscheidungen des Gesetzgebers zwischen Straf- und Ordnungswidrigkeitenrecht werden durch die staatliche Verpflichtung zum Schutz wichtiger – vor allem grundrechtlich geschützter – Rechtsgüter eingegrenzt.[667] *Einerseits* ist diese Pflicht durch völlige Entlassung rechtsgutsschädlichen Verhaltens aus dem Bereich repressiv-rechtlicher Unrechtsbekämpfung verletzt worden. Dafür werden die verfassungsrechtlichen Prinzipien gefordert, vor allem der Grundsatz der Verhältnismäßigkeit:[668] Geeignetheit, Erforderlichkeit und Verhältnismäßigkeit. Die Bedrohung des rechtsgutsschädlichen Verhaltens durch Strafe ist verboten, wenn die Bekämpfung dagegen durch Ahndung mit Geldbuße erreicht werden kann (Erforderlichkeit) oder die mit der Anwendung von Strafrecht verbundenen Nachteile außer Verhältnis zu dem damit erzielbaren Nutzen stünden (Verhältnismäßigkeit).[669] *Andererseits* ist eine fehlerhaft bagatellisierende Einordnung in das Ordnungswidrigkeitenrecht auch verboten.[670] Der Gesetzgeber darf die grundgesetzlich anerkannte Hochwertigkeit eines Rechtsguts nicht dadurch konterkarieren, dass er Beeinträchtigungen dieses Rechtsguts mit einem Minderstgrad konkreter Gefährdung entkriminalisiert und zu Ordnungswidrigkeiten herabstuft.[671] Die Bagatellfälle sollten nicht als Ordnungswidrigkeiten behandelt werden, wenn entsprechende Normen dieser Fälle zum „Kernbereich des Strafrechts" gehören.[672] Dies würde eine Verletzung des elementaren Prinzips der „unverzichtbaren Teile der Identität der Gesellschaft"[673] darstellen.

D. Begrenzung des Strafrechts durch neue Kriterien

Trotz der Bemühung der verschiedenen Theorien zur Abgrenzung der Straftat und Ordnungswidrigkeiten ist schwer zu entscheiden, wo genau die Grenze zwischen der Strafrechtswidrigkeit und der Ordnungswidrigkeit verläuft.[674]

Im Folgenden wird ein Modell für die Feststellung dieser Grenze als eine Annahme vorgeschlagen. Zur Feststellung der Grenze in diesem Modell bezieht

---

Jakobs, Strafrecht AT, S. 54 (3/9); Jescheck/Weigend, Strafrecht AT, § 7 V 3 b; Lang-Hinrichsen, Verbandsunrecht, S. 61.

667 Roxin, Strafrecht AT I, § 2 Rn. 37; Jescheck/Weigend, Strafrecht AT, § 7 V 3 b.

668 Jescheck/Weigend, Strafrecht AT, § 7 V 1.

669 Ebenda.

670 Maurach/Zipf, Strafrecht AT 1, § 1 Rn. 32.

671 Ebenda.

672 Jakobs, Strafrecht AT, S. 55 (3/10).

673 Ebenda.

674 Zur Andeutung von Hassemer über die Schwierigkeit bei Einwirken des Verhältnismäßigkeitsprinzips in der Praxis vgl. Hassemer, Der Grundsatz der Verhältnismäßigkeit als Grenze strafrechtlicher Eingriffe, S. 124 ff.

man sich auf zwei Kriterien. Ein Kriterium ist ein naturwissenschaftliches, das andere ein sozial-gesellschaftliches. Das naturwissenschaftliche Kriterium ist durch einen von der Naturwissenschaft geklärten risiko- und gefährlichkeitsbezogenen Charakter gekennzeichnet, während das sozial-gesellschaftliche Element sich das in der Gesellschaft gestaltete Bewusstsein von Bürgern über die Notwendigkeit des Strafeinsatzes erklärt. Dieses Bewusstsein wird durch die Häufigkeit, Bedarfintensität und Bedrohung bewirkt.[675] Diese zwei Kriterien wirken zusammen auf die Feststellung der Strafrechts- oder Ordnungswidrigkeit ein. Wenn zu einer bestimmten Tat die beiden Werte in jeweiliger Richtung nach oben steigen, muss sie durch das Strafrecht geahndet werden. Im Gegensatz dazu ahndet man bei niedrigen Werten von Beiden weiter als Ordnungswidrigkeiten. Wenn nur ein Element einen hohen Wert hat, kann dann die Summe beider Werte als Kriterium berücksichtigt werden.

In die Abbildung 5 zeigt die X-Achse den Grad der naturwissenschaftlichen Gefährlichkeit, die Y-Achse den Grad der sozial-gesellschaftlichen Notwendigkeit des Strafeinsatzes. Etwa bei der Handybenutzung beim Fahren kann der Wert nach ihrer naturwissenschaftlichen Einstufung der Gefährlichkeit ziemlich hoch sein, aber die gesellschaftliche Einstufung gegen diese Tat ist relativ niedriger. Wird die Summe von beiden nicht groß eingeschätzt, wird diese Tat nicht durch Strafrecht geahndet. In dieser Abbildung wird die „absolute Fahruntüchtigkeit“ (der BAK-Wert von 0,11 Promille) nach sehr hoher naturwissenschaftlicher Gefährlichkeit[676] festgelegt. Auch sehr hoch ist das sozial-gesellschaftliche Bewusstsein gegen schwere Trunkenheit. Der Punkt der absoluten Fahruntüchtigkeit liegt ganz oben rechts in der Abbildung. Diese Tat wird im Bereich des Strafrechts einbezogen.

---

675 Diese der Elemente sind für die Bestimmung des „Verbrechens“ entscheidend (Hassemer, Verbrechen, S. 130 ff.). Übrigens bedeutet „Häufigkeit“ in diesem Kontext nicht die tatsächliche Zahl der Verkehrsunfälle, sondern die von den Bürgern wahrgenommene (erkannte oder gefühlte) Häufigkeit.

676 BGH 37, 89. Der Festlegung des Grenzwerts für Fahrer im Trunkenheit lag ein Gutachten des BGA zugrunde. Vgl. NZV 90, 104; Fischer, StGB, § 316 Rn. 26.

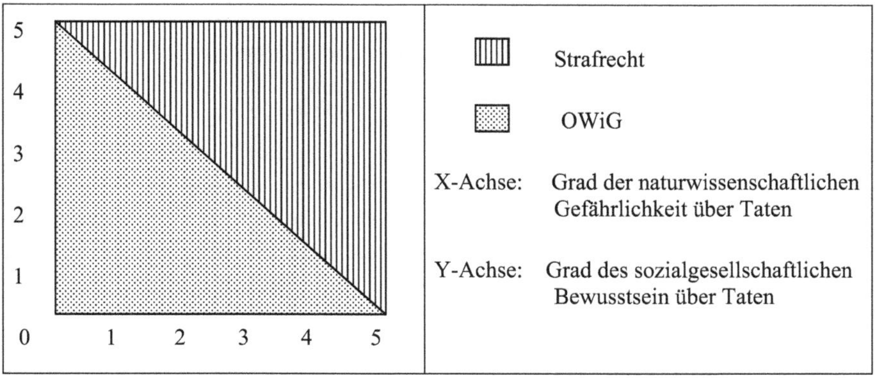

Abb. 4: Begrenzung des Strafrechts durch neue Kriterien

IV. Forderung der Entkriminalisierung der südkoreanischen Bagatellstraßenverkehrsdelikte

Im Gegensatz zur Entkriminalisierung der deutschen Verkehrsordnungswidrigkeiten sind die leichten Abweichungen vom südkoreanischen Straßenverkehrsrecht grundsätzlich nicht als Ordnungswidrigkeiten, sondern als Strafwidrigkeiten geregelt. Aber wegen der massenhaften Verkehrsdelikte wurde eine schnelle Änderung gefordert und das System des „Gesetzübertretungsgeldes" wurde eingeführt. Im Folgenden werden nähere Erläuterungen über das System ausgeführt.

A. Südkoreanische Regelungen über leichte Abweichung im Straßenverkehr

1. Die Taten der Gesetzübertretung als Gegendstand der „Bescheidsverfügung"

Das in 14 Teile gegliederte südkoreanische Straßenverkehrsgesetz (kStVG) regelt allgemeine Fahrvorschriften in den Teilen 3 bis 6 und die dazugehörigen strafrechtlichen Sanktionen (Freiheits- oder Geldstrafe) in Teil 13. In Teil 14 werden breite Ausnahmen für die „Gesetzübertretung" geregelt, um die schnelle Ausarbeitung der Übertretung der Verkehrsvorschrift zu erreichen. Durch das

„Änderungsgesetz der kStVO“[677] wurde in Teil 9 der kStVO a. F. die Tat der Verkehrs„gesetzüberschreitung“ neu eingeführt und ausnahmsweise geregelt.

Die Tatbestände der „Verkehrsgesetzübertretung“ als Gegenstand der „Bescheidsverfügung“[678] sind nach den Regeln des § 162 kStVG und abschließend in § 93 kStVO sowie in dem Anhang von kStVO Tabelle 7 und 8 bestimmt. Diese Verordnung beinhaltet konkrete Inhalte der Tatbestände und 38 Vorschriften zur Höhe des Geldbetrages, der vom Fahrer zu entrichten ist.[679] 7 Vorschriften betreffen die Fußgänger.[680] Diese Gegenstände sind die mit Geldstrafe unter 100.000 KRW[681] oder mit „*Guryu*“ (die verkürzte Form von normaler Freiheitsstrafe unter 30 Tage)[682] geahndete Verkehrsdelikte. Die Taten der Verkehrsgesetzübertretung sind durch Bescheidsverfügung geregelt.

2. Verfahren der Bescheidsverfügung

Das „Gesetzübertretungsgeld“ ist eine Art der „Bescheidsverfügung“. Die Bescheidsverfügung[683] ist eine Art des Verwaltungsakts, bei dem die Verwaltungsbehörde für jemandem, der ein Verwaltungsdelikt verübt hat, einen Bescheid erlässt, in dem ein Betrag in Geld gefordert wird, der der Tat als angemessen entspricht. Wenn diesem Bescheid in einem begrenzten Zeitraum nachgekommen wird, erhält die Bescheidsverfügung die gleiche Wirkung wie ein festgestelltes Urteil. In diesem Fall gilt der Grundsatz *ne bis in idem*:[684] Die rechtliche Sanktion wird abgeschlossen.

Der nähere Katalog wird durch kStVO ergänzt.[685] Der schriftliche Bescheid wird vom Polizeipräsidenten erlassen. Die als Gesetzübertreter anerkannte Person erhält diesen mit den beschriebenen Gründen und dem festgelegten Gesetzübertretungsgeld. Die Höhe des Gesetzübertretungsgeldes ist entsprechend der Art der Tat im kStVO ausführlich geregelt. Die kStVO bestimmt das Gesetzübertretungsgeld von 10.000 bis 70.000 KRW für Fahrer, von 10.000 bis 30.000

---

677 Gesetz-Nr. 2591 vom 12.3.1973, in Kraft seit 25.4.1974.

678 Dazu ausführlich unten 2.

679 Vgl. Tabelle 7 von kStVO.

680 Vgl. Tabelle 8 von kStVO.

681 Euro - Won - Kurs (EUR-KRW): ca. 1.500 KRW (Standpunkt vom 10. 2011).

682 Zu südkoreanischen Strafarten näher vgl. Anhang 1 „Strafarten in Südkorea“.

683 Ursprünglich ist der Grund der Einführung der Bescheidsverfügung die Sicherstellung der finanziellen Einnahme durch das beschleunigte, einfache Verwaltungsverfahren bezüglich des Steuerdelikts. Nach den 70er Jahren ist die Bescheidsverfügung auch in das südkoreanische Straßenverkehrsrecht eingeführt worden.

684 §§ 164 III, 165III kStVG.

685 § 162 III kStVG.

KRW für Fußgänger. Die Klassifizierung wird je nach Tatbestand und nach der Autoklasse vorgenommen. Es besteht kein Ermessensspielraum bei dieser Festlegung. Gesetzübertretungsgeld soll im Prinzip innerhalb von 10 Tagen nach Einreichung des Bescheids gezahlt werden. Sollte der Betrag innerhalb der Frist nicht eingegangen sein, wird eine Versäumnisgebühr für die Verspätung in Höhe von 20 % des Gesetzübertretungsgeldes fällig.

§ 162 II kStVG regelt die Ausnahme der Gegenstände von dieser Bescheidsverfügung: In Betracht kommen Fahrer, die bei der Gesetzübertretung ihren Führerschein nicht vorweisen konnten, aber auch Fahrer, die zum Zeitpunkt der Gesetzübertretung den Verkehrsunfall verursacht haben (ausschließlich derjenige, der gemäß kSVG durch die Vereinbarung oder Versicherung keine Strafe erhält). In diesen zwei Fällen kann keine Bescheidsverfügung durchgeführt werden. Sie können lediglich mit einer Geldstrafe, „*Guryu*" (die verkürzte Form von normaler Freiheitsstrafe unter 30 Tage), oder mit „*Guaryo*" (geringe Geldstrafe ab 2.000, aber nicht mehr als 50.000 KRW) geahndet werden.

Wenn das Delikt jedoch nicht von diesem Bescheid abgedeckt wird, wird ein Strafverfahren - Ein „Schnellverfahren" - auf Antrag des Polizeipräsidenten eingeleitet. Andere Möglichkeit der Erhebung des Einspruchs ist unmöglich. Denn die Bescheidsverfügung gehört nicht zur „Verwaltungsverfügung usw." als dem Gegenstand der Anfechtungsklage im Verwaltungsrecht. Die „Verwaltungsverfügung usw." als Gegenstand der verwaltungsrechtlichen Anfechtungsklage in Südkorea wird so definiert: „Ausübungen der Regierungsgewalt als die von der Verwaltungsbehörde erfolgte Rechtsdurchsetzung über die konkrete Sache, deren Ablehnungen, weiteres dementsprechendes Verwaltungshandeln (Verwaltungsverfügung) sowie behördliche Urteile" (§ 2 I Nr. 1 der kVwPO). Das ist ein breiter Begriff des Verwaltungsakts, des Gegenstands der verwaltungsrechtlichen Anfechtungsklage in Deutschland (§ 42 I VwGO). Dieser Unterschied des Gegenstands der Anfechtungsklage beruht auf Unterschieden der Klagearten in beiden Staaten; die deutsche Verwaltungsgerichtsordnung gewährleistet den Rechtschutz vor allem Verwaltungshandeln durch verschiedene Klagearten. Demgegenüber ermöglicht die südkoreanische Verwaltungsprozessordnung die breitere Auslegung des Gegenstands in der verwaltungsrechtlichen Anfechtungsklage als Verwaltungsakt, denn der Rechtschutz vor allem Verwaltungshandeln wäre unmöglich, wenn der Gegenstand der Anfechtungsklage auf Verwaltungsakte beschränkt würde. Dennoch gehört die Bescheidsverfügung nach der Rechtsprechung nicht zur „Verwaltungsverfügung usw." als dem Gegenstand der Anfechtungsklage, weil die Bescheidsverfügung zwar eine formelle behördliche Verfügung ist, aber bei der Einrede der Bescheidsverfügung ein Strafprozess eingeleitet wird.

Wenn die Bescheidsverfügung nicht wahrgenommen wird, findet eine Einleitung eines sogenannten „Schnellverfahren“ statt.[686] „Schnellverfahren“ ist dem „summary trial“ der USA gleichzusetzen. Gegen geringfügige Rechtsfälle, für die mit der Geldstrafe nicht mehr als 200.000 KRW, „Guryu“ (die verkürzte Form von normaler Freiheitsstrafe unter 30 Tagen) oder „Guaryo“ (geringe Geldstrafe ab 2.000, aber nicht mehr als 50.000 KRW) zutreffend sind, kann gemäß „kSchPO“ das normale Strafverfahren nicht durchgeführt und das verkürzte Urteil gefällt werden. Es beginnt erst mit der schriftlichen Antragstellung des zuständigen Polizeipräsidenten. Dies stellt die Ausnahme vom Anklagemonopol der Staatsanwaltschaft dar. Beim „Schnellverfahren“ muss die Hauptverhandlung öffentlich sein (§ 7 I kSchPO). Bei einer Abwesenheit des Angeklagten wird das „Schnellverfahren“ grundsätzlich nicht begonnen. Jedoch kann ausnahmsweise das Urteil mit Geldstrafe oder geringer Geldstrafe „Guaryo“ ohne Vernehmung des Angeklagten verkündet werden (§ 8.2 kSchPO). Beim „Schnellverfahren“ ist die Beweisaufnahme ausnahmslos breit. Allein mit dem Geständnis des Angeklagten und ohne andere Beweise ist der Schuldspruch möglich. Das polizeiliche Verhörprotokoll oder die Schrift des Angeklagten beim Verhör im Ermittlungsverfahren darf als Beweis für den Schuldspruch benutzt werden (§ 10 kSchPO). Der Antrag auf ein normales Strafverfahren muss innerhalb einer Woche nach Verkündung des Urteils des „Schnellverfahrens“ gestellt werden (§ 14 kSchPO, § 35 kGVG). Das Urteil des „Schnellverfahrens“ ist nicht mehr gültig, wenn ein Urteil in einem normalen Strafverfahren gefällt wurde (§ 15 kSchPO).

B. Notwendigkeit der Entkriminalisierung

Obwohl das „Gesetzübertretungsgeld“ durch Bescheidsverfügung auf der ökonomischen Seite die gleiche Wirkung wie die Geldstrafe hat, kann diese Umstellung des Straftatbestandes zum „Gesetzübertretungsgeld“ hin aber nicht wie die Umstellung zur einfachen Ordnungswidrigkeit bewertet werden.[687] Beide Sanktionen haben zwar die gleiche Form: das Geld. Trotzdem zählt Straßenverkehrs-Gesetzübertretungsgeld nicht zu den Kategorien der Strafe, wie die Geldstrafe, oder die geringe Geldstrafe *„Goaryo“*. Die ähnlichste Sanktionsform ist das Bußgeld. Aber das Gesetzübertretungsgeld ist nicht dem Bußgeld gleichzuset-

---

686 Gemäß § 34 kGVG und § 2 kSchPO ist der Rechtsfall mit der Geldstrafe unter 200.000 KRW. Durch das „Schnellverfahren“ können „Guryu“ (die verkürzte Form von normaler Freiheitsstrafe unter 30 Tagen) oder „Guaryo“ (geringe Geldstrafe ab 2.000, aber nicht mehr als 50.000 KRW) geführt werden.

687 Kim, Studie der Strafrechtsvergleichung 09/1999, 300 ff.

zen.[688] Denn das Bußgeld ist eine Art der Verwaltungsordnungswidrigkeitssanktion. Infolgedessen ist sie als eine außergewöhnliche Institution zu betrachten, da sie weder der Strafe noch der verwaltungsrechtlichen Sanktion zugeordnet werden kann.[689]

Wenn es zugelassen werden könnte, muss das Gesetzübertretungsgeld in eine richtige Ordnungswidrigkeit umgewandelt werden.[690] Durch die Einführung eines Bußgeldes könnte auch aus ökonomischer Sicht ein schnelleres und einfacheres Verfahren erreicht werden.[691] Tatbestände des Gesetzübertretungsgeldes sind keine schwere Verletzung der bürgerlichen Rechte. Sie sind eine Art des Bagatelldelikts, das für die Aufrechterhaltung der verwaltungsmäßigen Ordnung geregelt werden sollte. Aus diesem Grund darf die Sanktion des Gesetzübertretungsgeldes bei Nicht-Zahlung nicht mehr mit Strafe geahndet werden. Es kann keinen Grund der Zulassung einer Strafe begründen. Vielmehr überlastet dieser Prozess das strafrechtliche System und steht dem Übermaßverbot entgegen. Eine verwaltungsrechtliche Verhandlung wäre ausreichend. Nach Anwendung der oben genannten Theorien über Abgrenzung von Ordnungswidrigkeit und Straftat würde die Umwandlung der Gesetzübertretungsgeldtatbestände des kStVG in Ordnungswidrigkeiten rechtfertigen. Geht man von der Auffassung der Aluid-Theorie aus, dürfen eigene Tatbestände des Gesetzübertretungsgeldes die klassischen Strafrechtsgüter nicht verletzen. Die Vorschrift des Gesetzübertretungsgeldes ist keine vorwerfbare klassische Norm des Rechts, sondern ein Verwaltungsbefehl für das Wohl der Allgemeinheit. Obwohl man nach quantitative Betrachtungsweise bei Gesetzübertretungsgeldstatbeständen die Vorwerfbarkeit durch Gefährdung von Leben, Gesundheit sowie Eigentum von anderen sieht, ist aber deren Grad der Gefahr und deren sozialethischer Unwert niedriger ist als der von den Strafrechtstatbeständen. Nach der gemischten Theorie werden die beiden Aspekte zusammen berücksichtigt und auch als ordnungswidrig bewertet.

---

688 Kim, Studie der Strafrechtsvergleichung 09/1999, 304 f.

689 Seok, Gesetzübertretungsgeld, S. 136.

690 Kim, Studie der Strafrechtsvergleichung 09/1999, 301, 314 ff.

691 Kim, Studie der Strafrechtsvergleichung 09/1999, 297 ff.; Lee/Park, Sanktionen, S. 94.

V. Entkriminalisierung der Trunkenheit am Steuer in Südkorea?

A. Regelung der Trunkenheit im Verkehr

Gemäß dem südkoreanischen Recht ist die Trunkenheit im Verkehr nicht ordnungswidrig, sondern strafwürdig (§ 44 I kStVG).[692] Die Untergrenze ist ein BAK-Wert von 0,5 Promille (§ 44 IV kStVG). Bei diesem Gesetz hat der Begriff der „Fahruntüchtigkeit" keine Bedeutung. Vergleichbar ist dies mit § 24a deutsches StVG, gemäß dem die Tat der Trunkenheit bei Fahrern mit mehr einem BAK-Wert von und über 0,5 Promille und unter 1,1 Promille als Ordnungswidrigkeit geahndet wird, wenn keine „Fahruntüchtigkeit" beim Fahrer festzustellen ist. Diese Ordnungswidrigkeit kann mit einer Geldbuße von bis zu dreitausend Euro geahndet werden.

B. Anwendung gleicher Standards: Pro und Contra

In der südkoreanischen Regelung wird der gleiche BAK-Wert angewendet, jedoch wird die Fahruntüchtigkeit nicht berücksichtigt. Dazu können zwei verschiedene Ansichten vertreten werden.

Nach einer Ansicht kann man dieser Vereinheitlichung der Sanktionsgrenze zustimmen. Nach dieser Auffassung wird dem Kraftfahrer, der den Risikofaktor der Gefährdung verursacht hat, die Pflicht auferlegt, die Grenze vorbehaltlos zu beachten. Durch die standardisierte Gleichheit (z.B. ein BAK-Wert von 0,5 Promille in Südkorea) ist die Grenze zur Strafe deutlich berechenbar. Zudem ist diese Regelung nach der langen Zeit des Vorhandenseins dieses Gesetzes und der hohen Kontrolldichte in Südkorea für die meisten Bürger anerkannt. Trunkenheit am Steuer gilt eindeutig als kriminell und kann als „Sozialnorm" bezeichnet werden.

Umgekehrt kann auch die oppositionelle Meinung begründet werden. Denn die Anwendung des gleichen Standards lässt den Unterschied der Reaktion ver-

692 Diese Tat wird folgendermaßen geahndet: Mit einer Freiheitsstrafe unter sechs Monaten oder mit einer Geldstrafe bis zu 3.000.000 KRW gegen Fahrer mit einem BAK-Wert zwischen als 0,5 Promille und weniger als 1,0 Promille; mit einer Freiheitsstrafe von mehr als sechs bis zu zwölf Monaten oder mit einer Geldstrafe von mehr als 3.000.000 bis zu 5.000.000 KRW gegen Fahrer mit einem BAK von mehr als 1,0 Promille und weniger als 2,0 Promille; mit einer Freiheitsstrafe von mehr als einem bis zu drei Jahren oder mit einer Geldstrafe mehr als 5.000.000 KRW bis zu 10.000.000 KRW gegen Fahrer mit einem BAK von mehr als 2,0 Promille (§ 148.2 II kStVG).

schiedener Individuen unberücksichtigt; die Fahruntüchtigkeit kann individuell verschieden ausgeprägt sein. In dem Fall, wenn keine Fahruntüchtigkeit beim Fahrer festgestellt wurde, besteht bei dem vereinheitlichten Standard das Problem, dass die Gerechtigkeit im einzelnen Fall reduziert wird.

C. Vorschlag: Änderung der südkoreanischen Regelung

1. Einfügung der Definition „Fahruntüchtigkeit" ins Gesetz

Es ist schwer festzustellen, ob ein vereinheitlichter BAK-Standard angewendet werden sollte oder nicht. Zunächst muss man dazu das Verhältnismäßigkeitsprinzip betrachten.

Es besteht die Möglichkeit, bei Nicht-Vorhandensein der Fahruntüchtigkeit nach Indizien einen Fahrer mit einem BAK-Wert von mehr als 0,5 Promille als ordnungswidrig zu ahnen. Bei der Abwägung zwischen der Gefährdung des Lebens sowie des Körpers und der Freiheitsverletzung durch diesen Tatbestand ist die Behauptung einer Verletzung des Übermaßverbotsprinzips möglich. Im Gegensatz dazu sollte diese Tat als strafwürdig geahndet werden, wenn die Indizien zur Fahruntüchtigkeit[693] vorhanden sind. Denn bei diesem Delikt wird der Verwerfbarkeit sowie einigermaßen der Kausalität der Gefährdung zugestimmt. Durch den Einsatz der Strafe nur bei einem konkreten Beweis kann die Gerechtigkeit im Einzelfall und der Effekt der Verinnerlichung verbessert werden.

Der Verlauf der festen Überzeugung von bzw. des Vertrauens in die Norm (Normverinnerlichungsphase) kann in drei Stufen klassifiziert werden. Die erste Stufe ist die „Rechts(norm)befolgung". Der Begriff „Befolgung" und der Begriff „Verinnerlichung" sollen unterschiedlich verstanden werden. Die Rechtsbefolgung ist das äußerliche Ausführen oder Einhalten des Rechts, wie es von ihm verlangt wird. Dieses eher oberflächliche Handeln findet unabhängig von der inneren Anerkennung des Rechts statt. Die innere Seite der Normbefolgung ist dagegen offen: sie kann die Folge der „kalkulierten Vernunft" sein oder Zeichen des Einverständnisses sowie der Anerkennung der Norm (des Rechts) sein. Im Fall der kalkulierten Vernunft ist eine Nicht-Befolgung des Rechts auch möglich, weil Ergebnisse der Kalkulierung nach jeder Situation unterschiedlich sind.[694] Die zweite Phase ist die Phase der positiven Generalprävention, also die

---

693 BGHSt 37, 89=NJV 90, 357; Bay NJW 90, 2833; Düsseldorf MDR 91, 171; BVerfG NJW 95, 125.

694 Die Entwicklung des privaten Atemprobemessapparats kann ein Beispiel bei der Trunkenheit im Verkehr sein. Wenn ein solcher Apparat in einer Bar vorhanden ist, dann kann man vor dem Fahren selbst seinen Alkoholgehalt messen und die Entscheidung

Normverinnerlichung. Dies ist noch keine ethische Verinnerlichung, sondern eine intersubjektive Normanerkennung. Die dritte Normverinnerlichungsphase ist die ethische oder moralische Überzeugung von der Norm.[695]

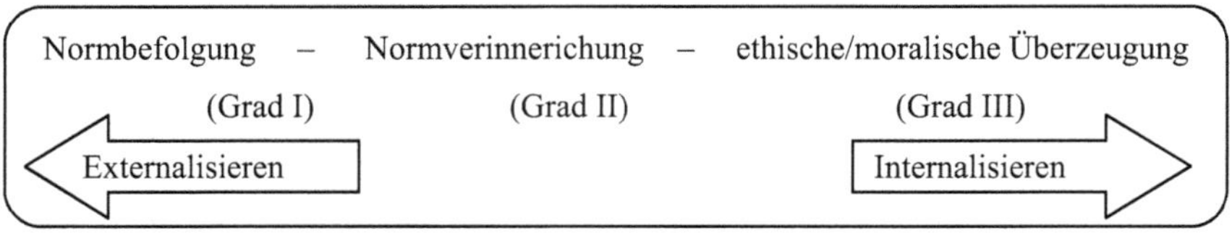

Abb.5: Normverinnerlichungsphasen

Ohne Berücksichtigung von Einzelfällen und nur durch unbegründete Abschreckung kann der Grad I der „Normbefolgung“ der Bürger (siehe Abb. 6) bereits auf der Verhaltensebene ausreichen, besser ist es jedoch, den Grad II der „Normverinnerlichung“ zu erreichen, denn dann wird die Norm nicht einfach nur befolgt, sondern auch verstanden.

Die Einführung einer bestimmten Grenze der Promille könnte dennoch unabhängig von der Einfügung des Begriffs „Fahruntüchtigkeit“ von großer Bedeutung sein. In Deutschland wird die Formulierung von § 316 I StGB, „nicht in der Lage ist, das Fahrzeug sicher zu führen“, kritisiert, dass es das Bestimmtheitsgebot verfehle.[696] Das Bestimmtheitsgebot fordert einen höchstmöglichen präzisierten Tatbestand;[697] eine präzisere Formulierung als den gegenwärtig gültigen Text wäre möglich gewesen.[698] Zwar wurde die in dem Gesetz nicht erfüllte Bestimmtheit erst durch die Rechtsprechung nachgeholt und dadurch gerech-

treffen, ob man noch fährt oder nicht. Ohne die Verfügbarkeit dieses Apparats müssten sich dieselben Menschen eigentlich immer für das Nicht-Fahren entscheiden. Mit einem solchen Apparat besteht natürlich andererseits auch die Gefahr, dass sich Fahrer an die Grenze herantrinken.

695 Dieser Unterschied ist mit dem Beispiel des Wehrdienstes von Zeuge Jehovas in Südkorea zeigen. In Südkorea ist der Wehrdienst eine Pflicht für alle Männer und es gibt keinen alternativen Zivildienst. Wenn ein Zeuge Jehovas trotz seiner Gewissenshaltung zur Verweigerung des Kriegsdienstes den Wehrdienst mit der Waffe wählt, dann wird dieses Verhalten als Rechtsnormbefolgung oder Verinnerlichung der Rechtsnorm interpretiert, aber es ist keine „moralische“ Entscheidung.

696 NK-StGB-Hassemer/Kargl, § 1 Rn. 52.

697 BVerfG, 2 BvR 2559/08 v. 23.06.2010, Rn. 84; Schulz, Neues zum Bestimmtheitsgrundsatz, S. 321; NK-StGB-Hassemer/Kargl, § 1 Rn. 41.

698 NK-StGB-Hassemer/Kargl, § 1 Rn. 52.

tfertigt.[699] Aber es wäre klar und unanfechtbar, wenn diese im Gesetz festgelegt wurde.

2. Ordnungswidrige Trunkenheit am Steuer

Aber im Bereich der Trunkenheit im Straßenverkehr ist das sozialgesellschaftliche Bewusstsein allgemein besonders hoch und gegen die Entkriminalisierungsforderung kann eingewendet werden, dass die Trunkenheit im Verkehr ständig gefährlich ist und deshalb aus präventiven Gründen immer geahndet werden muss. Diese Sanktionsforderung kann durch die Erweiterung der Ordnungswidrigkeit erfüllt werden: Fahrer mit einem BAK-Wert von nicht unter 0,5 Promille können auch ohne Bewertung der Indizien der Fahruntüchtigkeit als ordnungswidrig geahndet werden.

Für diese Begrenzung der Straf- und Ordnungswidrigkeit bei mindestens einem BAK-Wert von 0,5 Promille wird der oben genannte Begrenzungsvorschlag[700] angewendet. Wird der hohe Wert auf der Y-Achse (das sozialgesellschaftliche Bewusstsein über Trunkenheit im Verkehr mit einem BAK-Wert von 0,5 Promille) oben in der Abb. 5 bestimmt, ist für die Abgrenzung des Strafrechts und des Ordnungswidrigkeitsrechts die naturwissenschaftliche Bewertung über die Gefahr von Taten wichtig. Daher wäre es sinnvoll, dass diese naturwissenschaftlich bestimmte Gefahr anhand von Indizien über die Fahruntüchtigkeit bestimmt wird. Erst hierdurch sollten strafwürdige Taten und Ordnungswidrigkeitstaten unterschieden werden.

Die Bestimmung der Untergrenze der Strafe bei Fahruntüchtigkeit ist ein streitiger Punkt. Es ist möglich, die Untergrenze der Strafe bei Fahruntüchtigkeit noch niedriger als auf 0,5 Promille festzulegen: die Grenze kann 0,3 Promille sein, wie bei der Regelung des deutschen Straßenverkehrsrechts. Für jeweiligen Entwurf braucht man eine Begründung.[701]

---

699 Die Erfüllung des Bestimmtheitsgebots ist nicht durch das Gesetz, sondern durch Rechtsprechungen wie folgt beschrieben: „Anders als grundsätzliche Straftatbestände lieferte die detallierte Grenze der Trunkenheit am Steuer durch Medien oder Fachzeitschriften. Nicht von großer Relevanz ist die Art und Weise der Bekanntgabe“. NK-StGB-Hassemer/Kargl, § 1 Rn. 53 ff.

700 Oben III, Exkurs.

701 Rechtsprechungen und herrschende Meinung gehen davon aus, dass ab Erreichen des BAK-Wert 0,3 Promille erst Fahruntüchtigkeit in Betracht kommen kann (Köln NZV 95, 454), dass bei BAK-Werten unter 0,3 Promille eine Fahruntüchtigkeit nicht in Frage kommt (Vgl. BGH 19, 243; Köln NZV 89, 358; Saarbrücken NStZ-RR 00, 12; Fischer, StGB, § 316 Rn. 31; Schwerd, Alkohol und Fahrsicherheit, S. 586; zweifelnd LK-StGB-König, § 316 Rn. 93. Demgegenüber sind 0,5 Promille nach gesicherten Erkenntnissen

Tabelle 4: Geltende Sanktionen bezüglich der Trunkenheit am Steuer in Südkorea

	Keine Sanktion	Strafwidrig
BAK- Grenze	0,5‰≤	

Tabelle 5: Vorschlag von Sanktionen bezüglich der Trunkenheit am Steuer in Südkorea

Fahruntüchtigkeit Vorhanden	Keine Sanktion	Ordnungswidrig [Sanktionserweiterung]	Strafwidrig [Mehr Rechtfertigung]	Strafwidrig
Fahruntüchtigkeit nicht vorhanden	Keine Sanktion	Ordnungswidrig [Sanktionserweiterung]	Ordnungswidrig [Sanktionsminderung]	Strafwidrig
BAK- Grenze	0,3‰≤	0,5‰≤	0,8‰	

Ein flächendeckender Schutz durch das Strafrecht ist in jedem Fall nicht möglich. Das Strafrecht kann schließlich nur einen Teil der entsprechenden Taten auswählen (fragmentarischer Charakter des Strafrechts).[702] Auch wenn diese unvermeidbare straf- und ordnungswidrigkeitsrechtliche Begrenzung und deren Begründung immer problematisch ist, hat die Rechtswissenschaft diese Frage möglichst seriös zu beantworten: Die Grenze wird nicht nur durch das vorgeschlagene naturwissenschaftliche und sozial-gesellschaftlich bewusste Element bestimmt, sondern auch die strafrechtlichen Grundprinzipien sind zu berücksichtigen.

VI. Fazit

Die Entkriminalisierung begleitet immer die folgende Frage: Welche Auswirkung hat diese Entkriminalisierung? Einerseits kann man sagen, es ist „die wenige Prävention wegen der wenigen Abschreckung". Andererseits besteht die

eine regelmäßig kritische Grenze (BGH 13, 281; VRS 24, 369; § 24a I StVG in der Fassung von 27.4.1998; dazu BTDr 5/1439, 14/4304; Fischer, StGB § 316 Rn. 31).

702 Prittwitz, StV 1991, 437; ders., Das deutsche Strafrecht, S. 387 ff.; ders., Begrenzung des Wirtschaftsstrafrechts, S. 53 ff.

Möglichkeit der positiven Auswirkung auf die „Normverinnerlichung", trotz mangels der Abschreckung.

Klar ist, dass das niedrige Niveau der Sanktion die geringe Abschreckungswirkung herbeiführt. Aber die Abschreckung darf zum übermäßigen Level nicht eingesetzt werden, auch wenn eine Begründung gegeben ist. Umgekehrt kann eine angemessene Sanktion einen positiven Effekt herbeiführen, auch wenn eine schwächere Abschreckungswirkung gegeben ist. Denn die „richtige" Prävention bezieht sich auf die von Adressaten anerkannte Norm. Daher ist die Entkriminalisierung der Bagatelle im Straßenverkehr durch die positive Generalprävention wichtig.

Die südkoreanische Regelung des Gesetzübertretungsgeldes gegen Straßenverkehrsbagatellen scheint auf den ersten Blick wie das Ordnungswidrigkeitenrecht in Deutschland. Aber sein eigenes prozessuales Element, wie das Schnellverfahren bei Einspruch, beweist, dass es sich vom deutschen Ordnungswidrigkeitenrecht unterscheidet. Das südkoreanische Straßenverkehrsrecht soll die Entkriminalisierungsphase erst noch erleben.

Kapitel 5 Straßenverkehrskriminalpolitik in der heutigen Gesellschaft

Einleitung Raser-Fall

A. Verlauf

1) Am 15./16.7.2003 berichteten zahlreiche Medien[703] über einen Unfall: Am 14.7.2003 wurde auf der Autobahn A5 zwischen Karlsruhe und Bruchsal der Kleinwagen einer Frau von einem mit ungefähr 200 km/h fahrenden schwarzen Mercedes bedrängt. Sie riss in Panik das Steuer nach rechts und verlor die Kontrolle über ihren Wagen. Das Auto kam ins Schleudern und prallte gegen zwei Bäume am Rand der Autobahn. Die 21-jährige Frau und ihre 2-jährige Tochter kamen ums Leben. Der Drängler hielt den Wagen nicht an und fuhr weiter.

2) Die Staatsanwaltschaft erhob am 27.10.2003 Anklage gegen den Autobahndrängler, den damaligen Daimler-Chrysler-Ingenieur *Rolf F.*, wegen fahrlässiger Gefährdung des Straßenverkehrs, fahrlässiger Tötung und Unfallflucht. Der Angeklagte beteuerte seine Unschuld und verlangte einen Freispruch.[704]

3) Am 18.2.2004 verurteilte das Amtsgericht Karlsruhe *Rolf F.* wegen fahrlässiger Gefährdung des Straßenverkehrs in Tateinheit mit fahrlässiger Tötung in zwei Fällen zu einer Freiheitsstrafe von 1 Jahr und 6 Monaten ohne Bewährung. Bezüglich des Vorwurfes der Unfallflucht wurde der Angeklagte freigesprochen.[705] Außerdem wurde ihm die Fahrerlaubnis für 18 Monate entzogen. Auch über das Urteil gab es mehrere Berichte in den Medien.[706] Die Anteilnahme der Öffentlichkeit war groß. Richterin *B. Hecking* erhielt nach offiziellen Angaben sogar Morddrohungen, weswegen am Verkündungstermin die Personenkontrolle sehr intensiv ausfiel.[707]

4) Der „Turbo-Rolf" genannte Angeklagte legte am 20.2.2004 gegen die Entscheidung Berufung ein.[708]

---

703 FR v. 15.7.2003, S. 36; STUGGZ v. 15.7.2003, S. 7; STUGGZ v. 16.7.2003, S. 22, 24; Berliner Kurier v. 16.7.2003, S. 19; Hamburger Abendblatt v. 16.7.2003, Spiegel Online v. 14.7.2003 (<http://spiegel.de/panorama/0,1518,257070,00.html>, Zugriff am 17.3.2011).

704 Die Welt v. 3.2.2004, S. 32.

705 AG Karlsruhe, Urt. v. 16.2.2004, Az 2 Ls 40 Js 26274/03.

706 FAZ v. 18.2.2004, S. 1; Spiegel Online v. 18.2.2004 (<http://spiegel.de/panorama/0,1518,286903,00.html>, Zugriff am 17.3.2011)

707 Spiegel Online v. 18.2.2004 (<http://spiegel.de/panorama/0,1518,286847,00.html>, Zugriff am 17.3.2011).

708 FAZ v. 7.7.2004, S. 7.

5) Die Berufung war teilweise erfolgreich. Das LG Karlsruhe änderte am 29.7.2004 die Entscheidung des Amtsgerichts Karlsruhe ab.[709] Das Berufungsgericht verurteilte den Angeklagten wegen fahrlässiger Tötung und Straßenverkehrsgefährdung zu einer Freiheitsstrafe von einem Jahr auf Bewährung. Außerdem musste er eine Geldbuße von 12.000 Euro zahlen und die Fahrerlaubnis wurde ihm für 12 Monate entzogen. Laut dem Urteil des Landgerichts sei der Grund für die Bewährung gewesen, dass *Rolf F.* durch den Verlust seines Arbeitsplatzes bereits schwer belastet sei. Daimler-Chrysler habe ihm wegen der Tat zum 31.7.2004 gekündigt[710] und eine Weiterbeschäftigung sei wegen der außergewöhnlich intensiven Berichterstattung, die in der Öffentlichkeit ein Aggressionspotential gegenüber dem Angeklagten aufgebaut habe, erheblich erschwert. Die öffentliche „Brandmarkung" als „Vollgaskiller" usw.[711] habe den Angeklagten psychisch und physisch nachhaltig beeinträchtigt.[712]

B. Außergewöhnliche Berichterstattung zum Urteil

Außergewöhnlich berichtete die Presse von Anfang an über diesen besonders spektakulären Fall, der großes öffentliches Aufsehen erregte.[713] Die Zeitungen, Zeitschriften und TV-Nachrichten verfolgten den Unfall und den Verlauf des „Autobahnraser-Prozesses". Die sensationellen Bilder vom Unfall[714] und die bis Ende des Prozesses aufrechterhaltene Behauptung des Angeklagten, den Unfall nicht verursacht zu haben, führten dazu, dass die Öffentlichkeit dem damals 34-jährigen Angeklagten gegenüber feindselig eingestellt war. Außerdem empfand man zunehmendes Mitleid mit der jungen, verstorbenen Frau und ihrem kleinen Kind. Anders als bei den normalen heutigen Verkehrsunfällen, über die die Presse normalerweise nicht in der Ausführlichkeit berichtet, gab es beim Raser-Urteil eine außergewöhnlich hohe Berichterstattung.[715] Diese intensiven Me-

---

709 LG Karlsruhe, Urt. v. 29.7.2004, Az 11 Ns 40 Js 26274/03 = NJW 2005, 915-917 = NZV 2005, 274-276 = NStZ 451-452.

710 FAZ v. 30.7.2004, S. 7.

711 LG Karlsruhe, Urt. v. 29.7.2004, Ziff. 533.

712 LG Karlsruhe, Urt. v. 29.7.2004, Ziff. 534.

713 Brandenstein/Kury, NZV 2005, S. 226.

714 Vgl. FAZ v. 10.2.2004.

715 Brandenstein/Kury, NZV 2005, S. 226. Als Grund für die besondere Aufmerksamkeit geben Brandenstein und Kury die Tätigkeit des Angeklagten an. Er war damals als Testfahrer für Mercedes-Benz tätig, die „Nobelmarke" in Deutschland. Die Leute stellen sich einen Testfahrer von Mercedes als Raser vor und daher wird der Öffentlichkeit zugestimmt, dass solchen Fahrern eine erhöhte Sorgfaltspflicht auf der Straße „abverlangt und abgesprochen" wird.

dienberichte und den daraus folgenden Stigmatisierungseffekt erwähnte auch das Berufungsgerichts [716] in seinem Urteil und begründete damit sogar die Strafmilderung.

C. Diskussionen über Verrechtlichung des Rasens und Drängelns

Die Gefahren eines Verkehrsunfalls wurden der Öffentlichkeit durch die intensiven Berichterstattungen[717] noch einmal deutlich vor Augen geführt. Eine stärkere Verrechtlichung wurde gefordert: Es wurde die Frage nach einem grundsätzlichen Tempolimit auf Autobahnen in die Diskussion[718] geworfen. *Rolf F.* fuhr damals vermutlich mit ca. 220 km/h. Aggressives Fahren und Drängeln erschien als ein nicht hinnehmbares Verhalten. Die stärkere Sanktion für Drängeln im Straßenverkehr wurde heftig diskutiert,[719] als Ergebnisse wurden und werden die Sanktionen für Drängler immer wieder verschärft.[720] Zudem wurde die Behauptung vertreten, dass die Nötigungshandlungen im Straßenverkehr in die strafrechtliche Nötigung (§ 240 IV StGB) schriftlich ergänzt werden sollte,[721] trotz der Bestätigung von Rechtsprechungen, dass der Gewalt-Begriff der Nötigung (§ 240 StGB) die Zwangsausübung im Straßenverkehr umfasst.[722]

---

716 LG Karlsruhe, Urt. v. 29.7.2004, Ziff. 534.

717 Vgl. FR v. 30.7.2004, S. 1, 14; STUGGZ v. 30.7.2004; SZ v. 29.7.2004, S. 2; SZ v. 30.7.2004, S. 1, 4, FAZ v. 18.2.2004, S. 1, Spiegel Online v. 18.2.2004 (<http://spiegel.de/ panorama/0,1518,286903,00.html>, Zugriff am 17.3.2011).

718 SZ v. 30.8.2003, S. 8.

719 Dazu Kropp, ZRP 2004, 4 f. Dagegen König, NZV 2005, 27 ff.

720 Vgl. Bußgeldkatalog Nr. 12 „Erforderlichen Abstand von einem vorausfahrenden Fahrzeug nicht eingehalten".

721 Vgl. Kropp, ZRP 2004, S. 4 f. Kropp vertritt die Meinung, dass § 240 IV StGB um eine Nr. 4 ergänzt werden sollte, welche lauten soll: „Ein besonders schwerer Fall liegt in der Regel vor, wenn der Täter (Nr. 4) eine der genannten Nötigungshandlung im Straßenverkehr begeht.".

722 BGHSt 19, 263; Hentschel/König/Dauer, Straßenverkehrsrecht, § 240 StGB Rn. 10 ff. Das gilt auch im innerstädtischen Verkehr, Vgl. BVerfG Beschluss v. 29.03.2007, Az: 2 BvR 932/06 = NJW 07, 1669.

D. Zweifel der Wirkung der Prävention im Straßenverkehr

Andererseits rief das Urteil des LG Karlsruhe heftige Proteste hervor. Die Einwände bezogen sich auf die Wirkung der Prävention. Mit dem außergewöhnlichen Interesse am Autobahnraser eröffnete sich für die Richter ausnahmsweise eine Möglichkeit, mit hoher Wirkung den Zweck der Generalprävention zu verfolgen. Mit einer härteren Strafe im Raser-Fall hätten die Richter für alle möglichen zukünftigen Verkehrsdelikte ein abschreckendes Beispiel gesetzt.[723] Manche erwarteten eine härtere Strafe und dachten, dass man mit diesem Urteil auf der Straße rücksichtsvoller fährt und nicht mehr rasen oder drängeln kann.[724]

Aber „diese Wende"[725] kam nicht. Das Urteil des LG Karlsruhe war milder als das der ersten Instanz: Freiheitsstrafe von einem Jahr auf Bewährung. Das war nach Meinung der Öffentlichkeit eine zu milde Strafe, für eine Handlung, die den Tod zweier Personen zur Folge hatte.

Damit ist die Wirkung der Abschreckung zweifelhaft: In der lautstarken Diskussion wurde die geringe präventive Wirkung auf der Autobahn angeführt.[726] Nach Meinung der Presse verstärkt dieses Urteil die Auffassung, „dass man im Verkehr, selbst bei schweren Delikten, billig wegkommt".[727] Der Verkehrsclub Deutschland (VCD) sprach auch von einem „unangemessen nachsichtigen Urteil", das Raserei im Straßenverkehr verharmlose.[728]

E. Ergebnis

Bei dem in oben betrachteten Fall führte eine kleine Abweichung zu schwerwiegenden Folgen und führte die Tötung zweier Menschen herbei. Damit wird der Standpunkt der Öffentlichkeit klar aufgezeigt: In Deutschland, welches als einziges Land Europas auf Autobahnen kein grundsätzliches Tempolimit besitzt und daher viel Toleranz für Geschwindigkeit zu haben scheint,[729] sorgt der Fall für eine Sensation. Vor allem ist die Tatsache nicht zu verneinen, dass ein stärkeres Bedrohungsgefühl im Straßenverkehr und die Erwartung einer höheren

---

723 Prantl, Rasendes Unrecht, in: SZ v. 30.7.2004, S. 4.

724 Ebenda; Brandenstein/Kury, NZV 2005, 225 ff.

725 Prantl, Rasendes Unrecht, in: SZ v. 30.7.2004, S. 4.

726 Hassemer, ZRP 2004, 93.

727 Brandenstein/Kury, NZV 2005, 228.

728 AFP v. 2.11.2004.

729 SZ v. 30.8.2003, S. 8.

Strafe für Straßenverkehrsdelikte erheblich sind. Aber worauf beruht die Meinungsänderung der Öffentlichkeit?

Es kann angenommen werden, dass das Bedrohungsgefühl von Medien neu hergestellt und das so erzeugte Gefühl begründet. Die Darstellung der Analyse wird im folgenden Verlauf wie folgt untergliedert: Zunächst wird das Phänomen nachgezeichnet, dass ein Verkehrsdelikt nicht mehr als Kavaliersdelikt gilt. Anschließend erfolgt eine Analyse der Statistik der Straßenverkehrsunfälle, die den Unterschied zwischen Wahrnehmung und Tatsachen aufzeigt. Der Grund der Diskrepanz wird mit dem von den Medien vermittelten Risikogefühl erörtert und diese Funktion der Medien und des Populismus werden kritisiert.

I. Verzerrte Bedrohungsgefühl

A. Phänomen: „Verkehrsdelikt ist kein Kavaliersdelikt" - Strafbedürfnis im Straßenverkehr

„Verkehrsdelikt" ist ein weitgefasster Begriff und enthält verschiedene Differenzierungen. Um das Phänomen präzise zu betrachten, ist das Verkehrsdelikt in zwei Arten zu klassifizieren: Verkehrsstraftat und Verkehrsordnungswidrigkeit. Bei dem „Kavaliersdelikt" handelt es sich hauptsächlich um leichte Verkehrsdelikte, also Verkehrsordnungswidrigkeiten.

In früherer Zeit hielt man ein leichtes Verkehrsdelikt nur für ein Kavaliersdelikt. Das Phänomen „Kavaliersdelikt" zeigt, dass eine Sanktionierung möglich ist, da eine entsprechende gesellschaftliche Delinquenzreaktion fehlt.[730]

Was als Kavaliersdelikt gilt, ändert sich im Laufe der Zeit stark. Dies betrifft auch Verkehrsdelikte. Heutzutage stellt sich die Frage, ob das Verkehrsdelikt noch als Kavaliersdelikt gilt. Einerseits ist das Verkehrsdelikt noch ein Kavaliersdelikt; Verstöße gegen die Verkehrsordnung werden immer als typisches Beispiel für ein Kavaliersdelikt präsentiert. Nach *Dagmar* und *Reimer* werde mit Bezugnahme auf den Fall des „Turbo-Rolf" das alltäglich zu beobachtende aggressive Verhalten, wie Drängeln, zu dieser Zeit noch als Kavaliersdelikt gehandelt.[731] Ausschließlich der Karlsruher Raser-Fall sei eine Ausnahme: „Dichtes Auffahren bis zum Touchieren, Drängeln und Bedrängen, Überholen auf der rechten Spur, Unterschreiten des Sicherheitsabstandes, wildes Hupen und Blinken – das alles ist Alltag auf den Fernstraßen der Republik. [...] Und wo all diese Verstöße als Kavaliersdelikte gelten, die selten geahndet und relativ mild be-

730 Hassemer, Verbrechen, S. 148, Fn. 127.
731 Dagmar/Reimer, SZ v. 30/31.8.2003, S. 8.

straft werden. Nur wenn, wie bei Karlsruhe, die Folgen der Aggression am Steuer tödlich sind, regt sich jemand darüber auf."[732]

Das Zitat beinhaltet aber auf der anderen Seite eine gegenteilige Bedeutung. Denn aus dem „Sein" eines Kavaliersdelikts lässt nicht auf das notwendige „Sollen" eines solchen schließen. *Dagmar* und *Reimer* sprechen von Kavaliersdelikt, aber selbst halten sie ein Verkehrsdelikt nicht für ein solches Kavaliersdelikt, sondern für „alltäglichen Irrsinn", welcher das bekannte schwerwiegende Ergebnis zur Folge hatte.

Das Wort „Kavaliersdelikt" wird sprachlich oft in einer Negationsform verwendet („ist kein Kavaliersdelikt"). Diese Redewendung benutzt man zum Zwecke der Aufklärung oder der Plakatierung, um bestimmtes illegales Verhalten eindeutig zu machen und genügend ernst nehmen zu lassen. Mit Plakatierungen problematisiert man ein entsprechendes Verhalten in der Erwartung ein solches Verhalten gesellschaftlich zu stigmatisieren.

Der BGH verfolgte in der Rechtsprechung über die Verteidigung der Rechtsordnung[733] auch den Zweck der Vorbeugung der Gefahr, dass bestimmte Normen nicht ernst genommen werden.[734]

Dem ist auch so, wenn das Verkehrsdelikt als „Kavaliersdelikt" diskutiert wird. Die Tatsache, dass selbiges zur Diskussion gestellt ist, bedeutet, dass bestimmte Verkehrswidrigkeiten nicht mehr problematisiert und verringert werden sollen. Hiermit besteht eine Diskrepanz zwischen alltäglichem Leben der Allgemeinheit und gesetzlicher Forderung (vom Gesetzgeber, Politikern usw.). Auch eine Eigenschaftsänderung des Verkehrsdelikts wird weg vom Kavaliersdelikt initiiert, wenn die Sanktion angemessen begründet wird.

Das Drängeln von *Rolf. F.* stelle ein normales alltägliches Verhalten dar, welches mit keiner Sanktion geahndet worden wäre, wenn es nicht die Tötung zweier Menschen zur Folge gehabt hätte. Nach dem Raser-Prozess ist Drängeln aber ein großes Thema geworden, und es gibt viele Meinungsäußerungen, dass Drängeln nicht mehr anerkannt wird.[735] Dieser Verlauf zeigt, dass die Annahmen über ein „Kavaliersdelikt" sich im Falle des Drängelns nicht mehr gelten oder langsam ändern. Damit lässt sich feststellen, dass sich der Standpunkt gegen Verkehrsdelikte geringfügig geändert hat oder sich zumindest im Verlauf der Änderung befindet.[736]

---

732 Ebenda.

733 BGH 24, 40 und 24, 64.

734 Maiwald, GA 1983, 69; Schumann, Positive Generalprävention, S. 6.

735 Kropp, ZRP 2004, 4 f.; Dagegen König, NZV 2005, 27 ff.

736 Hier ist zu sehen, was in der Darstellung des Kriminalisierungseffekts beachtet werden soll. Die Reaktion des abweichenden Verhaltens ist nach sozialen Gruppen zu unter-

Hier stellt sich die Frage, worauf das geänderte Bewusstsein von Bürgern beim Drängeln beruht. Im Folgenden werden zwei mögliche Gründe präsentiert. Zunächst wird die Zunahme der tatsächlichen konkreten Gefahr im Straßenverkehr berücksichtigt; die Statistik widerlegt allerdings diese Annahme.[737] Die zweite Möglichkeit ist, dass das Bedrohungsgefühl von Medien neu hergestellt und anerkannt wird. Dieses Gefühl ist das sogenannte „erfundene Gefühl", welches von Tatsachen zu unterscheiden ist.[738]

B. Tatsache: Absteigende Verkehrsdelikte im Straßenverkehr

1. Zunehmender Kraftfahrzeugbestand

In Deutschland und in Südkorea weist der Kraftfahrzeugbestand jedes Jahr erneut einen Höchststand auf. Anfang 2010 waren in Deutschland 50,1 Mio. Kraftfahrzeuge (Pkw, Lkw, Sattelschlepper, Omnibusse, Motorräder, sonstige Krafträder und andere Kfz inklusive) zugelassen. Das ist ein Plus von 1,1 % gegenüber dem Vorjahr. In Südkorea hat die Zahl der Kraftfahrzeuge innerhalb eines Jahres um 3,5 % zugenommen (im Jahre 2009 waren es 17.325.210 und im Jahre 2010 17.941.356).

scheiden. Dazu vgl. Hassemer, Verbrechen, S. 148, Fn. 126. Die Rückwirkung des Abweichens kann bei Jugendlichen im Gegensatz zu verantwortlichen Erwachsenen unterschiedlich sein. Dies gilt auch für Verkehrsdelikte als Kavaliersdelikte. Bestimmte Verkehrsdelikte können nur an einem begrenzten Ort oder in einer Gruppe als Kavaliersdelikt angenommen werden, bspw. Rasen mit dem Motorrad in Gruppen von Jugendlichen usw.

737 Siehe unten B.

738 Siehe unten II.

Tabelle 6: Kraftfahrzeugbestand in Deutschland[739] *und Südkorea*[740]

Jahr	Zulassungspflichtige Kraftfahrzeuge in Deutschland	Zulassungspflichtige Kraftfahrzeuge in Südkorea
1970	16.783.000	128.298
1980	27.116.000	527.729
1990	35.748.000	3.394.803
2001	46.606.500	12.914.115
2007	48.989.000	16.428.177
2008	49.330.000	16.794.219
2009	49.603.000	17.325.210
2010	50.184.400	17.941.356

2. Abnehmende Risiken im Straßenverkehr

Trotz der zunehmenden Zahl der Automobile nehmen die Zahl der Unfälle und die Sterblichkeitsziffer nicht zu. Die Statistik der Tabelle 7 zeigt, dass Unfälle, Getötete, Schwerverletzte und Leichtverletzte seit den 70er Jahren kontinuierlich graduell abgenommen haben. Diese Abnahme ist auch in Südkorea zu beobachten, wobei die Zahl der Getöteten erst seit den 90er Jahren gilt. Die Unfälle mit Personenschaden und Verletzten sinken erst ab dem Jahre 2000. Im Jahre 1991 liegen nach Angaben von *National Police Agency Südkorea* die Unfälle bei 265.964. Hiervon kamen 13.429 ums Leben.[741] Danach nehmen diese Zahlen allmählich ab. Trotz der Zunahme der Automobile ist die Abnahme von Verkehrsunfallquoten deutlich erkennbar.

739 Statistik bis 2002 vgl. Statistisches Bundesamt, Datenreport 2006, S. 356; ab 2007 ders., Statistisches Jahrbuch 2011, S. 422.

740 Statistik bis 2002 Bau- und Verkehrsministerium Südkorea, Jährlicher Bericht über Straßenverkehrssicherheit 2006, S. 77; ab 2007 National Police Agency Südkorea, Road Traffic Accidents in Korea 2010, S. 8.

741 National Police Agency Südkorea, Road Traffic Accidents in Korea 2010, S. 17.

Tabelle 7: Anzahl der Straßenverkehrsunfälle in Deutschland[742] und Südkorea[743]

	Deutschland			Südkorea		
Jahr	Unfälle mit Personen-schaden	Getötete	Verletzte	Unfälle mit Personen-schaden	Getötete	Verletzte
1970	414.362	21.332	578.032	37.243	3.069	42.830
1980	412.672	15.050	540.916	120.182	5.608	111.641
1990	389.350	11.046	510.931	255.303	12.325	324.229
2000	382.949	7.503	504.074	290.481	10.236	426.984
2007	335.845	4.949	431.419	211.663	6.166	335.906
2008	320.614	4.477	409.047	215.822	5.870	338.962
2009	310.806	4.152	397.671	231.990	5.838	361.875
2010	288.297	3.648	371.170	226.878	5.505	352.458

Die graduell abnehmende Neigung der Straftaten im Straßenverkehr repräsentiert ebenfalls die Verringerung der Risiken im Straßenverkehr. Die nachfolgenden Tabellen vermitteln einen Überblick, welche Veränderung sich aus der polizeilichen Kriminalstatistik ergibt. In der Tabelle 8 wird die Zahl der verurteilten Deutschen und Ausländer von 1995 bis 2010 (nur früheres Bundesgebiet und Berlin-West) gezeigt. Von 1995 bis 2010 sinkt die Zahl der Verurteilten wegen Straftaten im Straßenverkehr um ca. 40,60 %, während die gesamte Zahl der Verurteilten in dem gleichen Zeitraum nur um 6,49 % abgenommen hat. Im Vergleich zur Abnahme von Straftaten nach StGB (ca. 43,86 %) hält sich die Abnahme von Straftaten nach StVG (ca. 29 %) im Rahmen und ist deutlicher geringer. Die Statistik der Verurteilten wegen Straftaten im Straßenverkehr seit 2007 (in ganz Deutschland) zeigt eine gleiche abnehmende Neigung (Tabelle 9).[744]

742 Statistisches Bundesamt, Statistisches Jahrbuch 2011, S. 435.

743 National Police Agency Südkorea, Road Traffic Accidents in Korea 2010, S. 17.

744 Statistisches Bundesamt, Strafverfolgung II.2 2010, S. 6.

Tabelle 8: Verurteilte Deutsche und Ausländer wegen Straftaten im Straßenverkehr von 1995 bis 2010 (nur früheres Bundesgebiet und Berlin-West)[745]

Jahr	Straftaten insgesamt	Straftaten im Straßenverkehr		
		Insgesamt	nach StGB	nach StVG
1995	759.989	262.054	205.327	56.727
1996	763.690	251.872	198.365	53.507
1997	780.530	250.219	197.992	52.227
1998	791.549	237.422	186.962	50.460
1999	759.661	214.217	169.798	44.419
2000	732.733	209.894	164.124	45.770
2001	718.702	201.584	157.191	44.393
2002	719.751	196.835	152.310	44.525
2003	736.297	195.278	150.593	44.685
2004	775.802	196.484	149.781	46.703
2005	780.659	189.302	143.987	45.315
2006	751.387	176.235	134.190	42.045
2007	751.629	174.924	132.402	42.522
2008	734.669	169.352	126.270	43.082
2009	710.628	155.637	115.257	40.380
2010	687.189	144.905	106.828	38.077

Tabelle 9: Verurteilte wegen Straftaten im Straßenverkehr seit 2007[746]

Jahr	Straßenverkehrsdelikte insgesamt	Verstöße Gegen das StGB[747]	Verstöße gegen das StVG
2007	211.846	161.890	49.956
2008	204.942	155.061	49.881
2009	188.398	141.816	46.582
2010	174.558	130.709	43.849

745 Statistisches Bundesamt, Strafverfolgungsstatistik I.1 2010, S. 5 ff.
746 Statistisches Bundesamt, Strafverfolgungsstatistik II.2 2010, S. 6.
747 § 142, § 222, § 229, § 323a, § 315b und c, § 316 StGB.

II. Sanktionsbedürfnis und populisierte Politik

A. Kriminalitätsdarstellung in der Berichterstattung

Massenmedien – darunter versteht man die Pressewesen wie Bücher, Zeitschrift, Rundfunk, Fernsehen, Film und Internet usw. – spielen in der Demokratie eine wichtige Rolle. Dazu garantiert das Grundgesetz den Medien die unabhängige Pressefreiheit der Berichterstattung gemäß Art. 5 I GG. Die Medien fungieren in der heutigen Demokratiegesellschaft als „vierte Gewalt“.[748]

Aber die Konkurrenzsituation der Medien untereinander[749] führt zu einer immer spektakuläreren, stark dramatisierten und skandalisierenden Kriminalitätsberichterstattung.[750] Die Konkurrenz wurde nach der Einführung des Privatfernsehens seit Mitte der 1980er Jahre härter. Weil es um Einschaltquoten geht, tendieren die fiktionalen und non-fiktionalen (allgemeinen und die Nachrichten-) Programme und Artikel zu einer sensationellen, kuriosen und dramatischen Darstellung.[751]

Wie sich die Berichterstattung über die Kriminalität darstellt, kann mit den im Folgenden aufgeführten Untersuchungen betrachtet werden, aus denen sich zwei Trends ergeben. *Pfeiffer/Windzio/Kleimann* (2004) vorstellt ausländische Untersuchung,[752] die eine Begründung für die Rolle der Massenmedien darstellt: Im Vergleich zur tatsächlichen zurückziehenden Kriminalitätsentwicklung bestand eine deutlichen Erhöhung der Kriminalitätsdarstellung.[753] In der Untersuchung von *Pfeiffer/Winzio/Kleimann* in Zusammenarbeit mit dem Institut für Journalistik und Kommunikationsforschung, Hannover, wird auch in Deutschland eine Erhöhung des Anteils kriminalitätshaltiger Sendungen im Gesamtprogramm von fünf ausgewählten Sendern (ARD, ZDF, RTL, SAT1 und PRO7) von 3,5 auf 15,4 % zwischen 1985 und 1995 festgestellt.[754] 2004 betrug der Anteil kriminalitätshaltiger Sendungen 11,6 %.[755] Im Vergleich zu 1995 liegt eine leichte Senkung vor, jedoch sendeten die Privatsender mit einer großen Einflusssphäre (z. B. RTL und Sat.1) mehr kriminalitätshaltige Sendungen.[756] Die Tendenz, dass Privatsender das Thema Kriminalität häufiger als die öffentlich-

---

748 Prittwitz, Feindstrafrecht, S. 227.

749 Reuband, KrimJ 32 (2000), 43.

750 Neuling, HRRS 2006, 95 f.

751 Pfeiffer/Windzio/Kleimann, MSchrK 2004, 421.

752 Robert, Crime and Justice 16 (1992), 99 ff.

753 Robert, Crime and Justice 16 (1992), 116 f.

754 Pfeiffer/Windzio/Kleimann, MSchrKrim 2004, 420.

755 Ebenda.

756 Pfeiffer/Windzio/Kleimann, MSchrKrim 2004, 420 f.

rechtlichen Sender behandeln, ist deutlich erkennbar.[757] Die zweite Tendenz ist die „Boulevardisierungskluft“:[758] Sendungen von Fernsehsender enthalten stärkere Boulevardelemente. Zusammengefasst: „Kriminalität wird als „das Böse“ dramatisiert.“[759]

B. Subjektives Verständnis über Kriminalitätsentwicklung und gravierendes Strafbedürfnis

Kriminalitätsfurcht reflektiert nicht die reale Kriminalität. Sie ist vielmehr ein Resultat der sozialen Verunsicherung.[760] Im Gegensatz zum Phänomen des Gefühls über eine Gefährdung durch ein Verkehrsdelikt zeigt die Statistik, dass sich die Zahlen der Verkehrsunfälle, Getöteten und Verletzten durch Unfälle und die Kriminalität kontinuierlich verringern. Eine Fehleinschätzung der Bürger über die Straßenverkehrsgefahr und -kriminalität ist zu sehen.

Die Fehleinschätzung über die Kriminalitätsentwicklung ist nicht auf das Gebiet des Straßenverkehrs begrenzt. Dieses Phänomen ist vor allem bei organisierten Kriminalitäten und Massenkriminalitäten häufig zu sehen.[761] In einer Untersuchung wurde in fast allen Deliktstypen mit Ausnahme von Betrug und Körperverletzung eine (teilweise extreme) Fehleinschätzung der Bevölkerung verzeichnet.[762]

Da die polizeiliche Ermittlung oder Verfolgung nicht ausreichend zu sehen ist, macht die verzerrte Wahrnehmung der Bürger das Gefühl der Schutzlosigkeit.[763] Ihr Bedrohungsgefühl beeinflusst das Bedürfnis der Befragten nach härteren Strafen.[764] Dies hat sich auch in einer Befragung des KFN in den Jahren

---

757 Pfeiffer/Windzio/Kleimann, MSchrKrim 2004, 421; Krüger, MP 7/2000, 278 ff.; Krüger, MP 7/1999, 322 ff.

758 Pfeiffer/Windzio/Kleimann, MSchrKrim 2004, 421; Krüger/Zapf-Schramm, MP 7/2001, 326 ff.

759 Pfeiffer/Windzio/Kleimann, MSchrKrim 2004, 421.

760 Hassemer, Innere Sicherheit im Rechtsstaat, S. 251 f.

761 Vgl. Hassemer, Innere Sicherheit im Rechtsstaat, S. 248 ff.

762 Nach dem Ergebnis von Befragung der 2000 Bundesbürgern von dem Institut TNS Infratest unterstellt die Einschätzung der Gesellschaft über Gesamtkriminalität einen Anstieg um 17 %, während die Zahl der Straftaten zwischen 1993 und 2003 tatsächlich insgesamt um 2,6 % gesunken ist. Diese prozentuale Fehleinschätzung ist mit 21 % verhältnismäßig hoch. Pfeiffer/Windzio/Kleimann, MSchrKrim 2004, 417 f.

763 Hassemer, Innere Sicherheit im Rechtsstaat, S. 251.

764 Pfeiffer/Windzio/Kleimann, MSchrKrim 2004, 426. Über das Strafbedürfnis aufgrund eines Bedrohungsgefühls, insbesondere im Terrorstrafrechtsgebiet vgl. Hetzer, ZRP 2005, 132 ff.

1992 und 2004 gezeigt, da ein Zuwachs in der Aussprechung für härtere Strafen zu sehen war.[765] Die Untersuchung von *Streng* führte zu einem ähnlichen Ergebnis: Eine zunehmende Zahl an Erstsemesterstudierenden der Rechtswissenschaften hat die Neigung, Verschärfung des Strafrechts sowie als Strafzweck eher Tatvergeltung zu bevorzugen als „Resozialisierung".[766] Was dieses Strafbedürfnis beeinflusst, sei die „vermutete Häufigkeitsentwicklung der jeweiligen Delikte".[767]

C. Populistische Kriminalpolitik

Das Wort „Populismus" stammt vom lateinischen Wort „populus" ab, das Volk bedeutet.[768] Unter „Populismus" versteht man Bewegungen oder Strömungen, die an das „Volk" appellieren.[769] Im Sinn des Populismus wird der Begriff „Volk" klassenübergreifend verwendet, er steht also im Gegensatz zu einer bestimmten Schicht oder Klasse, insbesondere zu Oberschichten wie den Eliten.[770] Dabei ist bedeutend, den politischen Wunsch der „einfachen Leute"[771] zu berücksichtigen. Allgemein wird dieser Begriff mit einer negativen Konnotation verwendet, weil er eine emotionalisierte und personalisierte Politik bezeichnet.[772] Normalerweise tritt er auf, wenn die Eliten eine schnelle oder unerwartete Modernisierung als inakzeptabel behaupten. Aus diesem Grund ist der Populismus die Folge des Scheiterns der Kommunikation zwischen Eliten und Volk.[773] Das Spektrum des Populismus ist vielfältig. Divergierende Standpunkte von rechts wie der Faschismus bis links wie die Revolution in Mexiko können als „populistisch" bewertet werden.[774]

Hier geht es jedoch um die Kriminalpolitik, die ebenfalls unter dem Einfluss des Populismus betrieben wird. Von den industrialisierten Massenmedien wird die Gefährdung durch Einzeldelikte überzeichnet.[775] Die dadurch erzeugte allgemeine Furcht und das Unsicherheitsgefühl der Menschen gegenüber dem als

765 Pfeiffer/Windzio/Kleimann, MSchrKrim 2004, 426.

766 Streng, BewHi 4/2000, 422 ff.

767 Pfeiffer/Windzio/Kleimann, MSchrKrim 2004, 426.

768 Thommen, Populus, Plebs und Populares in der römischen Republik, S. 31.

769 Puhle, Was ist Populismus?, S. 13.

770 Ebenda.

771 Ebenda.

772 Priester, Populismus - historische und aktuelle Erscheinungsformen, S. 12.

773 Priester, Populismus - historische und aktuelle Erscheinungsformen, S. 28.

774 Puhle, Was ist Populismus?, S. 12 f. m. w. N.

775 Hassemer, Innere Sicherheit im Rechtsstaat, S. 250; Albrecht, Das Strafrecht im Zugriff populistischer Politik, S. 437.

zunehmend wahrgenommenen abweichenden Verhalten[776] hängt auch mit „politischen" Aspekten zusammen.[777] Das bedrohte Gefühl bezüglich der Sicherheit erfordert scheinbar einen ausgedehnten Eingriff vom Staat. Den politischen Diskussionen über die Rücksichtnahme auf die bürgerlichen Interessen folgt immer die Gesetzgebung, in der die populistische Politik die Strategie eines überforderten präventiven Strafrechts verfolgt.[778]

D. Krise der Theorie der positiven Generalprävention

1. Funktionalisierung des Strafrechts

Wegen dieser Strategie hat das gegenwärtige Strafrecht eine Neigung zur *Funktionalisierung*.[779] Das Recht hat die Funktion, Handlungsorientierung und Erwartungsstabilität zu gewährleisten.[780] Dies entspricht der Überzeugung der Theorie der Integrationsprävention, die den Schutz des „Vertrauen[s] der Gesellschaftsmitglieder in das System […] gegen Erschütterungen durch Rechtsbrüche" für wichtig hält und die Wirkung der Strafe als „die Wiederherstellung des Vertrauens in die Rechtstreue der Gesellschaftsmitglieder" erklärt.[781] Aber ein funktionalisiertes Strafrecht will sich nicht mehr durch die Theorie der positiven Generalprävention legitimieren. Das funktionalisierte Strafrecht wird durch die heutige Risikogesellschaft und die Tendenz zu einer popularisierten Politik legitimiert, dem die volle Verfügung über die Risikoreduzierung gegeben wird.[782]

Für den erweiterten Schutz wurde die ursprüngliche Aufgabe des Strafrechts rekonstruiert.[783] Dieses Strafrecht ist im Vergleich zum „klassischen" Strafrecht durch einen Charakter der „Modernisierung"[784] gekennzeichnet. Aber in dieser Arbeit wird dieser Begriff als „postmodern" bezeichnet, weil er vom „modernen" Charakter des klassischen Strafrechts unterschieden werden muss, der im

---

776 Hall, Popular-demokratischer oder autoritärer Populismus, S. 93.

777 Hall, Popular-demokratischer oder autoritärer Populismus, S. 92.

778 Albrecht, Das Strafrecht im Zugriff populistischer Politik, S. 439; Prittwitz, Alternativen der Kriminalpolitik in der Risikogesellschaft, S. 30; insbesondere bei Massenkriminalität vgl. Hassemer, Innere Sicherheit im Rechtsstaat, S. 250 ff.

779 Albrecht, Das Strafrecht im Zugriff populistischer Politik, S. 435 f.

780 Jakobs, Strafrecht AT, S. 6 ff (1/4).

781 Albrecht, Das Strafrecht im Zugriff populistischer Politik, S. 432.

782 Prittwitz, Strafrecht und Risiko, S. 200.

783 Hassemer, ZRP 1992, 381.

784 Etwa Hassemer, ZRP 1992, 379. Yi bezeichnet diese Erscheinung als „Verdampfung der klassischen Strafrechtsgüter ins soziale Risiko des modernen Strafrechts". Siehe dazu Yi, Modernität, S. 43 ff.

Vergleich zum Strafrecht in der Zeit der absoluten Monarchie als solche bezeichnet wird.[785]

Der heftige Anspruch auf eine Lösung des Problems des sozialen „Risikos“ erstreckt sich auch auf den Bereich des Strafrechts und begründet die Änderung seiner Rechtsgüter: Im Gegensatz zum klassischen modernen Strafrecht, das sich auf den Schutz der Individualrechtsgüter konzentriert, zielt das postmoderne Strafrecht auf den Schutz der Universalrechtsgüter.[786] Darüber hinaus wird die Form des abstrakten Gefährdungsdelikts immer beliebter.[787] Die Form des abstrakten Gefährdungsdelikts mindert die nötige Beweislast und die Dogmatik der strikten Zurechnung wird damit im heutigen Strafrecht relativiert.[788] Beim abstrakten Gefährdungsdelikt ist der Gefahrenerfolg oder die Erfolgsgefahr nicht das Tatbestandsmerkmal. Beim abstrakten Gefährdungsdelikt reichen Tätigkeiten aus, die generell erfahrungsgemäß als gefährlich erscheinen, und der Richter benötigt keine Beweislast für die Feststellung des Gefahrenerfolgs. Die dogmatischen Sachverhalte, wie Täterschaft und Teilnahme, Versuch und Vollendung, Vorsatz und Fahrlässigkeit usw., die im klassischen Strafrecht wichtig waren, spielen keine wichtige Rolle mehr. Zu erkennen ist ebenfalls die übersteigerte Pflichtnorm bei Unterlassungs- und Fahrlässigkeitsdelikten, die Zunahme der Generalklauseln sowie die Zunahme der unbestimmten Tatbestandsmerkmale.[789] Die mit diesem Trend geschaffene unbestimmte Gesetzessprache widmet sich popularisierten Sanktionseingriffen und einem erweiterten Präventionseffekt.[790] Neben der Funktionalisierung des materiellen Strafrechts ist in diesem

---

785 Zur Modernisierung des Strafrechts siehe oben Kap. 2, V.

786 Hassemer, ZRP 1992, 381; Hilgendorf, NStZ 1993, 14.

787 *Hilgendorf* bezeichnet dieses Merkmal des Strafrechts in der Risikogesellschaft als Vorfeldkriminalisierung, besonders in Form einer Vorverlegung des Strafrechtsschutzes durch die Einführung des abstrakten Gefährdungsdelikts und die Flexibilisierung der dogmatischen Institute. Hilgendorf, NStZ 1993, 14, 16.

788 Hassemer, ZRP 1992, 381. Dieser Trend ist im Wirtschafts- und im Umweltstrafrecht besonders oft zu erkennen. Zum Beispiel wird im Wirtschaftsstrafrecht der Betrugstatbestand nicht ermittelt. Ohne Voraussetzung des „Vermögensschadens“ wird diese Kriminalität als reine Begehungs- und Gefährdungsdelikt behandelt. Vgl. Albrecht, Das Strafrecht im Zugriff populistischer Politik, S. 439.

789 Albrecht, Das Strafrecht im Zugriff populistischer Politik, S. 439. Als Beispiel kann angeführt werden, dass das gesetzgeberische Gebot beim Geldwäschetatbestand (§ 261 StGB) verfehlt, da die Tragweite und der Anwendungsbereich der Strafgesetze nicht ersichtlich erkennbar ist. Vgl. NK-StGB-Hassemer/Kargl, § 1 Rn. 41; Schulz, Neues zum Bestimmtheitsgrundsatz, S. 319.

790 Albrecht, Das Strafrecht im Zugriff populistischer Politik, S. 432.

Zusammenhang auch die Verfahrensflexibilisierung der Verbrechensbekämpfung[791] zu sehen.

Die Folge des funktionalisierten Strafrechts ist die Überforderung des Kriminaljustizsystems und die daraus folgende Zerbrechlichkeit des Rechtsstaatsprinzips.[792] Zuerst ist das Thema des symbolischen Rechts anzusprechen. Bei der Funktionalisierung wird der *symbolische Charakter* des Strafrechts verstärkt.[793] Allein der symbolische Charakter des Strafrechts ist jedoch kein ausreichender Grund für einen Vorwurf des Rechtsbruchs, weil alle strafrechtlichen Vorschriften natürlich gewissermaßen symbolischen Charakter haben.[794] „Das symbolische Strafrecht" ist bloß eine Vergleichsdefinition. Daher ist es nicht das Problem des „seins oder nicht seins", sondern „wie viel es ist".[795] Das Hauptproblem eines solchen „symbolischen Strafrechts" ist, dass dieser Charakter des Strafrechts politisch missbraucht werden kann.[796]

Das „Risiko" oder das „Risikogefühl" in der heutigen Gesellschaft hat eine besonders starke Beziehung zum symbolischen Strafrecht. Während das „Symbolische" in der Gesetzgebung[797] ein „Gesetz [ist], das aus der Sicht der Kriminalpolitik unvernünftig ist, aber aus der sozialen oder politischen Sicht eine bestimmte Funktion hat, indem das Gesetz, das keine reale Wirkung hat, allein das verbotene Verhalten einfach unterdrückt",[798] beinhaltet das „Symbolische" im symbolischen Strafrecht die „Lüge (Unwahrheit, Vortäuschung)",[799] da bei ihm das intendierte Ziel und die reale Wirkung nicht übereinstimmen.[800] Diese Symbolik ist allgemein mit politischen Zwecken verbunden. Daher werden Reformen

---

791 Albrecht, Das Strafrecht im Zugriff populistischer Politik, S. 440 ff.

792 Naucke, Zerbrechlichkeit, S. 411 ff.

793 Albrecht, Das Strafrecht im Zugriff populistischer Politik, S. 435.

794 Hassemer, NStZ 1989, 556 f.

795 Hassemer, NStZ 1989, 556.

796 *Bae* hat das koreanische Staatsschutzgesetz (kStaschuG) als symbolisches Strafrecht angewendet. Vgl. Bae, Politik, Ideologie und Strafrecht, S. 26 ff. Nicht nur Politiker, sondern auch Wissenschaftler machen seinen Stand an der Benutzung der Rechtsgüter von Bürgern fest. Er verweist auf das Beispiel von *Erik Wolf, Karl Larenz, Carl Smitt,* in Südkorea *Bong-gun Gal*. Vgl. dazu Bae, Politisches Strafrecht, S. 223 ff.

797 Zur symbolischen Gesetzgebung vgl. Noll, Gesetzgebungslehre, S. 157; ders., Ideologie und Gesetzgebung, S. 69 ff.; Voß, Symbolische Gesetzgebung; Neumann/Schroth, Neuere Theorien, S. 114 ff.

798 Bae, Die Theorie des politischen Strafrechts, S. 243.

799 Hassemer, NStZ 1989, 555; Seelmann, KritV 1992, 461 ff.; Prittwitz, Alternativen der Kriminalpolitik in der Risikogesellschaft, S. 32.

800 Prittwitz, Alternativen der Kriminalpolitik in der Risikogesellschaft, S. 32; Bae, Die Theorie des politischen Strafrechts, S. 243.

des Strafrechts erst nach (oder zusammen mit) politischen Reformen durchgeführt.[801]

Infolgedessen bedeutet die Annahme des symbolischen Strafrechts den Verzicht auf die geäußerte Funktion des Strafrechts sowie das Verlangen nach einer verborgenen Funktion des Strafrechts. Dieses symbolische Strafrecht verwirft die rechtsstaatliche freiheitliche Tradition und missbraucht das Vertrauen der Bürger in die Strafjustiz.[802] In diesem Punkt hemmt dieses Merkmal des postmodernen Strafrechts die Funktion der „Normverinnerlichung" der Theorie der positiven Generalprävention. Wenn das symbolische Strafrecht auf derart extreme Weise von politischen Zwecken abhängig ist, wird die Strafbarkeit nicht mehr durch den objektiven Tatbestand, sondern durch den Willen des Täters bestimmt: ein so genanntes „Gesinnungsstrafrecht".[803] Dabei steigt die Krisenanfälligkeit bezüglich der Normverinnerlichung im Sinn der Theorie der positiven Generalprävention.

2. Zerstörung des Rechtsstaatsprinzips

Während sich das klassische Strafrecht nur am objektiv beweisbaren Rechtsgüterschutz orientiert,[804] kann das postmoderne Strafrecht bereits bei einer „Möglichkeit des Risikos" – also ohne objektiv gegebene Gefahr – eingesetzt werden (*Nullum crimen sine periculo sociali*),[805] und dadurch wird sein Gültigkeits- und Wirkungsbereich erweitert. Dies begründet sich deutlich durch den Anspruch des Einsatzes des Strafrechts, der stärksten Maßnahme der sozialen Kontrolle, nicht mehr als *ultima ratio*, sondern als *sola ratio* sowie als *prima ratio.*[806] In diesem Punkt begegnet das Rechtsstaatsprinzip dem Veränderungsaspekt. Angelehnt an einem Zitat aus der „Dialektik der Aufklärung" von *Horkheimer* und *Adorno,* hat *Hassemer* dies die „Dialektik der Moderne" genannt: das (post)„moderne Strafrecht" habe „sich bis zu einem Punkt entwickelt [...], an dem es kontraproduktiv, [...] anachronistisch geworden ist".[807] Ein Charakter

---

801 Naucke, Entwicklung der allgemeinen Politik, S. 405 ff.; Bae, Die Theorie des politischen Strafrechts, S. 213.

802 Hassemer, NStZ 1989, 558.

803 Zum Gesinnungsstrafrecht vgl. Copic, Politisches Strafrecht, S. 216 ff.; Backes, Rechtsstaatsgefährdungsdelikte und Grundgesetz, S. 123, 125 f.

804 „Ohne fassbare Rechtsgutsverletzung keine Straftat". Dazu Hassemer, ZRP 1992, 380.

805 Herzog, Nullum crimen, S. 109 ff.

806 Diese Tendenz ist auch in Südkorea zu beobachten: die Bürger erwarten die Funktion des Strafrechts in der Vermeidung der Umweltverschmutzung oder von mangelhaften Bauarbeiten usw., dazu Yi, Einführung in die Rechtswissenschaft, S. 117.

807 Hassemer, ZRP 1992, 379.

der Entwicklungstendenz des postmodernen Strafrechts ist „Entformalisierung“.[808]

Die Theorie der positiven Generalprävention konstruiert sich in einem organischen Kreislauf aus drei Komponenten – Normverinnerlichung, Normstabilisierung und rechtsstaatliche Formalisierung. Wenn die dritte Komponente, die rechtsstaatliche Formalisierung, nicht mehr gegeben ist, verliert die Strafe ihre Grundlage der Legitimation, so dass das Vertrauen der Bürger in die Norm sowie die Normverinnerlichung abnimmt. Die Normstabilisierung, der Hauptzweck der Theorie der positiven Generalprävention, kann dann ebenfalls nicht verwirklicht werden, weil sie die Normanerkennung durch das Vertrauen der Bürger in die Norm voraussetzt. In einer Situation, in der die Strafe ihre Funktion geändert hat und dadurch das Rechtsstaatsprinzip zerstört,[809] ist eine Rechtfertigung der Theorie der positiven Generalprävention problematisch.

Wenn man die Zerstörung des Rechtsstaatsprinzips betrachtet, kann man zuerst die Zerstörung des Bestimmtheitsgrundsatzes nennen. Aus der Veränderung des Raums des Rechtsgüterschutzes von Individual- zu Universalrechtsgütern[810] folgt zwangsläufig die Zerstörung des Bestimmtheitsgrundsatzes. Denn das postmoderne Strafrecht definiert seine Rechtsgüter nicht mehr konkret und präzise, sondern es schreibt eher abstrakter vor. Das klassische Strafrecht hingegen beschreibt seine Individualrechtsgüter konkret und präzise.

Zweitens ist die Zerstörung des Zurechnungs- und des *„in dubio pro reo“*-Prinzips zu nennen. Der Vorzug des abstrakten Gefährdungsdelikts und die damit einhergehende Erleichterung der Beweislast[811] widerspricht dem *„in dubio pro reo“*-Prinzip. Wegen dieser Erleichterung verliert die Bedingung der Strafe ihre strikten Kriterien: Angeklagte haben damit weniger Schutzmöglichkeiten.[812] Das Strafrecht neigt zur Kriminalisierung und zur Bestrafung (Vorfeldkriminalisierung).[813] Diese Merkmale des postmodernen Strafrechts widersprechen vor allem der dritten Komponente der Theorie der positiven Generalprävention, nämlich der rechtsstaatlichen Formalisierung. Denn das Prinzip der rechtsstaatlichen Formalisierung fordert, dass kein Einsatz des Strafrechts „im Zweifel gegen den Angeklagten“ erfolgen soll.

---

808 NK-StGB-Hassemer/Neumann, Vorbem. § 1 Rn. 341 ff., 348 ff.; Albrecht, Das Strafrecht im Zugriff populistischer Politik, S. 438 ff.

809 Hassemer, ZRP 1992, 378 ff.; Hilgendorf, NStZ 1993, 101 f.

810 Hassemer, ZRP 1992, 381; Hilgendorf, NStZ 1993, 14.

811 Ebenda.

812 Hassemer, ZRP 1992, 382.

813 Zur Problem der Vorfeldkriminalisierung näher Hilgendorf, NStZ 1993, 14 ff.

Drittens kann man die Zerstörung des Subsidiaritätsprinzips nennen. Die Folge der bevorzugten Universalrechtsgüter, der abstrakten Gefährdungsdelikte im postmodernen Strafrecht erschwert den Beweis der Rechtsgüterverletzung und erweitert den Entscheidungsspielraum der Strafrichter.[814] Dies führt zu einem Anspruch auf Erleichterung der individuellen Zurechnung.[815] Damit erweitern sich die Strafrechtsvorschriften.[816] Die Aufgabe des Strafrechts verlagert sich damit vom Rechtsgüterschutzprinzip zum Funktionsschutzprinzip des gesellschaftlichen Systems.

Die Krise der rechtsstaatlichen Formalisierung, nämlich der dritten Komponente der Theorie der positiven Generalprävention, wirkt sich sowohl auf die Normverinnerlichung (die erste Komponente der Theorie) als auch auf die Normstabilisierung (die zweite Komponente der Theorie) aus: Die drei Komponenten entsprechen einem Zirkelschluss. Sie sind voneinander abhängig. Wenn die Rechtfertigung der Strafe und der Norm durch die rechtsstaatliche Formalisierung nicht vorausgesetzt ist, kann das Vertrauen der Bürger – die Voraussetzung der Normverinnerlichung – auch nicht hergestellt oder stabilisiert werden.

III. Postmoderne im Straßenverkehrsrecht

Da das Strafrecht sich grundsätzlich auf die Vergangenheit richtet, ist seitens des Strafrechts eine effektive Reaktion auf risikogebundene Taten weder einfach noch schnell zu erreichen. Daher neigt das Strafrecht – besonders in der heutigen Risikogesellschaft – zu der Ansicht, seinen Zweck in effektiverer Weise, vor allem mit überbetonten Vorfeldhandlungen, zu erreichen. Obwohl dieser Trend im Straßenverkehrsrecht (im Vergleich zu anderen Bereichen des Strafrechts) nur selten anzutreffen ist, ist die Strafrechtswissenschaft gezwungen, diese Trends zu beachten.

---

814 Ebenda.

815 Zur Meinung, dass die Voraussetzung der Zurechnung im klassischen Strafrecht ein Hindernis für eine effiziente Kriminalpolitik des postmodernen Strafrechts sei, vgl. Rengier, NJW 1990, 2506 ff.; Hohmann, Das Rechtsgut der Umweltdelikte, S. 179 ff.; Stratenwerth, Strafrechtliche Unternehmenshaftung? S. 295 ff.

816 Hassemer, ZRP 1992, 382.

A. Straßenverkehr und Risiko

1. Risiko in der Risikogesellschaft

Folgt man der Meinung, dass sich das Bedrohungsgefühl im Straßenverkehr nicht unbedingt auf die echte Wahrscheinlichkeit eines Unfalls bezieht,[817] so muss die Frage beantwortet werden, ob das Bedrohungsgefühl mit dem Risikogefühl in der Risikogesellschaft zusammenhängt.

Dafür ist die Frage zu stellen, ob das Verkehrsrisiko zum Begriff des heutigen Risikos in der Risikogesellschaft gehört.

Zuerst wird von dem Begriff „Risikogesellschaft" ausgegangen, der von *Beck* als kennzeichnend für unsere Gesellschaft bezeichnet wurde. In seinem Buch „Risikogesellschaft - Auf dem Weg in eine andere Moderne" legt er zugrunde, dass „wir Augenzeugen [...] eines Bruches innerhalb der Moderne sind, die sich aus den Konturen der klassischen Industriegesellschaft herausgelöst und eine neue Gestalt – [...] die »Risikogesellschaft« – ausgeprägt" hat.[818] Er wollte damit „diese epochalen Unterscheidungen"[819] aufzeigen. In der Risikogesellschaft wird das alltägliche Leben als riskant wahrgenommen. Es ist schwer zu prognostizieren, ob, wann und wo eine gefährliche Situation entsteht, in der diese Gefahr nicht mehr kontrollierbar und Sicherheit nicht mehr wiederherstellbar ist. Die Risikoerhöhung in der heutigen Gesellschaft wird an den Beispielen der Umweltzerstörung, den Gefahren der Kernspaltung, der Lagerung von Atommüll oder der Gentechnik erklärt.[820]

2. Verkehrsrisiko als „altes", „erlaubtes" Risiko

Eigentlich sind derartige Risiken selbst „nicht gerade ein Kennzeichen der industriegesellschaftlichen Epoche" und „keine Erfindung der Neuzeit".[821] Sie unterscheiden sich jedoch von heutigen globalen Gefährdungslagen; die heutigen Risiken sind „*Modernisierungs*risiken. Sie sind *pauschales Produkt* der industriellen Fortschrittsmaschinerie und werden *systematisch* mit deren Weiterentwicklung verschärft."[822] Im Sinne der Risikogesellschaft von *Beck* passt das Verkehrsrisiko nicht sehr genau zum Konzept des Risikos in der Risikogesellschaft. Autos sind keine „moderne" Erfindung mehr, sondern schon „alt"; die erste Erfindung motorbetriebener Autos durch *Daimler* und *Benz* war im Jahr

817 Oben I.
818 Beck, Risikogesellschaft, S. 13.
819 Ebenda.
820 Beck, Risikogesellschaft, S. 10, 28; Seelman, KritV 1992, 452.
821 Beck, Risikogesellschaft, S. 28.
822 Beck, Risikogesellschaft, S. 29.

1886. Das Verkehrsrisiko ist demnach kein Merkmal der Risikogesellschaft: es besteht hier keine Schwierigkeit, die Kausalität festzustellen, da keine Zurechnungs- bzw. Verantwortungsprobleme bezüglich der juristischen Personen oder Personenvereinigungen bestehen. Der Verkehrsunfall geht auf die Fahrlässigkeit einzelner Personen zurück. Er gehört zum erlaubten Risiko in der Industriegesellschaft.[823]

3. Verkehr als „Modernisierungs“risiko

Andererseits ähnelt die allgemeine soziale Situation des Straßenverkehrs doch dem Konzept der Risikogesellschaft. Denn das verkehrsalltägliche Leben unterliegt stets einem Zustand andauernder Risiken. Durch die heutige Entwicklung der Motorentechnik wurde das Paradox zwischen der Sicherheit und der steigenden Risiken deutlich:[824] Einerseits trägt die technische Entwicklung zum sicheren Autofahren bei,[825] daher bezieht sie sich kaum auf das „heutige“ Risiko. Andererseits ermöglichte uns die technische Entwicklung durch das schnelle Fahren die Zunahme an Autos auf Straßen. Durch den ausgedehnten Verkehr in der heutigen Gesellschaft kann man davon ausgehen, dass der einzelne Autofahrer nun mehr Schaden verursacht.[826] Zum Beispiel kann auf der Autobahn eine fahrlässige Handlung eines Fahrers zu einer Massenkarambolage führen. Zudem birgt ein Reisebusfahrer mit 40 Fahrgästen zu einer größeren Schadensverursachung als früher.[827] In der heutigen Zeit erscheint der Umfang der Unglücke im Bereich des Verkehrs gegenüber der vorherigen Zeit, etwa der Zeit der Postkutschenfahrt oder des Beginns der Automobilisierung, unvorstellbar groß.

Zusammengefasst: Zwar ist die Zunahme der Risiken im Straßenverkehr nicht neu, aber diese altbekannten Risiken haben ein deutlich erhöhtes Katastrophenpotential.[828]

---

823 Zur Strafdogmatik und zur Begründung des erlaubten Risikos vgl. Prittwitz, Strafrecht und Risiko, S. 267 ff.

824 Prittwitz, Strafrecht und Risiko, S. 314.

825 Prittwitz, Strafrecht und Risiko, S. 305.

826 Ebenda.

827 *Prittwitz* nennt ein ähnliches Beispiel mit dem Lokführer. Das Risiko der Schadensverursachung durch einen einzelnen Lokführer ist größer als das von einem Postkutschenfahrer vor etwa 200 Jahren. Vgl. dazu Prittwitz, Strafrecht und Risiko, S. 302.

828 Das ist eine Art von Risikozunahme. *Prittwitz* unterteilt die Zunahme von Risiken in drei Arten: die Zunahme von Handlungsmöglichkeiten und -zwängen, die Zunahme des Katastrophenpotentials altbekannter Risiken und die Zunahme neuartiger Risiken. Vgl. dazu Prittwitz, Strafrecht und Risiko, S. 315 ff.

B. Kriminalisierungstendenz

Die Kriminalisierungstendenz der Verkehrsverstöße ist als ein Merkmal der „Postmoderne“ zu erklären. Ein abweichendes Verhalten erscheint „kriminell“, wenn die Sozialschädlichkeit des abweichenden Verhaltens ins allgemeine Bewusstsein eindringt.[829] In diesem Fall ist die Erwartung einen vergrößerten Schutzes der Rechtsgüter möglich. Nach soziologischer Ansicht findet man die empirische Grundlage der strafgesetzlichen Rechtsgüter in drei Elementen: Häufigkeit, Bedarfsintensität und Bedrohung.[830] In der heutigen Gesellschaft sind alle drei Elemente bei Verkehrsverstößen erhöht: Vor allem ist das Bewusstsein der Sozialschädlichkeit ein wesentlicher Grund für die *Häufigkeit*[831] des Auftretens des Gefährdungsgefühls. Die hier genannte Häufigkeit wird nicht durch das Vergehen, sondern durch die *gesellschaftlich bekannt gemachte Häufigkeit*[832] bestimmt und wird meist durch die Verbreitung in den Massenmedien und die Mitteilungen über strafgesetzliche Verurteilungen[833] verursacht. Durch die Häufigkeit der gesellschaftlich bekannten Vorfälle werden das gesteigerte Bedrohungsgefühl und damit das Bedürfnis an einer verschärften gesetzlichen Prävention hergestellt.

Als Reaktion auf diese neue, hergestellte Sozialschädlichkeit wird das Recht gegen abweichendes Verhalten verschärft oder dieses wird neu kriminalisiert.[834] Bei dem oben genannten Raser-Fall wurde diese Phase in einer ähnlichen Weise durchlaufen. Dabei erhöhen sich das Gefühl der Häufigkeit sowie das Bedrohungsgefühl durch Drängeln infolge heftiger Medienvermittlung. Die dadurch hergestellte Bedarfsintensität erfordert dann eine schärfere Sanktionierung[835] und Kriminalisierung (Neugesetzgebung) zur Nötigung durch Drängeln. Auch die Trunkenheit am Steuer ist eine nennenswerte Kriminalisierungstendenz:[836] Heutzutage wird die Bewegung zur Regulierung des Fahrens unter Trunkenheit nun mit BAK 0,00 Promille diskutiert.

---

829 Hassemer, Verbrechen, S. 148.

830 Hassemer, Verbrechen, S. 130 ff.

831 Hassemer, Verbrechen, S. 147 ff.

832 Hassemer, Verbrechen, S. 149.

833 Hassemer, Verbrechen, S. 148.

834 Ein Beispiel ist das Straßenverkehrssicherungsgesetz 1952 und 1964. Dazu Kaiser, Verkehrsdelinquenz, S. 1, S. 339 ff.

835 Die Erweiterung der Sanktionen wird nicht nur im Strafrecht beschränkt, sondern auch im Ordnungswidrigkeitsrecht gefordert.

836 Hier wird die „Kriminalisierung“ im weiteren Sinne verstanden: Hiernach umfasse alle Formen der Sanktionen wie das Ordnungswidrigkeitenrecht innerhalb der Kriminalisierung.

In den südkoreanischen Gesetzen ist diese Kriminalisierungstendenz noch deutlicher zu erkennen. Dort gibt es keine Straßenverkehrsordnungswidrigkeit. Das kStVG droht für jedes leichte abweichende Verhalten im Straßenverkehr zunächst eine Strafe an.[837] Zudem wird die Unfallflucht durch das kVBG – ein neues, verschärftes Nebenstrafgesetz – besonders hart bestraft (§ 5.3 kVBG).

C. Entformalisierung

Im südkoreanischen Straßenverkehrsrecht gibt es mehrere Indizien für eine Entformalisierung. Am besten lässt sich die Entformalisierung bei dem auf Prävention zielenden, vorverlegten Strafrecht erkennen. Aber dieses Merkmal ist manchmal auch unabhängig von der heutigen Präventionstendenz zu finden.

Im südkoreanischen Straßenverkehrsrecht wird dies vor allem in Unfallverhandlung nach kSVG ersichtlich. Nach dem kSVG darf gegen den Unfallverursacher keine Anklage erhoben werden, wenn er eine Vollkaskoversicherung hat und den vollen Betrag des Unfallschadens abdeckt (§ 4 kSVG).[838] Gemäß § 4 kSVG wird die Einigung mit dem Opfer, die in § 3 II kSVG als eine Voraussetzung des Klageverbots genannt wird, nicht mehr beachtet. Auf dem ersten Blick scheint das Gesetz vollkommen im Widerspruch zu dem Zweck der heutigen Funktionalisierungstendenz zu stehen. Denn der Zweck dieses Sondergesetzes zielt auf eine Verminderung des Sanktionszugriffs ab, während die heutige Funktionalisierungstendenz auf einen erweiterten Schutz gegen Straftaten fokussiert. Trotz der entgegengesetzten Richtung des Rechtszwecks wird an diese Vorschrift Kritik geübt. Denn er fokussiert ausschließlich justizökonomische Effizienzinteressen, er vernachlässigt daher die Entformalisierung;[839] dieser Paragraph konzentriert sich zwar auf den Ausgleich des Schadens, aber die Vermittlung durch die Versicherung lässt den ursprünglichen Sinn von der „Strafe gegen fahrlässige Körperverletzung im Dienst (§ 268 kStGB)“ unberücksichtigt und verbietet die Möglichkeit der Opferteilnahme. Selbst die Änderung des Gesetzes im Jahre 2010, in der die Ausnahme bei einem Unfall mit der Folge einer schweren Körperverletzung, der Behinderung oder der unheilbaren Krankheit von Opfern (§ 4 I Nr. 2 kSVG) angegeben wurde, ist keine grundlegende Beseitigung der Entformalisierung.[840]

---

837 Oben Kap. 4, IV.

838 Zur gesamten Regelung des kSVGs näher oben Kap. 2, IV, C.

839 Zur Erlassungsgrund des Gesetzes siehe oben Kap. 2, IV, C.

840 Aus diesem Grund ist die Abschaffung des § 4 kSVG zu überlegen. Um eine erweiterte Sanktionierung in der Folge der Abschaffung dieses Paragraphen zu vermeiden, ist „res-

Das „Gesetzesübertretungsgeld“ ist ebenfalls ein deutliches Beispiel für die entformalisierte, allein auf die Funktionalisierung zielende Institution;[841] es hat weder eine deutliche Förmlichkeit wie eine Geldstrafe oder ein Bußgeld, noch entspricht es dem Formalisierungsanspruch, weil es durch die damit einhergehende Strafe die Akzeptanz des Gesetzübertretungsgeldes vom Täter erzwingt.

IV. Möglichkeit einer rationalen Verkehrskriminalpolitik in der heutigen Gesellschaft

A. Richtlinien: Bindung an die kritische Betrachtung der Theorie der positiven Generalprävention

Die postmodernen Merkmale des Strafrechts – die Schwächung der Kriterien des Bestimmtheitsgrundsatzes sowie des *„in dubio pro reo“*-Prinzips, die Zerstörung des Subsidiaritätsprinzips und die Umwandlung des *„ultima ratio“*-Prinzips zum *„prima ratio“*-Prinzip – sind zwar in der heutigen sozialen Situation unvermeidlich, dennoch ist dies keineswegs einfach so zu akzeptieren. Denn das Rechtsstaatsprinzip[842] ist nicht ein relatives, sondern ein absolutes Prinzip. Anders als das Strafrecht in der Zeit der absoluten Monarchie betont das postmoderne Strafrecht den Zweck der Prävention und birgt in sich die Gefahr eines erweiterten rechtlichen Schutzes. Das in seiner Funktion geänderte postmoderne Strafrecht zeigt seine neuen Probleme deutlich. Die genannten Probleme des erweiterten Strafrechts können umgekehrt wiederum durch das Festhalten am Rechtsstaatsprinzip gelöst werden. Wichtig ist die Überzeugung des rechtsstaatlichen Strafrechts, die die kritische Ansicht der Theorie der positiven Generalprävention betont. In diesem Punkt könnte die Theorie der positiven Generalprävention eine Antwort auf die Frage sein, was der Zweck des Strafrechts und seine Legitimation in der heutigen Gesellschaft ist.[843]

Dem ist zu entnehmen, dass die Straßenverkehrspolitik in der folgenden dargestellten Abfolge behandelt werden sollte. Erstens sollte *die technische Prävention* Vorrang vor der Rechtspolitik haben. Zweitens sollte in der Rechtspolitik *die Zivilrechts- oder Verwaltungsrechtspolitik* vor der Strafrechtspolitik ein-

---

torative justice“ (wiederherstellende Gerechtigkeit) als ratsam zu erachten. Zur gleichen Meinung vgl. Lee/Kim, The Improvement of the special criminal acts, S. 226 f.

841 Oben Kap. 4, IV.

842 Hassemer, StV 1990, 330 f.

843 Vgl. Hassemer, NStZ 1989, 557 f; Prittwitz, Positive Generalprävention und "Recht des Opfers auf Bestrafung des Täters"?, S. 165; ders., Strafrecht und Risiko, S. 234.

gesetzt werden. Drittens darf die Strafrechtspolitik ihren *Formalisierungsanspruch* nicht verlieren. In diesem Sinn ist die Theorie der positiven Generalprävention ein Stützpfeiler in der Kritik an der Legitimation des postmodernen Strafrechts.

B. Vorrang der nicht-strafrechtlichen Steuerung

Das Subsidiaritätsprinzip fordert die Ablehnung der Intervention des Sanktionsrechts in dem Bereich, in dem Verkehrsabweichungs- und Verkehrsunfallrisiken durch (nicht rechtliche) organisatorische oder technische Prävention vermieden werden können. Unter dem Begriff „technische", „organisatorische" oder „nicht-normative Prävention" werden unterschiedliche Präventionsmaßnahmen zusammengefasst an die sachliche Möglichkeit für Abweichungen durch problembezogene technische oder organisatorische Vorkehrungen zu reduzieren.[844] Dies ist eine Präventionsmaßnahme, die weder normativ wirkt noch als Bedrohung symbolisiert werden kann, sondern die ihre Wirkung einfach durch die Bindung an materielle Mittel zeigt und damit tatsächlich der Vorbeugung dient.[845]

---

844 Kunz, NK 04/2005, 152.

845 Hefendehl, NJ 2006, 17; Hassemer, StV 1994, 333, 336. In dieser Arbeit wird diese Art der Prävention als „technische Prävention" dargestellt. Denn die situationsbezogene Prävention im weiteren Sinn wird nicht genauso wie die technische Prävention definiert; der Begriff „situationsbezogene Prävention" umfasst auch die technische Prävention. Die schon oben in Kap. 3 genannte technische Prävention betont eine Präventionsmaßnahme ohne normative Wirkung oder Bedrohung (Hefendehl, NJ 2006, 17; Hassemer, StV 1994, 333 ff.). Währenddessen bemüht sich die situationsbezogene Prävention darum, die Wahrscheinlichkeit für angenehme Konsequenzen kriminellen Handelns zu verringern und die Wahrscheinlichkeit für unangenehme Konsequenzen kriminellen Handelns zu erhöhen (Eifler, Situationsbezogene Kriminalprävention, S. 203; Eifler/Brandt, MSchKrim 2005 (88), 157). Da die Strategien der situationsbezogenen Prävention die Maßnahmen der Bedrohung oder Abschreckung nutzen, werden sie hier nicht von der technischen oder nicht-normativen Prävention einbezogen. Situative Prävention hat drei Strategien: Erstens, die Kosten abweichenden Verhaltens zu erhöhen, zweitens, das Entdeckungsrisiko zu erhöhen, und drittens, den potentiellen Nutzen der Abweichung zu vermindern (vgl. Eifler/Brandt, MSchKrim 2005 (88), 158 f.). Beispielsweise wird die Videoüberwachung als eine Strategie der situationsbezogenen Prävention genannt (vgl. Eifler/Brandt, MSchKrim 2005 (88), 157 ff.), aber sie gehört nicht zur Kategorie der technischen Prävention. Denn diese Strategie setzt die Erhöhung des Entdeckungsrisikos eines potentiellen Täters voraus, erzeugt eine Steigerung des Sicherheitsgefühls des allgemeinen Bürgers und eine Abschreckung durch den Einsatz von Schildern mit einem Überwachungshinweis (vgl. Eifler/Brandt, MSchKrim 2005 (88), 161 f.).

Mit der technischen Prävention können Abweichungsrisiken ohne normativen Eingriff gegen Bürger vermieden werden. Es liegt nahe, dass die normative Maßnahme in der Praxis dieses positive Resultat nicht in jedem Fall sichern kann, und dass sie trotz dieser Unsicherheit Freiheitseinschränkungen der Bürger in Kauf nimmt. Diese Schwäche der normativen Methoden kann durch die technische oder nicht-normative Prävention gemindert werden.[846]

Als Folge der Anwendung der technischen Prävention wird der Einsatz der normativen Prävention gegebenenfalls unnötig, dadurch bleiben die freiheitsgewährenden Grundsätze sowie die gesellschaftliche Sicherheit gleichzeitig gewährleistet.[847] Da die technische Prävention eine Zurückhaltung des Einsatzes des Strafrechts impliziert, ist sie in Übereinstimmung mit dem *ultima-ratio*-Prinzip. Aus diesem Grund kann gefordert werden, die normative Präventionsmaßnahme durch technische Prävention zu substituieren.[848]

Der Verkehrsfluss und die Verkehrssicherheit, also der Zweck der Straßenverkehrsregeln,[849] kann also ohne den Einsatz von normativen Maßnahmen, die der bürgerlichen Freiheit entgegenstehen, erreicht werden.

Bemerkenswerte Beispiele zur technischen Prävention im Straßenverkehr sind die durch Kap. 3 eingeführte Einrichtung eines Ampelsystems direkt neben der Haltelinie vor dem Fußgängerübergang[850] zum Zweck der Vermeidung der Ordnungswidrigkeit gegen die Vorschrift des Haltens an einem Fußgängerüberweg, die Ausstattung mit einem satellitengesteuerten Intelligent Speed Adaption-System zur Prävention der Geschwindigkeitsüberschreitung[851] und der Einsatz von atemalkoholgesteuerten Wegfahrsperren gegen Trunkenheit am Steuer.[852] Zudem ist auch die verpflichtende Einführung von technischen Entwicklungen zur Unfallvermeidung bedeutsam, etwa neu entwickelte Brems- oder Schutzvorrichtungen, Fahrerassistenzsysteme zur Unfallverhinderung, verbesserte Unterfahrschutzeinrichtungen bei Lkws usw.

Vor der Benutzung des vorrangigen Einsatzes der technischen Prävention ist prinzipiell zu prüfen, ob der Einsatz dieser Art der Prävention einen übermäßigen Eingriff in die bürgerliche Freiheit darstellt oder nicht. Denn die technische Prävention ist für den Aspekt der Beschränkung durch den normativen Eingriff

---

846 Hassemer, StV 1995, 489.

847 Hassemer, StV 1994, 336.

848 Hassemer, StV 1995, 489; ders., StV 1994, 336 f., sowie ders., Welche Zukunft hat das Strafrecht?, S. 158 ff.

849 Grewe, Straßenverkehrsdelinquenz, S. 37.

850 Oben Kap. 3, III, D.

851 Hofreiter, Vision Zero, S. 4.

852 Zur Diskussion über Einführung des Alkohol-Interlocks siehe näher oben Kap. 3, IV, B, 2.

und die dadurch erreichbare Erschwerung des Freiheitseingriffs von Bedeutung. Vor dem Auferlegen einer gesetzlichen Pflicht über die technische Prävention muss die Einschränkung der Handlungsfreiheit und das Interesse bei Befolgung der Norm gegeneinander abgewogen und dann bestimmt werden, ob im Sinn des sozialen Zusammenlebens die Grenze des allgemein Zumutbaren dadurch nicht überschritten wird.[853]

Die Priorität der anderen angemessenen Steuerungsmedien umfasst nicht nur die nicht-normative Steuerung, sondern auch die rechtliche Weise, etwa das Zivilrecht, das öffentliche Recht und das Sozialrecht.[854] Innerhalb der Kategorie der rechtlichen Maßnahmen ist für das Festhalten am rechtsstaatlichen Strafrecht ein Zurücktreten des Strafrechts erforderlich. Wenn bereits andere, leichtere zivilrechtliche oder verwaltungsrechtliche Eingriffe (etwa Schadensersatz oder Bußgeld) einen wirksamen Effekt der Kriminalprävention haben, dann sollte das Strafrecht nicht eingreifen.

C. Plädoyer: Formalisierte Sanktionsrechtspolitik

Die Sanktionen und Kontrollstrategien im Straßenverkehr müssen dem Formalisierungsanspruch genügen.

Während die Spezialprävention und die Abschreckungsprävention eine direkte Wirkung des Strafrechts über den Mechanismus der Kausalität darstellen, betont die Theorie der positiven Generalprävention den Wert des Strafrechts als „formalisierter Teilbereich sozialer Kontrolle“ in interdependenten Zusammenhängen.[855]

Auf vereinfachende Weise kann die Formalisierung des Strafrechts so dargestellt werden: Die Beschränkung des strafenden Eingriffs. Das Strafrecht muss voraussehbar, kontrollierbar und an grundrechtlichen Prinzipien gebunden sein. Auf der äußerlichen Seite wird ein möglichst klares, erfassbares Sanktionsrecht gefordert. Zudem wird auf der materiellen Seite ein inhaltliches Programm verlangt, dass das Subsidiaritätsprinzip involviert.[856]

In der Straßenverkehrsrechtspolitik wird der Formalisierungsanspruch nicht nur im Strafrecht einschränkt, sondern dies erweitert sich bis zur nicht-

853 Zum Beispiel wird die Beschränkung eines Einsatzes atemalkoholgesteuerter Wegfahrsperren diskutiert, weil dieses Gerät trotz der Freiheitseinschränkung nur einen geringen Schutz bietet. Frenz, Blutalkohol, Heft 3/2007, 146.

854 Albrecht, Das Strafrecht im Zugriff populistischer Politik, S. 442 f.

855 Prittwitz, Positive Generalprävention und "Recht des Opfers auf Bestrafung des Täters"?, S. 165.

856 Naucke, Zerbrechlichkeit, S. 414.

strafrechtlichen Kontrollstrategie im Straßenverkehr. Bei Konflikten zwischen Humanität und Effektivität[857] sollte die Kontrollpraxis an rechtsstaatliche Prinzipien gebunden sein, wenn auch ihre Effektivität womöglich aufgrund dieser Prinzipien gemindert wird. Die entformalisierte Präventionsbemühung erscheint zum ersten Mal als eine „scharfe Waffe“,[858] diese hat aber keine Einschränkung zur Folge und verletzt gelegentlich die Grundrechte der Bürger, obwohl sie sich gegen potentielle Täter richtet.

V. Fazit

Mit dem in der Einleitung betrachteten Fall konnte der Standpunkt der Öffentlichkeit klar aufgezeigt werden: Ein stärkeres Bedrohungsgefühl im Straßenverkehr soll eine härtere Bestrafung nach sich ziehen. Eine Analyse der Statistik hat jedoch aufgezeigt, dass die Zahlen der Unfälle und der Sterblichkeit abgenommen haben, obwohl die Zahl der Kraftfahrzeuge zugenommen hat. Darüber hinaus sinkt die Zahl der verurteilten Straftaten im Straßenverkehr. Dies bedeutet, dass das zunehmende Bedrohungsgefühl von Bürgern eine subjektive Wahrnehmung der Straßenverkehrsabweichung ist. Als Ursache dafür kann die mediale Vermittlung angenommen werden. In den Medien wird eine deutliche Erhöhung der Kriminalität im Vergleich zur tatsächlichen Kriminalitätsentwicklung dargestellt. Eine weitere Tendenz ist die „Boulevardisierung“: Kriminalität wird von den Medien als „das Böse“ dramatisiert. Durch diese Art der Medienvermittlung werden die Bedrohungsgefühle gestärkt. Mithin wird eine höhere juristische Wirksamkeit gefordert. Das Strafgesetz soll seine Wirksamkeit deutlicher ausstrahlen. Diese Forderung führt dazu, dass das funktionalisierte Strafrecht nicht mehr als *ultima ratio*, sondern als *sola ratio* sowie als *prima ratio* fungiert. Aus der Zerstörung des Rechtsstaatsprinzips durch das postmoderne Strafrecht wird die Krise der Theorie der positiven Generalprävention abgeleitet.

Um die Zunahme des Bedrohungsgefühls im Straßenverkehr genauer zu analysieren, wurde die Theorie der Risikogesellschaft betrachtet. Auf der einen Seite entspricht die heutige Verkehrssituation dem Konzept der Risikogesellschaft nicht vollständig. Das Auto ist keine wirkliche „moderne“ Erfindung und daher dem Straßenverkehr ein altbekanntes Risiko. Auf der anderen Seite entspricht sie teilweise dem Konzept Risikogesellschaft. Denn das verkehrsalltägli-

857 Naucke, Zerbrechlichkeit, S. 423.

858 Hassemer, Ein gefährliches, ja frivoles Spiel – Rezension zu Andreas Eicker: Die Prozeduralisierung des Strafrechts <http://www.faz.net/-01n3z5> (Zugriff am 4.6.2011) .

che Leben unterliegt stets einem Zustand eines andauernden Risikos. Die Automobilindustrie leistet einiges an technischem Fortschritt, und damit treten im Bereich des Verkehrs derart große Unglücke auf, wie sie in früherer Zeit unvorstellbar waren. Heutzutage hat das Straßenverkehrsrisiko damit ein deutlich erhöhtes Katastrophenpotential[859] und damit eine deutliche Zunahme des Risikos.[860] Im Vergleich zu anderen Bereichen des Strafrechts lässt sich die Neigung zu einem postmodernen Recht im Bereich des Straßenverkehrs zwar weniger erkennen, sie ist aber keineswegs vernachlässigbar. Diesen Trend sorgfältig zu beachten und zu begrenzen ist die Aufgabe der Strafrechtswissenschaft.

Ein deutliches Merkmal dieser postmodernen Neigung im Straßenverkehrsrecht ist die Kriminalisierungstendenz bei Verkehrsverstößen. Zum Beispiel wurde in dem oben genannten Raser-Fall eine härtere Strafe gewünscht, und daraus folgt die Forderung einer verschärften Kriminalisierung der Nötigung durch Drängeln.

In Südkorea erfolgt die Sanktionierung vom leichten abweichenden Straßenverkehrsverhalten prinzipiell nicht durch eine Ordnungswidrigkeit, sondern durch das Strafrecht, außerdem besteht eine besonders harte Bestrafung der Unfallflucht durch ein Sonderrecht (§ 5.3 kVBG).

Die Entformalisierung ist ebenfalls ein Indiz der Postmoderne. Diese Neigung kann unabhängig vom Zweck der erweiterten Prävention betrachtet werden. Trotz des eigentlichen Zwecks einer Verringerung des Sanktionszugriffs wird an der Institution des „Gesetzesübertretungsgeldes“ (§ 162 kStVG)

sowie am Anklageerhebungsverbot bei der Unfallverhandlung im Fall einer ausrechenden Versicherung des Täters (§ 4 kSVG) Kritik geübt. Denn diese Regelungen fokussieren nur auf justizökonomische Effizienzinteressen. Die daraus folgende Entformalisierung wird vernachlässigt.

Aktuell bleibt die Legitimationsfrage eines postmodernen Strafrechts, das sich auf Basis einer populistischen Politik um die Gewährleistung von Sicherheit bemüht.[861] Zur Beseitigung dieses Phänomens sollte die kritische Betrachtungsweise der Theorie der positiven Generalprävention weitgehend berücksichtigt werden; das Strafrecht darf den populistischen Anspruch nicht erfüllen, wenn er die Grenze des rationalen rechtsstaatlichen Strafrechts überschreitet.[862] Der symbolische Charakter des Strafrechts ist im Hinblick auf das rechtsstaatliche Strafrecht unzulässig, weil er das „rechtsstaatliche Täuschungsverbot“ ver-

859 Prittwitz, Strafrecht und Risiko, S. 305.
860 Prittwitz, Strafrecht und Risiko, S. 315 ff.
861 Prittwitz, Alternativen der Kriminalpolitik in der Risikogesellschaft, S. 32.
862 Kunz, NK 04/2005, 156.

letzt.[863] Zudem ist es nicht zulässig, dass sich das Strafrecht immer wieder nur auf „Effektivität" konzentriert, und dass die Politik das Sicherheitsbedürfnis der Gesellschaft durch harte Strafen zu erfüllen sucht. Die auf „Effektivität" zielende postmoderne Strafrechtspolitik sollte wieder stärker den Wert der „Gerechtigkeit" berücksichtigen.[864] Denn ein rechtsstaatliches Strafrecht konstruiert sich durch das Zusammenwirken des marktstärkenden Elements „Effektivität" und des marktbegrenzenden Elements „Humanität".[865]

863 Prittwitz, Alternativen der Kriminalpolitik in der Risikogesellschaft, S. 32.

864 Hassemer, Innere Sicherheit im Rechtsstaat, S. 265.

865 Naucke, Zerbrechlichkeit, S. 423.

Zusammenfassung

Die Theorie der positiven Generalprävention ist eine ziemlich junge Straftheorie, die erst nach heftigen Diskussionen in den 1990er Jahren in den Lehrbüchern akzeptiert wurde. Wie alle anderen Straftheorien bemüht sich die Theorie der positiven Generalprävention um die Rechtfertigung der staatlichen Strafe. Für ihre Etablierung in der strafrechtlichen Wissenschaft muss sie normativ begründet und empirisch bestätigt werden.

In der vorliegenden Arbeit wurde untersucht, wie die Theorie der positiven Generalprävention im Bereich des Straßenverkehrsrechts seine Rechtfertigung gewinnen kann und wie sie für die wirksame Prävention in der aktuellen Praxis angewendet werden kann. Jeder Straßenverkehrsteilnehmer ist ein potentieller Delinquent,[866] und die Generalprävention zielt darauf ab, künftig Verbrechen der allgemeinen Bürger vorzubeugen. Daraus ergibt sich der Zusammenhang zwischen Straßenverkehrsrecht und positiver Generalprävention.[867]

Zu diesem Zweck wurde im Kapitel 1 dieser Arbeit die normative Begründung der Theorie der positiven Generalprävention vorgenommen. Dafür wurde zuerst die allgemeine Straftheorie näher betrachtet. Daraus wurde die These entwickelt, dass die Theorie der positiven Generalprävention von anderen Straftheorien nicht isoliert betrachtet werden kann. Sie hat die gleiche Zielsetzung wie die absolute Theorie: den „Normschutz".[868] Diese Beziehung wurde durch die Formalisierungsforderung der Theorie der positiven Generalprävention verdeutlicht. Darüber hinaus stehen sich die Spezialprävention und die positive Generalprävention nicht entgegen, sondern sie bedingen sich einander.[869] Denn die normative Seite der Spezialprävention wird durch die Verhältnismäßigkeit, das wichtige Element der positiven Generalprävention, begründet. Zudem ist die Abgrenzung der negativen von der positiven Generalprävention nicht einfach. Im Hinblick auf die Präventionstheorie schließt der Begriff „positiv" den Begriff „negativ" nicht aus, weil der Gewinn der Normstabilisierung in der aktuellen Praxis der Präventionspolitik manchmal durch die Abschreckungsfunktion der Strafe durchgesetzt werden kann.

Der Inhalt der Theorie der positiven Generalprävention ist uneinheitlich entwickelt. Es sind die Integrationsprävention und die positive General-

866 Göppinger, NJW 1959, 2283; ders., Strafe und Verbrechen, S. 22; Kaiser, Verkehrsdelinquenz, S. 4; Eisenberg, Kriminologie, S. 709; Kulemeir, Fahrverbot, S. 364; Albrecht , Kriminologie, S. 308.

867 Kaiser, Verkehrsdelinquenz, S. 4 f.

868 Frommel, Normverdeutlichung, S. 271; ders., Präventionsmodelle, S. 104 ff.

869 Hassemer, Der strafende Staat, S. 224.

prävention im engeren Sinn zu unterscheiden. Die Theorie der positiven Generalprävention betrachtet die Forderung nach der rechtsstaatlichen Formalisierung für wichtig, die die Integrationsprävention übersieht. Denn ohne Aufrechterhaltung dieses strafrechtlichen Prinzips ist die Prävention keine andere Art der „Strafbedrohung" an sich. In diesem Sinn ist die Theorie der positiven Generalprävention nicht nur eine Straftheorie, sondern auch eine Strafrechtstheorie, die sich mit den Funktionen und Sanktionen des Strafrechts beschäftigt.

Im nächsten Kapitel wurde die gegenwärtige gesetzliche Situation des Verkehrsrechts in Deutschland und in Südkorea untersucht. Hier wird der Begriff „Verkehrsdelikt" im weitesten Sinne zugeordnet. Er umfasst sowohl strafrechtswidrige Taten als auch Straßenverkehrsordnungswidrigkeiten. Im Vergleich zum deutschen Verkehrsrecht wird das südkoreanische Straßenverkehrsrecht so charakterisiert: *Kriminalisierung*, *Komplexität* und *Entformalisierung*. Im Vergleich zu den zwei Verkehrsrechtssystemen ist die Perspektive der „*(Ent-)kriminalisierung*" fragwürdig. Während das deutsche Verkehrsrecht seit den 1960er Jahren leichte Tatbestände des Straßenverkehrsstrafrechts in Ordnungswidrigkeiten änderte, kennt das südkoreanische Gesetz keine Straßenverkehrsordnungswidrigkeiten. Stattdessen werden leichte Tatbestände des Straßenverkehrsstrafrechts mit dem speziellen Prozess des „Gesetzübertretungsgeldes" behandelt. Dies bezweckt eine umfassende Entstrafung und ein schnelleres Verfahren bei leichten Abweichungen. *Komplexität* ist sowohl im kStVG als auch im kSVG zu sehen. Die dreistufige Struktur „Kriminalisierung – Entstrafung – Bestrafung" ist eine übermäßig komplizierte Struktur gegenüber der Sanktion für die leichte Abweichung. Auch ist auffällig, dass das kSVG eine überflüssige, kompliziert konstruierte Struktur für die Ausnahmen von den Strafbestimmungen bei einem Verkehrsunfall aufweist. In diesem Zusammenhang lässt sich der Charakter der *Entformalisierung* herausstellen. Für einen Rechtsstaat ist es nicht angemessen, das Strafrecht in diesen Fällen heranzuziehen.

Außerdem werden das deutsche und das südkoreanische Straßenverkehrsrecht aus der Perspektive der „Modernisierung" untersucht. Das südkoreanische Strafrecht und Straßenverkehrsrecht haben „vormodernen", „modernen" („klassischen") und „postmodernen" Charakter.[870] Der erste und zweite Charakterzug beruhen auf der historischen Rezeptionsphase in Korea, während der dritte den Einfluss der gegenwärtigen Tendenz zeigt. Das im Prinzip als „modern" bezeichnete deutsche Straßenverkehrsrecht weist zurzeit auch postmoderne Tendenzen auf.

Das 3. Kapitel handelt von der Anwendung der Generalpräventionstheorie im Straßenverkehr. Zuerst wurde bestätigt, dass die Bedeutung der Abschre-

---

870 Yi, Strafrechtswissenschaft, S. 11 f., 174 ff.

ckungsprävention nicht ignorierbar ist. Untersuchungen beweisen die Abschreckungswirkung der Strafe. Zudem ist im Bereich des Straßenverkehrs die „informiertheit" über Regeln und Sanktionen der Verkehrsteilnehmer sehr hoch. Aus diesem Grund ist die negative Generalprävention in der guten Lage ihre Wirksamkeit entfalten zu können. Aber die Generalprävention wird nicht mit einem einfachen Faktor, wie „Abschreckung", gewonnen. Zunächst ergeben sich aus verschiedenen Deliktsituationen unterschiedliche Folgen. Darüber hinaus wirken auf die Normbefolgung oder -abweichung zahlreiche Faktoren, wie Informiertheit, Entdeckungsrisiko, Kontrolldichte, Belohnung bei positiver Konsequenz und vor allem die Normakzeptanz der Bürger. Daraus kann die Hauptthese aufgestellt werden, dass Normbefolgung am besten durch Kooperation zwischen negativer und positiver Generalprävention durchgesetzt werden kann. In der Praxis kann die einzelne Variable einmal zur Abschreckung und danach wiederum auf die Normakzeptanz von Bürgern dienen. Außerdem muss hinsichtlich der wirksamen und gerechten Generalprävention die Forderung nach Formalisierung auf jeden Fall berücksichtigt werden.

Zusätzlich wurde untersucht, welchen Einfluss der "kulturelle Unterschied" zwischen Deutschland und Südkorea auf die effektive Präventionspraxis hat. Zuerst wurden das typische kulturelle Merkmal des „Individualismus" von Westeuropäern und die auf „Ganzheit" gerichtete ostasiatische Mentalität verglichen. Obwohl sich die Länder wegen der Globalisierungstendenz ähneln, herrscht in der Präventionspraxis die eigene Alltags- oder Konfliktbewältigungskultur. Außerhalb des Bereichs Strafrecht können diese aktiv angewendet werden. Aber bei Anwendung des Strafrechts wird in der Präventionspolitik immer das strafrechtliche Prinzip beibehalten, da das Strafrecht eine „unübersteigbare Schranke der Kriminalpolitik"[871] ist.

Im Kapitel 4 geht es um die Frage, ob die Entkriminalisierung die bessere Lösung für die positive Generalprävention ist. Das deutsche Vorbild der „entkriminalisierten" Straßenverkehrsdelinquenz bietet den Ansatz dafür, dass die angemessene Entkriminalisierung der Formalisierungsforderung der Theorie der positiven Generalprävention entspricht.

Leichte Straßenverkehrsdelinquenz wird in Südkorea grundsätzlich mit strafrechtlichen Sanktionen, normalerweise mit Geldstrafe, geahndet. In der Praxis wird man jedoch zum Verfahren der Bescheidsverfügung übergeleitet, was mit dem „Gesetzübertretungsgeld" geahndet wird. Das Institut des „Gesetzübertretungsgeldes" bezweckt zwar die gleiche Funktion wie die Sanktion der „Ordnungswidrigkeit", hat aber folgende Probleme: Erstens ist das „Gesetzübertretungsgeld" nicht mit dem „Bußgeld" des Ordnungswidrigkeitenrechts gleich-

871 v. Liszt, Grundbegriff des Strafrechts, S. 75 ff, 80.

zusetzen. Das „Gesetzübertretungsgeld“ resultiert aus einem Strafverfahren: Erfolgt keine freiwillige Zahlung des Gesetzübertretungsgeldes wird ein Strafprozess eingeleitet. Daher erklärt die Institution des „Gesetzübertretungsgeldes“ nicht die „echte“ Entkriminalisierung.

Es wäre empfehlenswert, wenn das südkoreanische Straßenverkehrsrecht die Bagatelle als „Ordnungswidrigkeit“ behandelt.

Im letzten Kapitel wird die Straßenverkehrskriminalpolitik in der heutigen Gesellschaft untersucht. Einen Ansatz bildete der Raser-Fall; damals wurde wegen eines stärkeren Bedrohungsgefühls im Straßenverkehr eine höhere Strafe erwartet. Das Phänomen eines höheren Strafbedürfnisses der Bürger im Straßenverkehr ist deutlich. Wenn man die Statistik über straßenverkehrsrechtlich Verurteilte von Straftaten nach StVG sowie über die verkehrsunfallbezogene Sterblichkeit betrachtet, wird eingeschätzt, dass das Verständnis über das Verkehrsbedrohungsgefühl ganz subjektiv entwickelt wurde. Den Grund kann man in der Berichtserstattung finden. Öfter wird von Medien über Kriminalität berichtet, die dramatisierend vermittelt wird. Das durch die Medienvermittlung gestärkte Bedrohungsgefühl fordert stärkere Sanktionen und mehr Flexibilität des Strafrechts. Das Strafrecht wiederum birgt die Krise des Rechtsstaatsprinzips: die Zerstörung des Bestimmtheitsgrundsatzes, des Zurechnungsprinzips und des Subsidiaritätsprinzip. Für die rationale Verkehrskriminalpolitik in der heutigen Gesellschaft muss diese Neigung vermieden werden, da strafrechtliche Prinzipien nicht veränderbar sind.

Anhang 1: Strafarten in Südkorea

Das südkoreanische Strafrecht unterscheidet bei den Hauptstrafen in Todes, Freiheits-, Vermögens- und Ehrenstrafen.

Bei den Freiheitsstrafen handelt es sich um drei verschiedene Strafarten: „*Jingyeok*", „*Geumgo*" und „*Guryu*".

„*Jingyeok*" bezeichnet lebenslange und zeitige Freiheitsstrafe ab ein Monat und nicht mehr als 15 Jahre (§ 42 kStGB). Bei „*Geumgo*" beträgt die Freiheitsstrafe, wie bei „*Jingyeok*", ab ein Monat und nicht mehr als 15 Jahre. Ein Unterschied liegt lediglich darin, dass in der Strafanstalt keine Arbeit zu leisten ist (§ 41 kStGB). Dies ist also eine abgeschwächte Form des „*Jingyeok*". „*Guryu*" ist hingegen eine verkürzte Form der normalen Freiheitsstrafe unter 30 Tage (§ 46 kStGB).

Bei den Vermögensstrafen gibt es drei verschiedene Arten: „*Beulgeum*", „*Guaryo*" und „*Beschlagnahme*".

„*Beulgeum*", die nicht unter 50.000 KRW[872] ist (§ 45 kStGB), entspricht der normalen Geldstrafe in Deutschland. „*Guaryo*" ist die geringe Geldstrafe ab 2.000, aber nicht mehr als 50.000 KRW (§ 47 kStGB). „*Beschlagnahme*" ist in § 49 kStGB geregelt.

Bei den Ehrenstrafen handelt es sich um zwei verschiedene Strafarten, nämlich der vollständige Entzug bzw. ein beschränkter Verlust von Rechtsfähigkeit, z.B. Amtsfähigkeit, Wählbarkeit und Stimmrecht.

872 Euro - Won - Kurs (EUR-KRW): ca. 1.500 KRW (Standpunkt vom 10. 2011).

Anhang 2: Verkehrsordnungswidrigkeiten im kStVG

§ 160 I kStVG	Unterbrechung oder Beendigung der Führung des Verkehrssicherheitsbildungsinstituts wird nicht angezeigt	Bußgeld unter 5 Mio. KRW
	Keine Veröffentlichung der persönlichen Informationen der Fahrlehrer und der Bildungsgänge im Verkehrssicherheitsbildungsinstitut	
	Keine Veröffentlichung des Honorars der Verkehrssicherheitsbildung, erhöhte Einnahme des Honorars als die gesetzliche Grenze	
	Unterbrechung oder Beendigung der Führung der Fahrschulen wird nicht angezeigt	
	Unterlassen der Maßnahme bei Unterbrechung oder Beendigung der Führung des Bildungsinstituts	
§ 160 II kStVG	Unterlassen der Anschnallpflicht der Mitfahrer durch den Fahrer	Bußgeld unter 200.000 KRW
	Unterlassen der Schutzeinrichtungspflicht der Mitfahrer durch den Fahrer	
	Verstoß gegen die Erneuerungspflicht des Führerscheins	
§ 160 III kStVG	Ausstellung des Bescheids gemäß § 143 I kStVG oder der Bescheidsverfügung gemäß § 163 kStVG ist trotz des Nachweises durch Aufnahme der folgenden Verstöße nicht möglich: Verstoß gegen Straßenverkehrssignal (§ 5 kStVG), Überschreiten der Mittellinie (§ 13 III kStVG), Überschreiten der Bussonderfahrstreifen (§ 15 III kStVG), Verstoß gegen Grenzgeschwindigkeit (§ 17 III kStVG), Verstoß gegen Vorschriften über Anhalten oder Parken (§§ 32 – 34 kStVG), Fahren auf den Randstreifen (§ 60 I kStVG)	Bußgeld unter 200.000 KRW
§ 160 IV kStVG	Ausnahmetatbestände des § 160 III kStVG	

FRANKFURTER KRIMINALWISSENSCHAFTLICHE STUDIEN

Band 1 Peter Böning: Die Lehre vom Unrechtsbewußtsein in der Rechtsphilosophie Hegels 100 S., 1978.

Band 2 Wolfgang Schneider: Kriminelle Straßenverkehrsgefährdung (§ 315c Abs. 1 Ziff. 2, Abs. 3 StGB). Eine kriminologische und strafrechtliche Untersuchung zur Problematik dieser Verkehrsstraftaten unter Berücksichtigung ausländischer Rechte. 342 S., 1978.

Band 3 Lothar Kuhlen: Die Objektivität von Rechtsnormen. Zur Kritik des radikalen labeling approach in der Kriminalsoziologie. 178 S., 1978.

Band 4 Günther Grewe: Straßenverkehrsdelinquenz und Marginalität. Untersuchungen zur institutionellen Regelung von Verhalten. 148 S., 1978.

Band 5 Dieter Haberstroh: Strafverfahren und Resozialisierung. Eine Studie über Verstehen und Nicht-Verstehen, über Verstanden-Werden und Nicht-Verstanden-Werden und deren Bedingungen in der Hauptverhandlung. 202 S., 1979.

Band 6 Thomas Vogt: Die Forderungen der psychoanalytischen Schulrichtungen für die Interpretation der Merkmale der Schuldunfähigkeit und der verminderten Schuldfähigkeit (§§ 51 a.F., 20, 21 StGB). 182 S., 1979.

Band 7 Andreas Michael: Der Grundsatz in dubio pro reo im Strafverfahrensrecht. Zugleich ein Beitrag über das Verhältnis von materiellem Recht und Prozeßrecht. 214 S., 1981.

Band 8 Ilias G. Anagnostopoulos: Haftgründe der Tatschwere und der Wiederholungsgefahr (§§ 112 Abs. 3, 112 a StPO). Kriminalpolitische und rechtssystematische Aspekte der Ausweitung des Haftrechts. 1984.

Band 9 Helga Müller: Der Begriff der Generalprävention im 19. Jahrhundert. Von P.J.A. Feuerbach bis Franz v. Liszt. 1984.

Band 10 Frowin Jörg Kurth: Das Mitverschulden des Opfers beim Betrug. 1984.

Band 11 Martin J. Worms: Die Bekenntnisbeschimpfung im Sinne des § 166 Abs. 1 StGB und die Lehre vom Rechtsgut. 1984.

Band 12 Jong-Dae Bae: Der Grundsatz der Verhältnismäßigkeit im Maßregelrecht des StGB. 1985.

Band 13 Helmut Fünfsinn: Der Aufbau des fahrlässigen Verletzungsdelikts durch Unterlassen im Strafrecht. 1985.

Band 14 Christoph Krehl: Die Ermittlung der Tatsachengrundlage zur Bemessung der Tagessatzhöhe bei der Geldstrafe. 1985.

Band 15 Walter-Hermann Kiehl: Strafrechtliche Toleranz wechselseitiger Ehrverletzungen - Zur ratio legis der §§ 199, 233 Strafgesetzbuch -. 1986.

Band 16 Matthias Krahl: Die Rechtsprechung des Bundesverfassungsgerichts und des Bundesgerichtshof zum Bestimmtheitsgrundsatz im Strafrecht (Art. 103 Abs. 2 GG). 1986.

Band 17 Patrick Carroll Campbell: § 220a StGB. Der richtige Weg zur Verhütung und Bestrafung von Genozid? 1986.

Band 18 Winfried Hassemer (Hrsg.): Strafrechtspolitik. Bedingungen der Strafrechtsreform. 1987.

Band 19 Felix Herzog: Prävention des Unrechts oder Manifestation des Rechts. Bausteine zur Überwindung des heteronom-präventiven Denkens in der Strafrechtstheorie der Moderne. 1987.

Band 20 Astrid Michalke-Detmering: Die Mindestanforderungen an die rechtliche Begründung des erstinstanzlichen Strafurteils. Zur Auslegung des § 267 StPO. 1987.

Band 21 Lothar Kuhlen: Die Unterscheidung von vorsatzausschließendem und nichtvorsatzausschließendem Irrtum. 1987.

Band 22 Michael Buttel: Kritik der Figur des Aufklärungsgehilfen im Betäubungsmittelstrafrecht (§ 31 BtMG). 1988.

Band 23 Matthias Kögler: Die zeitliche Unbestimmtheit freiheitsentziehender Sanktionen des Strafrechts. Eine vergleichende Untersuchung zur Rechtslage und Strafvollstreckungspraxis in der Bundesrepublik Deutschland und den USA. 1988.

Band 24 Klaus Lüderssen / Cornelius Nestler-Tremel / E wa Weigend(Hrsg.): Modernes Strafrecht und ultima-ratio-Prinzip. 1990.

Band 25 Jürgen Taschke: Die behördliche Zurückhaltung von Beweismitteln im Strafprozeß. 1989.

Band 26 Daniela Westphalen: Karl Binding (1841-1920). Materialien zur Biographie eines Strafrechtsgelehrten. 1989.

Band 27 Sigrid Jans: Die Aushöhlung des Klageerzwingungsverfahrens. 1990.

Band 28 Dimitris Spirakos: Folter als Problem des Strafrechts. Kriminologische, kriminalsoziologische und (straf-)rechtsdogmatische Aspekte unter besonderer Berücksichtigung der Folterschutzkonvention und der Pönalisierung der Folter in Griechenland. 1990.

Band 29 Stephan Moll: Strafrechtliche Aspekte der Behandlung Opiatabhängiger mit Methadon und Codein. 1990.

Band 30 Stefan Werner: Wirtschaftsordnung und Wirtschaftsstrafrecht im Nationalsozialismus. 1991.

Band 31 Xanthi Bassakou: Beiträge zur Analyse und Reform des Absehens von Strafe nach § 60 StGB. 1991.

Band 32 Rainer Runte: Die Veränderung von Rechtfertigungsgründen durch Rechtsprechung und Lehre. Moderne Strafrechtsdogmatik zwischen Rechtsstaatsprinzip und Kriminalpolitik. 1991.

Band 33 Olaf Hohmann: Das Rechtsgut der Umweltdelikte. Grenzen des strafrechtlichen Umweltschutzes. 1991.

Band 34 Klaus Jochen Müller: Das Strafbefehlsverfahren (§§ 407 ff. StPO). Eine dogmatisch-kriminalpolitische Studie zu dieser Form des schriftlichen Verfahrens unter besonderer Berücksichtigung der geschichtlichen Entwicklung – zugleich ein Beitrag zum StVÄG 1987. 1993.

Band 35 Sang-Don Yi: Wortlautgrenze, Intersubjektivität und Kontexteinbettung. Das strafrechtliche Analogieverbot. 1991.

Band 36 Birgit Malsack: Die Stellung der Verteidigung im reformierten Strafprozeß. Eine rechtshistorische Studie anhand der Schriften von C. J. A. Mittermaier. 1992.

Band 37 Rüdiger Schäfer: Die Privilegierung des "freiwillig-positiven" Verhaltens des Delinquenten nach formell vollendeter Straftat. Zugleich ein Beitrag zum Grundgedanken des Rücktritts vom Versuch und zu den Straftheorien. 1992.

Band 38 Cornelius Nestler-Tremel: AIDS und Strafzumessung. 1992.

Band 39 Christine Gutmann: Freiwilligkeit und (Sozio-)Therapie – notwendige Verknüpfung oder Widerspruch? 1993.

Band 40 Walter Kargl: Der strafrechtliche Vorsatz auf der Basis der kognitiven Handlungstheorie. 1993.

Band 41 Jürgen Rath: Zur strafrechtlichen Behandlung der aberratio ictus und des error in objecto des Täters. 1993.

Band 42 Martin Fischer: Wille und Wirksamkeit. Eine Untersuchung zum Problem des *dolus alternativus*. 1993.

Band 43 Regina Harzer: Der Naturzustand als Denkfigur moderner praktischer Vernunft. Zugleich ein Beitrag zur Staats- und Rechtsphilosophie von Hobbes und Kant. 1994.

Band 44 Helmut Pollähne: Lockerungen im Maßregelvollzug. Eine Untersuchung am Beispiel der Anwendung des nordrhein-westfälischen Maßregelvollzugsgesetzes im Westfälischen Zentrum für Forensische Psychiatrie (Lippstadt). 1994.

Band 45 Hans-Joachim Leonhardt: Rechtsmittelermessen der Staatsanwaltschaft. Eine Gegenüberstellung von § 296 StPO mit Nummern 147 und 148 Richtlinien für das Strafverfahren und das Bußgeldverfahren (RiStBV). 1994.

Band 46 Rolf Grünebaum: Zur Strafbarkeit des Therapeuten im Maßregelvollzug bei fehlgeschlagenen Lockerungen. 1996.

Band 47 Barbara Bialas: Promille-Grenzen, Vorsatz und Fahrlässigkeit. 1996.

Band 48 Christine Pott: Die Außerkraftsetzung der Legalität durch das Opportunitätsdenken in den Vorschriften der §§ 154, 154a StPO. Zugleich ein Beitrag zu einer kritischen Strafverfahrensrechtstheorie. 1996.

Band 49 Wolfgang Köberer: *Iudex non calculat.* Über die Unmöglichkeit, Strafzumessung sozialwissenschaftlich-mathematisch zu rationalisieren. 1996.

Band 50 Institut für Kriminalwissenschaften Frankfurt a.M. (Hrsg.): Vom unmöglichen Zustand des Strafrechts. 1995.

Band 51 Petra Kamberger: Treu und Glauben (§ 242 BGB) als Garantenstellung im Strafrecht? 1996.

Band 52 Anastassios Triantafyllou: Das Delikt der gefährlichen Körperverletzung (§ 223a StGB) als Gefährdungsdelikt. (Zugleich ein Beitrag zur Dogmatik der Gefährdungsdelikte). 1996.

Band 53 Norbert Kissel: Aufrufe zum Ungehorsam und § 111 StGB. Grundrechtlicher Einfluß bei der Feststellung strafbaren Unrechts. 1996.

Band 54 Susanne Ehret: Franz von Liszt und das Gesetzlichkeitsprinzip. Zugleich ein Beitrag wider die Gleichsetzung von Magna-charta-Formel und Nullum-crimen-Grundsatz. 1996.

Band 55 Stefan Braum: Geschichte der Revision im Strafverfahren von 1877 bis zur Gegenwart. Zugleich eine Kritik der Kontinuität politischer Macht im Recht. 1996.

Band 56 Katja Diel: Das Regreßverbot als allgemeine Tatbestandsgrenze im Strafrecht. 1997.

Band 57 Christoph Koller: Die Staatsanwaltschaft – Organ der Judikative oder Exekutivbehörde? Die Stellung der Anklagebehörde und die Gewaltenteilung des Grundgesetzes. 1997.

Band 58 Frank Schößler: Anerkennung und Beleidigung. Rechtsgut und Strafzweck des § 185 StGB. 1997.

Band 59 Regina Engelstädter: Der Begriff des Unfallbeteiligten in § 142 Abs. 4 StGB. Zugleich eine Kritik an aktuellen Zurechnungslehren. 1997.

Band 60 Jörg Reinhardt: Der Ausschluß und die Ablehnung des befangen erscheinenden Staatsanwaltes. 1997.

Band 61 Jens Christian Müller-Tuckfeld: Integrationsprävention. Studien zu einer Theorie der gesellschaftlichen Funktion des Strafrechts. 1998.

Band 62 Peter Maria Rohe: Verdeckte Informationsgewinnung mit technischen Hilfsmitteln zur Bekämpfung der Organisierten Kriminalität. Zugleich eine rechtsvergleichende Analyse der polizeilichen Abhörbefugnisse in den U.S.A. 1998.

Band 63 Dirk Fabricius: Was ein Lehrbuch lehrt ... Eine exemplarische Untersuchung von Jakobs *Strafrecht – Allgemeiner Teil*. 1998.

Band 64 Stefan Sinner: Der Vertragsgedanke im Strafprozeßrecht. 1999.

Band 65 Sebastian Schattenfroh: Die Staatsphilosophie Giovanni Gentiles und die Versuche ihrer Verwirklichung im faschistischen Italien. 1999.

Band 66 Athanassia Dionyssopoulou: Der Tatbestand der Geldwäsche. Eine Analyse der dogmatischen Grundlagen des § 261 StGB. 1999.

Band 67 Klaus von Lampe: *Organized Crime*. Begriff und Theorie organisierter Kriminalität in den USA. 1999.

Band 68 Christian Hanssen: "Trennung der Märkte". Rechtsdogmatische und rechtspolitische Probleme einer Liberalisierung des Drogenstrafrechts. 1999.

Band 69 Institut für Kriminalwissenschaften und Rechtsphilosophie Frankfurt a.M. (Hrsg.): Irrwege der Strafgesetzgebung. 1999.

Band 70 Konstantinos Chatzikostas: Die Disponibilität des Rechtsgutes Leben in ihrer Bedeutung für die Probleme von Suizid und Euthanasie. 2000.

Band 71 Bettina Wirmer-Donos: Die Strafrechtstheorie Karl Christian Friedrich Krauses als theoretische Grundlage des spanischen Korrektionalismus. 2001.

Band 72 Christine Löw: Die Erkundigungspflicht beim Verbotsirrtum nach § 17 StGB. 2001.

Band 73 Florian Ufer: Der Verwertungswiderspruch in Theorie und Praxis. Prozessuale Obliegenheiten des Verteidigers und ihre Bedeutung für die Rechtsposition des Beschuldigten. 2002.

Band 74 Katja Melzer: Psychisch kranke Straftäterinnen. Frauen im Maßregelvollzug. 2001.

Band 75 Gregor Kuntze-Kaufhold: Lebenswelt und Unparteilichkeit. Kriterien für eine Rechtsanwendungslehre am Beispiel der Analyse von fünf Hauptverhandlungen in Strafverfahren. 2002.

Band 76 Iris Kristina Passek: Die erstinstanzliche Zuständigkeit der Oberlandesgerichte in Staatsschutzstrafsachen. Historische Entwicklung und aktuelle Probleme. 2002.

Band 77 Michael Krebs: Die Weisungsgebundenheit des Staatsanwalts unter besonderer Berücksichtigung des rechtstatsächlichen Aspekts. 2002.

Band 78 Kerstin Degenhardt: Europol und Strafprozeß. Die Europäisierung des Ermittlungsverfahrens. 2003.

Band 79 Domenico Siciliano: Das Leben des fliehenden Diebes: Ein strafrechtliches Politikum. 2., überarbeitete und ergänzte Auflage. 2013.

Band 80 Marc Colussi: Produzentenkriminalität und strafrechtliche Verantwortung. 2003.

Band 81 Thilo Lars Hild: Grenzen einer strafrechtlichen Regulierung des Kapitalmarktes. Eine kriminalrechtliche Untersuchung von Börsengängen und Aktienhandel in Deutschland und den USA. 2004.

Band 82 Philipp Rau: Schweigen als Indiz der Schuld. Ein Vergleich des deutschen und englischen Rechts zur Würdigung des Schweigens des Beschuldigten. 2004.

Band 83 Alexandra Pfeiffer: Die Regelung der Lebendorganspende im Transplantationsgesetz. 2004.

Band 84 Elena Fischer: Recht auf Sterben?! Ein Beitrag zur Reformdiskussion der Sterbehilfe in Deutschland unter besonderer Berücksichtigung der Frage nach der Übertragbarkeit des Holländischen Modells der Sterbehilfe in das deutsche Recht. 2004.

Band 85 Jörg Ziethen: Grundlagen probabilistischer Zurechnung im Strafrecht. 2004.

Band 86 Stefanie Schork: Ausgesprochen schuldig. Dogmatische und metadogmatische Untersuchungen zum Schuldspruch. 2005.

Band 87 Claudia Schubert: Verbotene Worte? Versuch einer Neubestimmung im Umgang mit rassistischen Äußerungen jenseits des Strafrechts. 2005.

Band 88 Ulfrid Neumann / Cornelius Prittwitz (Hrsg.): Kritik und Rechtfertigung des Strafrechts. 2005.

Band 89 Denis Basak: Die Zuständigkeitsregeln internationaler Strafgerichte und Art. 101 GG. Zum Verhältnis der deutschen Strafgerichtsbarkeit zu den Internationalen Tribunalen für Jugoslawien und Ruanda sowie zum Ständigen Internationalen Strafgerichtshof. 2005.

Band 90 Hsiao-Wen Wang: Der universale Strafanspruch des nationalen Staates. Eine Untersuchung über das Weltrechtsprinzip im Internationalen Strafrecht. 2005.

Band 91 Leonie Frenz: Faktizität des Rechts in der forensischen Psychiatrie. Eine Untersuchung im LKH Moringen. 2005.

Band 92 Eva-Maria Unger: Schutzlos ausgeliefert? Der Europäische Haftbefehl. Ein Beispiel für die Missachtung europäischer Bürgerrechte. 2005.

Band 93 Marcus Bastelberger: Die Legitimität des Strafrechts und der *moralische Staat*. Utilitaristische und retributivistische Strafrechtsbegründung und die rechtliche Verfassung der Freiheit. 2006.

Band 94 Marc Reiß: Rechtliche Aspekte der Präimplantationsdiagnostik. Unter besonderer Berücksichtigung der Rechte der von einem Verbot betroffenen Paare. 2006.

Band 95 Alexander Kolz: Einwilligung und Richtervorbehalt. 2006.

Band 96 Vasco Reuss: Eine Kritik der juristischen Vernunft. Rezeptionsversuche der Negativen Dialektik Adornos für die Dogmatik des Strafrechts. 2007.

Band 97 Lutz Eidam: Die strafprozessuale Selbstbelastungsfreiheit am Beginn des 21. Jahrhunderts. 2007.

Band 98 Christiane Rüdiger: Schutzinteresse und Deliktsstruktur der „Bestechungsdelikte“ (§§ 331 ff. StGB). 2007.

Band 99 Urte Eisenhardt: Das nemo tenetur-Prinzip: Grenze körperlicher Untersuchungen beim Beschuldigten. Am Beispiel des § 81a StPO. 2007.

Band 100 Institut für Kriminalwissenschaften und Rechtsphilosophie Frankfurt a. M. (Hrsg.): Jenseits des rechtsstaatlichen Strafrechts. 2007.

Band 101 Nils Möckelmann: Die rechtliche, psychiatrische und gesellschaftliche Beurteilung jugendlicher Straftäter in der jüngeren deutschen Geschichte. Eine Analyse anhand zweier Strafverfahren mit Gutachten des Psychiaters Ernst Rüdin aus den Jahren 1915/1917 unter Berücksichtigung der Entwicklungen bis zur Gegenwart. 2007.

Band 102 Alexa Albrecht: Zur Erosion der Menschenrechte im demokratischen Rechtsstaat. Reaktionen der Systeme und der Zivilgesellschaft. 2007.

Band 103 Dirk Lange: Die politisch motivierte Tötung. 2007.

Band 104 Ulfrid Neumann / Cornelius Prittwitz (Hrsg.): „Personale Rechtsgutslehre“ und „Opferorientierung im Strafrecht“. 2007.

Band 105 Lisa Kathrin Sander: Grenzen instrumenteller Vernunft im Strafrecht. Eine Kritik der Präventionsdoktrin aus strafrechtsgeschichtlicher und empirischer Perspektive. 2007.

Band 106 Stephan Werner: Zur Notwendigkeit der Verteidigeranwesenheit während der polizeilichen Beschuldigtenvernehmung. 2008.

Band 107 Inti Schubert: Europol und der virtuelle Verdacht. Die Suspendierung des Rechts auf informationelle Selbstbestimmung. 2008.

Band 108 Bong-Jin Ko: Menschenwürde und Biostrafrecht bei der embryonalen Stammzellenforschung. 2008.

Band 109 Wanja Andreas Welke: Die Repersonalisierung des Rechtskonflikts. Zum gegenwärtigen Verhältnis von Straf- und Zivilrecht. 2008.

Band 110 Jan Helmrich: Die Berufung gewerblicher Sicherheitskräfte auf Notwehr und Nothilfe. Zugleich ein Beitrag zu den Grundlagen des Notwehr- und Nothilferechts. 2008.

Band 111 Alexander Köstler-Loewe: Strafrecht US-Style: „Three Strikes and You're Out!" Baseball, Rückfall und Kriminalpolitik? 2008.

Band 112 Christina Bott: Die Medienprivilegien im Strafprozess. Zeugnisverweigerungsrecht und Beschlagnahmeverbot zum Schutz der Medien im Strafverfahren. 2009.

Band 113 Mario Riechmann: Organisierte Kriminalität und Terrorismus. Zur Funktionalisierung von Bedrohungsszenarien beim Abbau eines rechtsstaatlichen Strafrechts. 2009.

Band 114 Dirk Simon: Präzeptoraler Sicherheitsstaat und Risikovorsorge. 2009.

Band 115 Stefan Kirsch: Der Begehungszusammenhang der Verbrechen gegen die Menschlichkeit. 2009.

Band 116 Heng-da Hsu: Zurechnungsgrundlage und Strafbarkeitsgrenze der Fahrlässigkeitsdelikte in der modernen Industriegesellschaft. 2009.

Band 117 Dennis Teschner: Die soziale Kontrolle im virtuellen Raum. Eine juristische, soziologische und soialpsychologische Untersuchung der Instrumentalisierbarkeit von Internetkriminalität. 2009.

Band 118 Daniel Schilling: Fragmentarisch oder umfassend? Wege strafrechtlichen Zugriffs bei der Veruntreuung fremden Vermögens am Beispiel des deutschen und des italienischen Untreuestrafrechts. 2009.

Band 119 Andreas Stüdemann: Die Entwicklung der zwischenstaatlichen Rechtshilfe in Strafsachen im nationalsozialistischen Deutschland zwischen 1933 und 1945. Kontinuität und Diskontinuität im Auslieferungsrecht am Beispiel der Rechtsentwicklung im NS-Staat. 2009.

Band 120 Matthias Achenbach: Strafrechtlicher Schutz des Wettbewerbs? Eine kritische Analyse von Sinn und Zweck der Straftatbestände zum Schutz des Wettbewerbs. 2009.

Band 121 Vera Backhaus: Der gesetzliche Richter im Staatsschutzstrafrecht. Zur Verfassungsmäßigkeit des § 120 Abs. 2 GVG. 2010.

Band 122 Verena Maria Brenneis: Rechtspolitische Implikationen von Gefährlichkeitsprognosen im Vollzug von Maßregeln nach § 63 StGB. Zum Subjektstatus von Eingewiesenen. 2010.

Band 123 Maike Hoenigs: Zur Existenzberechtigung des Straftatbestandes der Rechtsbeugung. Korrelat oder Widerspruch zur richterlichen Unabhängigkeit. 2010.

Band 124 Christine Würfel: Freiheit als Grundlage der Schuld. 2012.

Band 125 Charlotte Rau: Compliance und Unternehmensverantwortlichkeit. Materiellrechtliche Fragen der sanktionsrechtlichen Unternehmensverantwortlichkeit unter Berücksichtigung von Compliance-Maßnahmen. 2010.

Band 126 Marc Fornauf: Die Marginalisierung der Unabhängigkeit der Dritten Gewalt im System des Strafrechts. 2010.

Band 127 Sabine Benthin: Subventionspolitik und Subventionskriminalität. Zur Legitimität und Rationalität des Tatbestandes zum Subventionsbetrug (§ 264 StGB). 2011.

Band 128 Philipp Horrer: Bestechung durch deutsche Unternehmen im Ausland. Strafrechtsentwicklung und Probleme. 2011.

Band 129 Marianne Varwig: Zum Tatbestandsmerkmal des Vermögensschadens (§ 263 StGB). Eine kritische Untersuchung mittels der vier klassischen Auslegungsmethoden. 2011.

Band 130 Alexander Rieger: Verfassungsrechtliche Legitimationsgrundlagen richterlicher Unabhängigkeit. Zugleich eine Auseinandersetzung mit der Debatte um eine Selbstverwaltung der Justiz. 2011.

Band 131 Moritz von Schenck: Pönalisierung der Folter in Deutschland – de lege lata et ferneda. 2011.

Band 132 Kerstin Bohn: Der gesetzliche Richter als rechtsstaatstragendes Prinzip in europäischen Staaten. Eine Untersuchung der Fallzuteilung unter besonderer Berücksichtigung Englands. 2011.

Band 133 Cornelius Trendelenburg: Ultima ratio? Subsidiaritätswissenschaftliche Antworten am Beispiel der Strafbarkeit von Insiderhandel und Firmenbestattungen. 2011.

Band 134 Susana Campos Nave: Rechtsstaatliche Regeltreue? Corporate Compliance als zwingende Antwort des freiheitsliebenden Unternehmens im Wirtschaftsstrafrecht. 2012.

Band 135 Christine Ditscher: Europäische Beweise. Der Rahmenbeschluss über die Europäische Beweisanordnung zur Erlangung von Sachen, Schriftstücken und Daten zur Verwendung in Strafsachen. 2012.

Band 136 Fedor Brunner: Das Phänomen des Mietnomaden in der Rechtspraxis. Strukturelle Hintergründe, zivilrechtliche Mechanismen und Perspektiven. 2012.

Band 137 Konstantinos Diakonis: Die Geringfügigkeitsvorschriften als Teil der Problematik der Kollision zwischen primären und sekundären Prinzipien des Rechts. 2012.

Band 138 Gustavo Chan Mora: Kritik des Schuldbegriffs im Jugendstrafrecht. Eine metadogmatische Begründung des Schuldfähigkeits- und Verbotsirrtumsbegriffs. 2012.

Band 139 Julia Anna Bargenda: *Australian Law Reform Commission*. Ein Modell für Deutschland? 2012.

Band 140 Katharina Schermuly: Grenzen funktionaler Integration. Anforderungen an die Kontrolle europäischer Strafgesetzgebung durch den EuGH. 2013.

Band 141 Florian Conradi: Die Sicherungsverwahrung – Ausdruck einer zunehmenden Sicherheitsorientierung im Strafrecht? Die Entwicklung der Sicherungsverwahrung im Kontext des Spannungsverhältnisses von Freiheit und Sicherheit. 2013.

Band 142 Hyun Kyong Joo: Die positive Generalprävention im Straßenverkehr. 2013.

www.ingramcontent.com/pod-product-compliance
Ingram Content Group UK Ltd.
Pitfield, Milton Keynes, MK11 3LW, UK
UKHW021852290926
8980IPUK00005B/793

9 783631 624951